# 京台高速公路泰安至枣庄(鲁苏界)段改扩建项目管理创新实践

吕新建 侯福金 主编

人民交通出版社股份有限公司

北 京

## 内 容 提 要

本书编写团队调研了我国高速公路改扩建现状,从施工组织、质量管理、安全管理、环境管理和管理智能化信息化等多方面进行梳理,分析了高速公路改扩建工程的现实需求,并以京台改扩建工程为依托,全面介绍了京台高速公路泰安至枣庄(鲁苏界)段改扩建项目实施过程中,建设单位创新管理方式、方法、手段,在项目管理、工程质量保障、节能与环保、资源循环利用等方面推进项目实施的情况,是对高速公路改扩建管理的有益探索与实践,对促进高速公路改扩建的发展具有借鉴意义。

### 图书在版编目(CIP)数据

京台高速公路泰安至枣庄(鲁苏界)段改扩建项目管理创新实践 / 吕新建,侯福金主编. — 北京:人民交通出版社股份有限公司,2024.1
ISBN 978-7-114-19117-6

Ⅰ.①京… Ⅱ.①吕…②侯… Ⅲ.①高速公路—改建—道路工程—项目管理—山东②高速公路—扩建—道路工程—项目管理—山东 Ⅳ.①U418.8

中国国家版本馆 CIP 数据核字(2023)第 215493 号

| | |
|---|---|
| 书　名: | 京台高速公路泰安至枣庄(鲁苏界)段改扩建项目管理创新实践 |
| 著作者: | 吕新建　侯福金 |
| 责任编辑: | 陈　鹏 |
| 责任校对: | 孙国靖　宋佳时 |
| 责任印制: | 张　凯 |
| 出版发行: | 人民交通出版社股份有限公司 |
| 地　址: | (100011)北京市朝阳区安定门外外馆斜街 3 号 |
| 网　址: | http://www.ccpcl.com.cn |
| 销售电话: | (010)59757973 |
| 总 经 销: | 人民交通出版社股份有限公司发行部 |
| 经　销: | 各地新华书店 |
| 印　刷: | 北京交通印务有限公司 |
| 开　本: | 787×1092　1/16 |
| 印　张: | 15.25 |
| 字　数: | 361 千 |
| 版　次: | 2024 年 1 月　第 1 版 |
| 印　次: | 2024 年 1 月　第 1 次印刷 |
| 书　号: | ISBN 978-7-114-19117-6 |
| 定　价: | 95.00 元 |

(有印刷、装订质量问题的图书,由本公司负责调换)

# 编写委员会

主　编：吕新建　侯福金

副主编：邹宗民　李全杰　李　涛　石　南

编　委：周隆众　刘振爽　房修桂　刘　红　王　凯
　　　　阎宗尧　宋佳康　于　淼　林　杰　刘潇阳
　　　　路　帅　施　展　刘传雷　李荣华　陈克锋

## 【第一主编简介】

吕新建，男，1981年11月出生，正高级工程师，山东高速建设管理集团有限公司党委委员、副总经理，兼任京台高速公路泰安至枣庄改扩建项目建设管理办公室主任，主要从事交通基础设施建设工作。参与曲阜大成桥、泗河兴隆大桥、济南东南二环项目和京台高速公路泰枣段改扩建项目等大型工程的建设。主持6项科研课题研究，授权专利6项，发表论文5篇，主编1部山东省地方规范，出版专著2部，荣获省部级奖励、称号10余项。

## 【第二主编简介】

侯福金，男，1973年8月出生，正高级工程师，博士研究生，中共党员，山东高速建设管理集团有限公司党委副书记、董事、总经理，主要从事高速公路建设运营工作，享受国务院政府特殊津贴专家、山东省智库决策咨询专家、中国公路学会第六届专家委员会委员、第四届第五届青年专家委员会委员。个人先后获国家技术发明二等奖，山东省科技进步奖一等奖，中国公路学会科技进步特等奖、一等奖等；授权专利27项，国家/省部级工法5项，发表SCI/EI论文11篇，出版专著2部。

# Foreword 前言

交通运输是国民经济的基础性、先导性、战略性产业,也是重要的民生和服务性行业。"十三五"以来,山东省委、省政府深入贯彻落实习近平总书记考察山东时作出的重要指示精神❶,把重大基础设施建设作为全省八大发展战略和新旧动能转换重大工程三大支撑之一,深化交通运输管理体制改革。2022年,山东省新增高速公路571公里、改扩建54公里,六车道以上占比提升到32.8%,全省高速公路通车里程突破8000公里。

当前我国的高速公路除了新线路以前所未有的速度与规模营建之外,改扩建工程也陆续成为高速公路建设的一大亮点,尤其是建成于20世纪80—90年代的高速公路,由于当地经济的快速发展,交通流量迅速增长,服务水平有所下滑,交通事故也在增加,现有的双向四车道已不能适应交通量继续增长的需要,必须拓宽改造。

站在新的历史起点上,京台高速公路泰安至枣庄(鲁苏界)段改扩建项目管理处认真贯彻落实习近平新时代中国特色社会主义思想,立足实际、创新理念,在信息化、智能化管理、进度管理、质量管理、安全管理、环境保护及运营管理等多个方面不断开展探索与实践,建立了一套完善的高速公路改扩建管理模式。

本着"厚基础、宽口径"的原则,本书较为全面系统地介绍了高速公路改扩建项目管理创新实践及相关工程应用。在施工过程中,优质的管理措施可以在保证施工质量的同时节约工期,改善道路结构,并保证正常的交通出行。应注意对施工流程的控制管理,严格对现场施工人员的管理,遵循施工的技术原则,使用科学手段对重点部位开展施工。工程管理人员要做好技术交底的监督工作,确保路基、路面施工效果符合预期。

---

❶ 习近平在山东考察时强调 切实把新发展理念落到实处 不断增强经济社会发展创新力[N].人民日报,2018-06-15(01).

本书在编撰过程中参考了大量文献,这些研究成果为本书的顺利完成提供了必要的基础,使编者可以在巨人肩膀上更进一步。在此对这些成果的作者表示由衷的感谢!

由于时间仓促,水平有限,书中难免存在不足之处,敬请读者批评、指正。

编　者

2023 年 7 月

# Contents 目录

## 第一章 京台高速公路泰安至枣庄(鲁苏界)段改扩建工程概述 … 1
第一节 高速公路改扩建现状 … 1
第二节 高速公路改扩建面临的重难点问题 … 3
第三节 京台高速公路泰枣段改扩建工程概述 … 6

## 第二章 信息化、智能化管理 … 8
第一节 "甲丁"智慧建造云平台 … 8
第二节 BIM + AI 智慧交底技术 … 10
第三节 高密度路网区标志标线优化设计与交通诱导系统 … 21

## 第三章 管理促进度,全面提升施工进度 … 43
第一节 进度管理保证措施 … 43
第二节 通行条件下的交通组织设计 … 49
第三节 特色交通组织 … 59

## 第四章 管理强质,质量管理科学化 … 70
第一节 质量管理体系 … 70
第二节 质量管理职责 … 71
第三节 质量管理制度 … 75
第四节 项目建设各阶段质量控制 … 79
第五节 施工程序控制与技术管理 … 82
第六节 关键部位施工质量管理 … 91

## 第五章 管理固安,安全管理系统化 ...... 116
第一节 施工安全管理 ...... 116
第二节 安全管理体系 ...... 127
第三节 安全生产责任 ...... 129
第四节 安全生产管理制度 ...... 135
第五节 安全风险评估与管控 ...... 138
第六节 风险分级管控及隐患排查治理"双体系"建设 ...... 141
第七节 人员与机械设备安全管理 ...... 142
第八节 安全培训与文化建设 ...... 144
第九节 安全技术管理 ...... 148

## 第六章 环境保护,推进环境全面安全化 ...... 155
第一节 项目环保考核指标及分解 ...... 155
第二节 环保组织管理 ...... 158
第三节 环保实施措施 ...... 159
第四节 环保技术措施 ...... 171
第五节 环保管理制度 ...... 174
第六节 现场安全防护与环保 ...... 184
第七节 水土保持保证措施 ...... 195

## 第七章 "三自"现代高速公路神经网络管理技术 ...... 199
第一节 交通事件影响表征评价方法 ...... 200
第二节 高速公路交通事件辐射范围预测 ...... 214

**附录** 京台高速公路泰安至枣庄(鲁苏界)段改扩建项目主体工程参加单位及人员一览表 ...... 228

**参考文献** ...... 229

# 第一章

# 京台高速公路泰安至枣庄(鲁苏界)段改扩建工程概述

## 第一节 高速公路改扩建现状

本节全面研究调研高速公路改扩建现状,从施工组织、质量管理、安全管理、环境管理和管理智能化信息化等多方面梳理分析高速公路改扩建工程的现实需求。

随着车流量的不断增加,公路运输压力越来越大,推进高速公路改扩建工程势在必行。同时,由于交通量急剧增加,原有的高速公路已不能满足目前的交通要求,因此,亟须对原有的高速公路进行改扩建。

### 一、发展现状

截至2022年,我国高速公路总里程已达到16.1万km,稳居世界第一,国家高速公路网主线基本建成,覆盖约99%的城镇人口,20万人口以上城市及地级行政中心。随着我国经济的高速发展和人民生活水平的日益提高,现有交通量大幅增加,高速公路交通量基本达到饱和,导致高速公路已超出原有服务能力。为减少土地资源浪费,缩短建设周期,对高速公路进行改扩建已成为一种必然需求。通过加大高速公路改扩建力度,加快推进实施高速公路"四改六""四改八",能够大幅改观现有高速公路通行条件,全面提升高速公路通行能力和通行效率,从而促进我国经济快速发展,满足人民日益增长的需求。

随着交通量的持续增长,现有通行能力不能满足要求,所以高速公路的改扩建成为一个热点问题。2002年,我国沈大高速公路进行扩建,于2004年9月竣工,成为国内最早进行改扩建的高速公路项目。20世纪80—90年代,我国高速公路建设处于初始阶段,相关技术标准和规范不够完善,施工管控不够严格。近年来,随着宏观经济快速发展,交通量不断持续增长,汽车荷载日益重型化,早期修建的高速公路车流量逐渐饱和,道路服务水平逐年下降,路基路面的损坏日趋严重,工程质量隐患问题逐渐暴露出来,影响道路的正常使用。因此,为提升道路服务水平,改善行车舒适度,对既有高速公路进行改扩建是现阶段及今后交通运输主管部门和相关交通运输行业规划设计单位研究的重点。

由于土地资源是不可再生资源，为节约土地，在已有高速公路走廊带内一般不会再开辟第二通道。为有效解决上述问题，只能对既有高速公路进行改扩建，增设通行车道。此后，广佛高速公路、沪杭甬高速公路、沪宁高速公路、京港澳高速公路安新段、连霍高速公路洛阳至郑州段等高速公路相继进行扩建。今后，随着经济进一步发展，高速公路改扩建即将进入全面发展状态，我国也将进入交通基础设施建设领域持续高潮期。

## 二、发展趋势

(1) "四个交通"设计理念。"四个交通"是交通运输部综合分析形势任务，立足于交通运输发展的阶段性特征，更好地实现交通运输科学发展，服务好"两个一百年"奋斗目标而提出的当前和今后一个时期的战略任务，即全面深化改革，集中力量加快推进"综合交通、智慧交通、绿色交通、平安交通"的发展。高速公路改扩建工程必须立足于"四个交通"基本设计理念，按照高速公路技术经济特点，合理布局、扩建与新建有机结合、连接贯通综合的交通运输体系；抓好高速公路改扩建中重大交通科技研发，协调推进技术创新和引进消化吸收再创新，促进交通科技成果转化为交通运输生产力；交通运输是国家节能减排和应对气候变化的重点领域，以节约资源、提高能效、控制排放、保护环境为目标，加快推进绿色循环低碳交通基础设施建设是今后的高速公路改扩建关键内容之一；把保障人民群众出行安全放在首位，高速公路改扩建中要把安全发展理念贯穿于各个阶段，坚决守住"安全是底线、安全是红线"的思想防线和责任防线。

(2) 资源节约、环保再生理念。国家对全面促进资源节约作出了具体部署，明确了全面促进资源节约，必须大力发展循环经济。要按照减量化、再利用、资源化原则，注重从源头上减少进入生产和消费过程的物质量及物品完成使用功能后重新变成再生资源，加强资源循环利用的技术研发，加快形成覆盖全社会的资源循环利用体系。因此，今后高速公路改扩建中，既有道路路面材料的再生利用是必须作为重点研究课题。

(3) 创新、"互联网+"理念。"大众创业、万众创新"于2015年政府工作报告中首次提出，明确只有通过万众创新，才能创造出更多的新技术、新产品和新市场。高速公路改扩建是对既有道路产品进行升级改造，存在许多技术重点和难点，要求勘察设计和工程技术要具有针对性创新，在创新设计理念、创新设计组织和创新技术方面均需要突破。

信息化是当今时代的突出特点，互联网已成为人们生产和生活的重要组成部分，这就必然要求各项产业要适应"互联网化"的时代要求，制订"互联网+"行动计划，推动移动互联网、云计算、大数据、物联网等与现代制造业结合。高速公路改扩建对既有道路桥梁、路基、路面检测、病害调查数据分析，改扩建方案制定等均需要与"互联网+"技术融合创新。

随着时代的发展，高速公路在我国交通运输业中发挥的作用越来越重要。同时，随着市场经济的迅速发展，大量高速公路工程都面临着改扩建的命运。因此，在施工过程中，应逐步完善施工规范，在对原高速公路进行运营安全性和结构安全性评价的基础上，因地制宜，合理确定相关技术指标，保证施工质量，进而保证高速公路的经济效益和社会效益。

### 三、改扩建模式

对于改扩建模式的划分,主要考虑交通组织方式、工程技术水平和综合服务水平。

(1)"改扩建 1.0"模式,以 21 世纪初期高速公路改扩建为代表。一是在交通组织上,采用"全封闭施工"模式,工期短,交通安全有保障,但交通大动脉的阻断将影响区域经济发展,严重影响沿线群众出行。二是在工程技术上,重点解决了路基、桥涵拼宽不均匀沉降造成的开裂、病害和老路面加铺等关键建造技术难题。

(2)"改扩建 2.0"模式,以沪宁高速公路改扩建等为代表。一是交通组织上采用"边通车边施工"的模式,满足了部分出行需求,但是保通不保畅,拥堵时常发生,采用的临时护栏等措施无法保障行车和沿路施工人员安全。二是在工程技术上,采用标准化设计、工厂化预制、装配化施工、信息化控制、专业化管理等手段,推广应用"四新"技术,以打造平安工地和品质工程为目标,有效提升了工程建设品质。

(3)"改扩建 3.0"模式,以京台高速公路改扩建为代表。一是在交通组织上,充分利用信息化、数字化、智能化手段,对交通流进行精准管控;对影响交通安全的因素进行全息感知并有效应对;通过多终端发布,提供伴随式信息服务,实现确保大通量国家主干线改扩建保通、保畅、保安全的难题。二是在工程技术上,充分吸收改扩建 1.0、2.0 模式先进技术,积极响应国家"双碳"目标、新基建战略、出行即服务等新发展理念,打造绿色、低碳、安全、经济、智慧高速公路改扩建新模式,主要解决在役构造物"高效、高价值、高品质利用"的难题,实现"绿色、安全、智慧、经济"的高质量发展,满足时代、国家、群众对改扩建高速公路提出的更高需求。

## 第二节　高速公路改扩建面临的重难点问题

高速公路大修改造、扩建势必会给交通出行带来不便,并将在一定时期内轮番在各条高速公路出现,因此,如何在"阵痛"下为车辆出行提供畅通快捷的出行条件,考验着交通管理者的智慧和应变能力。高速公路改扩建周期长,影响交通,有安全隐患。高速公路改扩建工程一般是在已建成通车的道路上开展的,通常都需要较长的建设周期,所以在建设过程中不但会阻碍高速公路的正常通行,而且在改扩建工程施工时,多采用半幅通行方法,使原路面变窄,加上原路段的车辆仍然保持高速行驶,因此,会造成较大的安全隐患,道路安全维护的难度较大,且高频高压施工具有质量和安全隐患。为保证高速公路的正常安全通行,高速公路的改扩建施工项目一般都要求在不影响原有交通的基础上,在尽可能短的工期内完成繁重的工程任务,所以不但会持续在夜间施工,而且会存在赶工期的问题,对工程质量和安全施工都造成隐患。

### 一、施工交通组织及转序组织

我国公路服务水平划分为四个等级。对于传统边通车边施工的改扩建施工方式,按改扩建规范要求，改扩建期间公路服务水平可以降一个等级，因此经常出现交通拥堵，信息服务不畅通，通行效率低，安全保障不足。

（1）京台高速公路泰安至枣庄（鲁苏界）段（简称"京台高速公路泰枣段"）在改扩建期间，采用现代信息技术，对影响行车安全的雨、雪、凝冰、团雾、夜间等特殊环境状态进行全息感知，对大雾、团雾进行感知，并对雾区行车进行智能诱导；对凝冰、雪进行感知，并自动进行融雪除冰；在重要路段设置高亮雨夜标线、高亮反光膜、发光行车道灯，设置疲劳唤醒光幕，提高雨水天气、夜间行车安全，再综合利用电子屏幕、广播、标志标牌、导航、应用程序（App）等多终端设备，及时发布实时行车信息和车辆管控策略，为驾驶人员提供全息信息服务，提高行车安全性，实现安全预警、行车诱导全链条保障。

（2）采用交通流感知、追踪、定位和预测技术，预测交通流变化，根据路网通行状况，实施远端、近端、匝道出入口和局部路段的分流、限速和管控，保证交通流平稳，避免交通拥堵，提升道路服务水平。

（3）紧密结合高速公路改扩建交通导改情况，提供车道级的精准导航，实时发布导改信息，为用户提供全方位伴随式服务。

（4）建立了服务区高精度地图，动态获取车位占用情况，实现了"端到端"的车位级停车导航和反向寻车功能，让出行者获得更好的服务体验。

所以，本项目高速公路改扩建工程施工期间，除限制了五轴以上大型货车和危化品运输车辆通行外，相比于改扩建前，车辆行驶更畅通，基本没有发生严重拥堵事件，安全保障水平、信息服务水平均较改扩建前有了大幅提升。

本项目施工内容包括桥涵、路基、路面及交安工程。施工时，需保证既有高速公路双向四车道通行。京台高速公路现有车流量大，重车多，且设计有两座特大桥和两处互通，边通行边施工安全风险大。如何做好整体和局部交通导改组织、安全维护，保证转序节点按计划进行是本项目重点。

应对措施：

（1）制定合理交通组织方案，确保行车安全。

（2）积极同交管等部门沟通，制定合理的交通保证措施。

（3）编制交通应急预案，储备应急物资，在确保施工安全的同时，保证全线双向四车道正常运营。

## 二、新老路基及桥梁拼接质量控制

既有高速公路使用时间长，已基本沉降完全，新建路基施工完成后与既有路基容易产生沉降差，造成路面沉降缝；桥梁拼接中连接段基本为行车道部分，如何保证新旧桥拼接质量也是本项目的施工重点。

应对措施：

（1）优先安排拼宽路基施工并尽早完成，使路基有一定自然沉降期；

（2）严格按照设计及规范进行路基路面施工，保证新老路基路面拼接处质量；

（3）严格按照设计及规范进行旧桥加固、梁体拼宽等施工。

## 三、坚硬岩层及岩溶地质条件下桩基施工

本项目桩基数量较多,且起点至河北特大桥岩性以花岗岩、花岗闪长岩为主,岩层坚硬,成孔难度大;土门特大桥存在岩溶地质,桩孔易塌陷,桩基施工难度大,如何合理选择机械设备及施工组织是桥梁施工的重点。

应对措施:

(1)根据各桥位地质情况合理选择钻孔方式及机械配置。

(2)在满足桥梁受力要求的情况下,在规范允许范围内优化桩基桩长,在岩溶易塌陷地区根据地质情况采用搓管机埋设套筒穿过砂层到达稳定地层后,再进行正常钻进施工。

## 四、河北特大桥和土门特大桥施工

河北特大桥、土门特大桥为本项目的施工控制节点,改扩建形式为两侧拼宽、部分拆除新建,全桥均采用现浇箱梁结构。且上跨国道G104、四坡路、云亭大道和省道S801等地方道路,车流量大,既有桥梁与跨越的道路交角大,桥梁拆除、跨路段现浇箱梁施工难度大。

应对措施:

(1)做好对相应旧桥状况的考察,熟悉旧桥图纸,搭设盘扣支架,做好安全防护措施。

(2)根据旧桥图纸,安排梁体拆除的规划及施工组织。

(3)上跨地方道路部位,与交通部门进行沟通,制定详细的交通管理方案。

(4)制定针对性施工方案,明确解决目标及方法,突破制约工程建设的关键环节。

## 五、天桥箱梁安装施工及交通组织

本项目上跨京台高速公路主线天桥4座,其中包括上部结构为钢箱梁结构的天桥3座,预应力混凝土简支小箱梁结构的天桥1座。京台高速公路主线车流量大,在左幅双向三车道保通的前提下架设天桥梁板,施工交通组织难度大,安全风险大。

应对措施:

(1)提前编制天桥钢箱梁安装施工及交通组织方案,并组织专家评审。

(2)与交警、路政部门进行沟通,制定详细的地方路交通导流组织方案。

(3)提前做好钢梁运输路线及吊装机械、顺序等策划,确保施工安全。

## 六、城区高速公路改扩建施工管理

京台高速公路改扩建第六合同段项目位于枣庄市,属高速公路市政改扩建工程,全线18.3km,其中12km位于枣庄城区,距离居民区近,主线跨越15条市政道路,地下管线、军用光缆多,拆迁难度大,环保形势严峻,同时施工地点位于城区,受制于夜间施工和三个高峰期通行影响,项目结构物多、类型多,致使作业面不能连贯施工,施工断点多;此外,城区段还有6km路改高架桥,第一阶段先在左幅拼宽路基和梁板,保证高速通行;第二阶段拆除右幅路基桥梁,修建右幅高架桥;第三阶段再返回拆除左幅路基桥梁,修建左幅高架桥,边通车边施工,组织难度高。

应对措施：

(1) 针对项目的实际情况和各阶段转序目标，项目落实"六个百分之百"，积极组织"劳动竞赛"活动，以党员先锋队、干部攻坚队、青年突击队为切入点，倒排施工计划，增加人员，优化桥梁结构模板、预制台座以及施工机械等资源配置。

(2) 全面提高队伍的积极性，攻坚克难，在确保安全、质量、环保、文明施工的同时加快施工进度，按期完成施工任务。

### 七、京杭运河特大桥施工管理

京杭运河特大桥全长1382m，其中主桥跨径布置为68m+209m+68m，采用中承式钢箱系杆拱桥，主墩桩基采用32根直径为2.5m的钻孔灌注桩，桩长50m，嵌岩深度40m左右（强风化泥岩、中风化砂岩、微风化泥岩），水情复杂，汛期时间长，对施工工序组织要求较高，工期紧张，对成孔设备效率提出了更高的要求。

## 第三节 京台高速公路泰枣段改扩建工程概述

### 一、工程概况

京台高速公路泰枣段改扩建项目作为省交通基础设施重点工程，项目全长189.493km，批复概算263.86亿元。项目结构物比例大，形式复杂，全线设高架桥4座、特大桥5座、大桥31座、互通式立交桥18处，共有路改桥、桥梁拆除新建、扩孔桥318处，共计25km；涉铁施工8处（其中2处为转体），涉河施工19处，涉路施工66处，特别是枣庄段3座共计3.8km的城区高架桥，需经多次半幅转序，为项目关键控制性节点；6m~35m 9种标准跨径，实心板、空心板、预应力T梁、预应力箱梁、钢混叠合梁等5类结构形式，共计30546片梁板需同步展开施工；196万m²路面、606处旧桥均需维修处理，且需完成三次施工转序，建设难度大，特别是京台高速公路是国家高速公路网干线，跨省限行协调困难，加之穿越5处枢纽立交，双向四车道保通交通组织复杂程度高，列省内在建公路建设项目之首。

### 二、自然地貌

**（一）地形、地貌**

京台高速公路泰枣段北起泰安的岱岳区，南至枣庄市（鲁苏界）。拟改扩建公路位于山东省中南部地区，其大地构造单元属华北地台、山东台背斜鲁中南台隆的一部分，整个地势自南北两端向中部大汶河倾斜。

**（二）工程地质**

(1) 根据山东省地层区划图，K495+700~K517+600以剥蚀残丘及准平原地貌为主，地势较起伏,第四系覆盖层厚度较薄,以残坡积为主,下伏基岩以太古代泰山群(左rt)片麻岩为主。该区段地下水主要为基岩裂隙水,地下水位埋深较大。沿线地层稳定,地基工程地质条件较好。

(2)K517+600~K543+000以冲洪积平原为主,地势较平坦,第四系覆盖层厚度不均,一般为6.0~15.0m,局部区段残坡积为主,下伏基岩以第三系官庄组(E2+3g)黏土岩、砂岩、砾岩为主。

(3)沿线地层稳定,地基工程地质条件较好。

### (三)水文

项目所在区域属黄河、淮河流域,沿线水资源较为丰富,大气降水是地下水的主要补给来源,由于区内地形起伏变化,地下水随地形和裂隙伸展运动,呈连续高低起伏的不统一的自由水面。水文变化规律基本与地形吻合,地下水与地表水的分水岭基本趋于一致。一般6—9月最多,3—5月较少。区域内多年平均地表水资源量为1.3亿$m^3$。地表水资源主要来自水库蓄水、塘坝拦蓄、河道提水利用、河道渗漏、河道水面蒸发和排泄等。

### (四)气象

项目处于大陆性中温带暖温带半湿润大陆性季风气候带,受海洋性气候影响较小,具有较明显的大陆性气候特征,一年四季分明,年内1月最冷,7、8月炎热。1月平均气温在0℃以下,7月下旬、8月上旬平均气温在26℃以上。春季升温迅速,秋季降温稍缓。平均气温年较差为30℃左右,各月平均日差在9~13.5℃之间。

## 三、主要技术标准

本项目主要技术指标见表1.3-1。

**本项目主要技术指标**　　　　表1.3-1

| 序号 | 技术指标名称 | | 单位 | 设计值(扩建后) | 设计值(老路) |
|---|---|---|---|---|---|
| 1 | 公路等级 | | — | 高速公路 | 高速公路 |
| 2 | 设计速度 | | km/h | 120 | 120 |
| 3 | 路基宽度 | | m | 42(28+20.75) | 28 |
| 4 | 圆曲线最小半径 | | m | 2775/1 | 2775/1 |
| 5 | 平均每公里纵坡变更次数 | | — | 1.54% | 1.54% |
| 6 | 最小竖曲线半径 | 凸形 | m | 17000 | 17000 |
| | | 凹形 | m | 11000 | 11000 |
| 7 | 竖曲线占路线总长比例 | | — | 60.8% | 60.8% |

# 第二章

# 信息化、智能化管理

高速公路是一个地区或者国家的现代化水平的重要标志之一,而高速公路的信息化建设则是实现高速公路现代化管理最重要的途径。互联网技术的进步、信息技术与交通理论和规划的融合,都加速了高速公路信息化的进程。高速公路监控及信息诱导技术的综合应用,成为利用信息技术改善交通秩序、提高高速公路利用率的不可或缺的方法和手段。

## 第一节 "甲丁"智慧建造云平台

"甲丁"是现场施工管理平台(简称"甲丁平台"),通过这个平台可以实现考勤统计、定位人员信息、记录施工日志、下发任务、接受任务、上传施工进度的数据和影像资料等一系列功能。

对项目整体施工过程中质量管理的五大要素(人、机、料、法、环)进行深入式精细化管理,达到信息集成、快速沟通、准确定位工程信息的目的。甲丁平台可以在施工进程的全过程做到动态监控、明确任务目标、强化岗位职责,加强项目施工进程信息化管控,有力推进信息化建设,实现综合管控信息化。

自甲丁平台试运营以来,经过多方面完善,相关工作人员也渐渐熟悉和掌握了平台的使用方法,并逐渐适应了通过甲丁平台传递施工信息,将数据实时录入系统的工作形式。

### 一、甲丁平台的系统主要功能

#### (一)人员管理

在人员管理过程中,对产业工人实行实名制管理,进场工作人员均通过平台录入,实现精细化管理的目标;通过甲丁平台的建筑工程视图与全球定位系统(Global Positioning System,GPS)可以实时定位人员位置与工作详情。

#### (二)产值汇总

通过现场实际施工情况实时上报数据进行产值汇总,通过报表中心导出数据文件。

#### (三)机械设备管理

在机械设备管理过程中,通过甲丁平台对入场设备进行实时管理,入场与退场均按照相应流程进行审批;在甲丁平台进行机械设备的进场、巡检、证件信息、设备维保、退场等操作,提高了设备管理工作效率,确保了设备的进场及日常维护信息的准确性,辅助项目对全部设备进行准确监督管理。

**(四) 物料管理**

在甲丁平台中,工区技术主管按照实际生产情况安排与分配当期计划,按照计划发起浇筑申请,实现动态实时混凝土浇筑管理;将甲丁平台、混凝土拌和站称重系统和拌和站生产系统进行数据对接,将物料的收、发、存等数据在甲丁平台进行整合汇总及分析,对混凝土拌和站的物料实现动态监控,精细化管控每一盘混凝土的原材料的使用情况。通过甲丁平台的数据整合及分析,一方面使拌和站材料盘点、物料使用分析的数据准确,省时省力;另一方面可提供数据支撑,方便实验室人员对拌和站实施质量监督,把控混凝土质量。

**(五) 混凝土运输、浇筑管理**

在施工生产过程中,甲丁平台通过规范的施工流程,专业化管控施工过程的每一个步骤,按照相应工序流程为相应人员配置相应任务,做到任务配置化管理;混凝土浇筑流程开始后,现场管理人员通过甲丁平台"订单式"申报混凝土需用量计划至混凝土拌和站,混凝土搅拌运输车驾驶员根据混凝土使用位置导航至浇筑地点,实现混凝土"外卖式"配送,简化沟通流程而不减信息量。同时,甲丁平台通过与北斗定位系统相结合,实现准确定位车辆状态和运输车辆实时监控,使前后场施工更协调,沟通更顺畅。

**(六) 安全、质量管理**

在安全管理过程中,为提高项目整体安全管理能力,达到"安全无小事,人人皆熟知"的管理目标,项目通过甲丁平台执行"一人一表一哨"制度,对施工部位进行检查,将不合格项及时反馈给施工队伍,各工区负责人督促现场整改落实,并在平台中回复问题整改情况,提高问题整改效率,形成良好的反馈机制,将安全问题、质量问题"扼杀"在摇篮里,提高现场的管控效率,实现本质安全。

## 二、"甲丁"系统优点与功能

**(一) 系统优点**

(1) 全过程实时穿透式管理,全面动态掌握项目的运行质量;
(2) 大数据协同管理,数据统一、逻辑清晰、真实可靠;
(3) 物料自动化监管,动态掌握物料"进、发、存"全程精确数据;
(4) 混凝土浇筑前后场信息精确同步,实时管理混凝土生产、混凝土搅拌运输车运输和现场浇筑,信息互通互联。

**(二) 先进功能**

(1) 影像资料采集植入工序流程,并与工程部位和工序步骤准确关联;
(2) 资料表格填写植入工序流程,具有资料自动填写和存档功能;
(3) 人脸识别(考勤、交底签到)、实时定位、轨迹记录;

(4)工单任务全面记录,准确判断员工工作成果。

甲丁工地智慧管理系统的应用界面如图 2.1-1 所示。

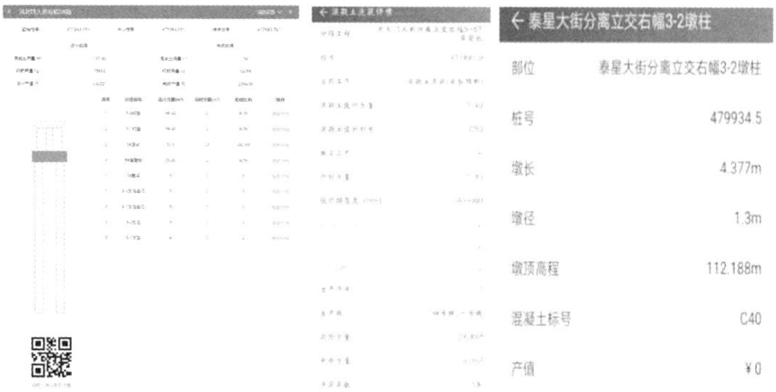

图 2.1-1　甲丁工地智慧管理系统的应用界面

# 第二节　BIM + AI 智慧交底技术

国家大力推广基于建筑信息模型(Building Information Modeling,BIM)技术的全过程工程建设,采用建筑师终身负责制,推动设计从二维走向三维。随着设计施工一体化程度的提升,设计的标准化、规范化将得到加强,BIM 三维正向设计将逐步成为主流,从而为人工智能(Artificial Intelligence,AI)技术的应用提供基础的技术与行业应用土壤。

国内 BIM 应用方兴未艾,以第五代移动通信技术(5G)、物联网、AI 技术为代表的最新信息技术与以机器人技术为代表的高端制造技术,在建筑业正孕育着新一波发展浪潮,其核心特征是超越现有工业化、信息化发展的数字化与智能化,形成 BIM + AI 的融合创新应用。

## 一、基于 AI 视觉的 AR 技术

AI 视觉技术弥补操作短板,增强现实(Augmented Reality,AR)功能 App 弥补普及设备问题;AI 人工智能的概念是用计算机驱动拥有人类智慧特性的机器,以达到解放人力的效果。AI 视觉即计算机视觉,是通过计算机与有关设备实现对生物视觉的一种模拟,是 AI 领域极其重要的一部分。人脸识别值勤系统,是典型的 AI 视觉技术,以计算机结合摄像机代替人眼,对目标进行识别与计量,达到代替考勤人员作业的目的。

通过 AI 视觉技术,可以达到简化 BIM 应用操作过程的效果。如果智能设备摄像头扫描平面图案时,其屏幕自动显示出对应的 BIM 模型信息以指导施工,将大幅降低 BIM 技术应用难度,推动 BIM 技术在行业内真正普及应用。

基于 AI 视觉算法的 AR 技术,是计算机视觉的一种实用方式。其原理是:利用计算机视觉采集到的信息,对人的视觉感受进行模拟和再输出,达到将虚拟信息与真实信息叠加,给人提供超越真实世界感受的视觉效果。基于此技术可以实现虚拟的 BIM 模型信息与真实的平面图案叠加,达到虚实结合的精确模拟效果。

## 二、轻量化 BIM 技术

### （一）第一视角三维模型浏览

在项目精细化 BIM 模型创建完成后，将 BIM 模型发送至工程师或班组，由其操作个人计算机（PC）终端进行第一视角的三维模型浏览。图 2.2-1 所示为大汶河跨河特大桥三维模型。通过点击模型任意构件，即可查看项目施工模型中的施工工期、施工作业队伍、材料材质、工程量等全方位信息。在项目的生产例会、安全例会、技术交底会、监理例会中，亦可利用会议大屏进行模型三维浏览与展示，向监理方、作业班组、技术人员、评审专家等进行交底与项目信息传递。

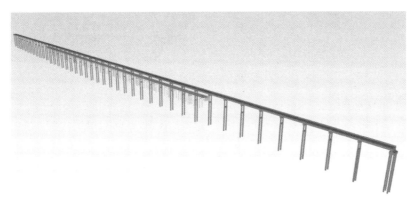

图 2.2-1　大汶河跨河特大桥第一视角三维模型浏览

### （二）仿真动画模拟

基于 BIM 的模拟性特点，由项目 BIM 工程师或技术人员应用 BIM 后期动画软件（如 3dsmax、Lumion、C4D 等）进行模拟动画制作，其形式主要包含场景漫游视频、施工流程动画、工艺要点讲解动画、设备安拆动画、真三维地形模拟动画等，并在视频中添加技术、质量、安全等控制要点的图纸、文字标注内容，最终以视频播放的形式进行交底。图 2.2-2 所示为小箱梁混凝土施工动画模拟。

图 2.2-2　小箱梁混凝土施工动画模拟

### (三)二维 BIM 施工图

通过 BIM 软件正向设计建筑物或对建筑施工图纸进行翻模、整合、优化排布,提前进行施工组织设计与方案模拟,最后按照施工出图标准,将消除碰撞、预留空间与洞口、优化排布完成的模型进行出图。将三维模型与平面图纸对应,建立平、立、剖等二维视图,辅以三维节点详图、工程数量表等进行细部信息表达,最终打印出二维 BIM 施工图,进行交底指导现场施工,图 2.2-3 为 D160 型伸缩缝二维施工图。

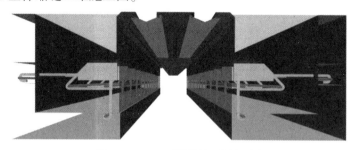

图 2.2-3　D160 型伸缩缝二维施工图

### (四)工艺节点细节图

传统的施工详图多以线条、数字、文字等方式表达建筑节点和建筑构配件的形状、材料、尺寸及做法,其在分层表达、立面效果、可视化等方面均存在不足。利用 BIM 模型可生产高清渲染图、结构图、节点图、做法层次图、构件爆炸图等工艺节点细节图,可以用真实的材质、精算的工程量、空间的三维分层等可视化表现方式进行节点细节的深度表达,为施工人员提供更详细的施工细节信息。图 2.2-4 为某预制墩一般构造典型图。

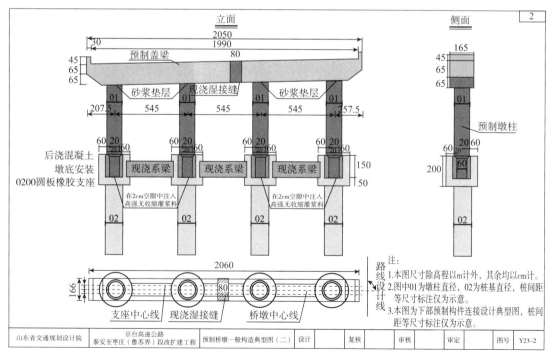

图 2.2-4　一般构造典型图

## (五) VR(虚拟现实)

基于 BIM 的虚拟现实(Virtual Reality,VR)集计算机、电子信息、仿真技术于一体,提供计算机模拟虚拟环境,从而给人以环境沉浸感。VR 具有沉浸模拟性、感知互动性、自主构想性等多种特征,可模拟碰撞打击、触电、火灾等安全体验,亦可身临其境地查询施工完成后工程结构的尺寸、位置、工艺方法、材质等信息,使施工现场安全与技术交底更加真实高效。图 2.2-5 所示为本项目 VR(虚拟现实)体验中心。

图 2.2-5　VR(虚拟现实)体验中心

## (六) AR(增强现实)

通过将真实世界信息与虚拟的 BIM 模型信息进行无缝集成,并将叠加的虚拟和现实信息在同一个画面以及空间中同时显示,通过手机、平板电脑等终端,轻量化地实现超越现实的感官体验。在现场交底过程中,利用 WebAR 或微信小程序扫描二维码交底卡,即可实现 BIM 模型与现场环境的叠加浏览;亦可按 1∶1 比例放大模型,在现场中实地放置虚拟模型来模拟建成后的直观场景,并将实景场地与虚拟模型的坐标完全对应,实现虚拟增强现实。图 2.2-6 所示为某装配式墩柱 AR 模拟。

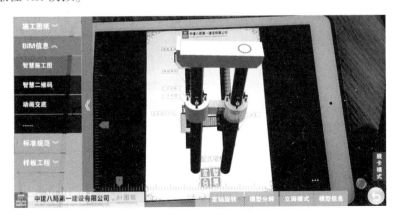

图 2.2-6　装配式墩柱 AR 模拟

## (七) MR(混合现实)

混合现实既包括增强现实,也包含增强虚拟,可将现实和虚拟世界合并成一个新的可视化环境,在新的可视化环境里物理和数字实现对象共存,并实时互动。在施工应用中,通过穿戴式头盔、眼镜等设备,混合现实(Mixed Reality, MR)可将施工人员融入一个集成 BIM 模型和现实环境的更真实的场景中,并可实现实时互动、信息远程共享和协同工作。图 2.2-7 所示为现场人员操作 MR(混合现实)头盔。

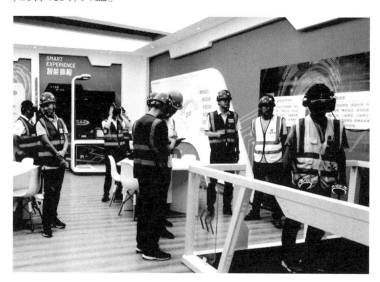

图 2.2-7　操作 MR(混合现实)头盔

## (八) 平台浏览

基于自主研发或第三方的平台,接底人将方案、交底、模型等数据上传至平台数据库,在 Web 网页端、PC 端和手机 App 端进行轻量化的浏览和查看,线上的数据可临时缓存到本地浏览端,从而提高信息查阅的速度。平台界面如图 2.2-8 所示。

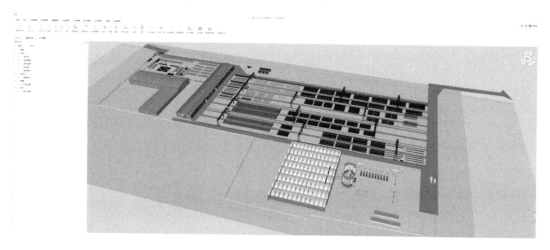

图 2.2-8　平台界面

## 三、项目应用效果

BIM 技术是由"点"到"线"、由"线"到"面"的发散式应用创新,是基于 PC 设备、VR(虚拟现实)头盔、MR(混合现实)眼镜等智能设备的设计支持与应用承载,必然具有设备采购价格高、操作方法复杂、普及配备及使用困难的缺点,致使 BIM 技术应用走出办公室、到施工现场解放一线工人的生产力的可能性变为零,施工过程中不能真正实现"全员 BIM"。

此外,在以施工单位为主导的实施模式下,项目公司、监理单位、分包单位等相关方往往不会采购图形工作站和软件,亦不会配置专业的 BIM 人才,极易出现施工单位建立的 BIM 模型传递效果差、BIM 辅助技术交底困难等问题。因此,在施工项目交底的过程中,需将 BIM 模型轻量化,减少对软硬件的依赖性,使工程相关方在普通的手机、平板电脑或办公计算机中即可快速流畅地浏览 BIM 模型。

BIM + AI 智慧交底技术应用的关键是对施工方案中的施工工法、施工工艺流程、细部节点做法、安全控制要点、质量控制要点等管理要求进行可视化的表达,同时亦可进行 4D 动态化模拟、5D 成本精细化管控,其最终成果主要为模型、图片、视频、文档、网页等格式文件。BIM + AI 智慧交底技术的主要技术要点是减少 BIM 模型源文件的体量(包含点、线、面等数量),使轻量化 BIM 成果可快速可靠传输到接收端,并完成渲染及可视化展示,其技术路线如图 2.2-9 所示。

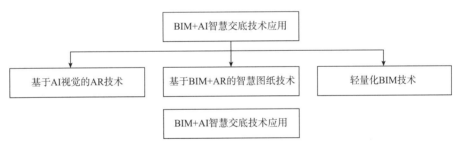

图 2.2-9 技术路线

二维图纸三维可视化功能,现场应用不依赖网络信号,降低了 BIM 技术深度应用门槛,实现了 BIM 技术在施工现场的普及应用。通过触控屏幕与 BIM 模型信息交互功能,具备旋转、缩放、分解、调取构件参数信息等效果,有利于使用人员快速、准确掌握施工方案。标准规范快捷查阅功能,让一线人员可随时掌握施工要求及质量标准,减少了劳务工人对工长及技术员的依赖,有利于提高现场施工过程的连续性,提升施工效率。360°样板实景查阅功能,把优质工程及样板间集成到智慧图纸平台,节省了搭建费用与观摩时间,让一线人员虚实兼顾,获得及掌握工艺质量标准;现场无图纸施工功能,可轻松调取 BIM 模型及信息,通过手机摄像头录入现场实景,通过触控屏幕调整 BIM 模型的角度与大小,由传统的看图施工转化成对照模型快捷施工。

### (一)京台高速公路改扩建交通导改应用

京台高速公路改扩建工程交通导改主要包括改扩建工程周边路网、地形以及交通情况、相关建筑物等,对应的项目施工过程模拟与交通导改方案优化设计。基于此,本书采用了 BIM

与地理信息系统(Geographic Information System,GIS)结合的方法,建立了考虑施工过程的BIM模型来进行施工过程模拟,通过创建三维模型的方式对高速公路改扩建工程交通导改方案进行三维模拟,通过三维立体展示周边路网、地形以及车流情况,基于三维展示来对交通导改方案进行模拟分析优化设计,为现场实际施工提供帮助。

应用BIM技术信息化集成建立改扩建项目信息数据库能有效解决信息复杂、施工布置烦琐等问题,通过三维交底、四维仿真来解决交通导改中遇到的施工难题。采用BIM建立了考虑施工过程的京台高速公路改扩建精细化三维模型,GIS将项目坐标影像以及地形数据结合在一起形成三维模型,通过BIM与GIS结合的三维场景模型可立体展示京台高速公路改扩建工程周边路网、地形以及车流情况,为交通导改施工方案的优化设计、编制提供帮助,在此基础上项目参与的各方人员可以协同工作,帮助项目人员更好地对京台高速公路改扩建交通导改方案进行优化设计,能够降低改扩建施工对周边出行的影响、节省时间、降低成本费用、缩减工期。

1. 改扩建关键施工步骤

京台高速公路改扩建施工保通方案采用双向四车道通行,单向两条车道包括一条行车道及一条应急车道。总体施工过程分为3个施工阶段,京台高速公路改扩建后为双向八车道通车,双向限速为100km/h。

第1阶段进行道路A幅拼宽、B幅局部拼宽施工,主要为道路A幅土方全部施工完成后进行主线施工,并与旧的道路进行临时拼接。B幅土方、路面进行施工,对于新建桥梁下部结构进行双侧拼宽,将A幅桥梁拼宽部分与既有桥梁进行临时拼接,在A幅行车道外侧设置移动钢护栏作为临时隔离设施,B幅不变。

第2阶段进行A幅通车、B幅封闭施工,双向限速80km/h,A幅原有道路及拼宽部分双向四车道作为主要通行道路,路侧改造施工便道作为应急绿色通道,原有道路中央分隔带每隔2km设置紧急停车带。A幅双向四车道通车,行车道宽3.75m,应急车道宽分别为3.75m和3m。对B幅原有路基路面进行修复,18.75m宽沥青中上面层一次性拼宽施工,B幅原有桥梁更换梁板并一次性拼接完成,施工至右线新建段完成。

第3阶段进行B幅通车、A幅封闭施工,双向限速80km/h,新建成B幅双向四车道作为主要通行道路,在路侧改造施工便道作为应急绿色通道,原有道路中央分隔带每隔2km设置紧急停车带。B幅双向四车道通车,行车道宽3.75m,应急车道宽分别为3.75m和3m。对A幅原有路基路面进行修复,拼宽区切割翻挖进行重新铺筑,18.75m宽沥青中上面层一次性摊铺拼宽施工,将A幅桥梁临时拼接拆除,对原有桥梁梁板进行更换并重新拼接。

2. 基于BIM的交通导改仿真模拟

基于实际工程建立了考虑施工过程的高速公路BIM模型,采用Lumion进行项目渲染,以此来进行施工过程模拟,实现了该实际工程交通导改过程可视化。

Lumion是一款应用于场景渲染的三维可视化软件,其界面识别性好、操作流程简单、效率高,实时渲染的功能不仅能随时查看场景渲染效果,还可以随时进行修改,高效快捷进行场景渲染。目前,Lumion大多被应用于建筑、景观、规划等设计行业,软件兼容性强,支持多种建模软件的多种格式模型导入。完成高速公路BIM模型后,利用Lumion进行项目渲染,通过场景更好地展示高速公路改扩建施工过程。

通过高速公路改扩建项目渲染图来更好地展示改扩建施工过程以及施工完成后通车效果。第1施工阶段为道路A幅拼宽、B幅局部拼宽施工三维仿真模拟,如图2.2-10a)所示;第2施工阶段为A幅通车、B幅封闭施工三维仿真模拟,如图2.2-10b)所示;第3施工阶段为B幅通车、A幅封闭施工三维仿真模拟,如图2.2-10c)所示;施工完成后双向八车道通车三维仿真模拟如图2.2-10d)所示。Lumion可以全方位多角度地展示高速公路改扩建施工过程,探索BIM在其施工阶段可视化的应用。

a)第1施工阶段

b)第2施工阶段

c)第3施工阶段

d)施工完成

图2.2-10 高速公路改扩建施工过程模拟

### (二)结构安装关键技术

BIM技术可以使设计阶段、施工阶段和复杂构造节点可视化。对于设计而言,BIM可以为客户展示线、边框和渲染共存的三维模型。对于施工过程而言,BIM可以提供施工环节的过程模拟,在施工前进行施工组织设计优化,避免施工过程中的工序矛盾及交叉碰撞。对于复杂构造节点,BIM技术可以在设计阶段进行模拟优化设计,在施工阶段可以全方位展示关键节点的构造以及复杂环节。

同时,BIM技术还具有一体化、参数化和仿真性等优点,在大跨径结构的施工过程中应用具有重要意义。

#### 1. 钢拱肋拼装扣挂系统

京台高速公路京杭运河特大桥钢拱肋拼装扣挂系统包含扣塔、重力式锚碇、扣索张拉锚固结构和拱肋节段扣索连接结构,如图2.2-11所示。扣塔采用钢管格构柱体系,南北岸对称布置,单侧扣塔在主墩横桥向对称布置钢管格构柱,中心间距为20.5m,南北岸扣塔中心线与理论起拱跨径线对应,间距为209m。扣塔整体高度为76m,单个钢管格构柱钢管横纵向间距均为6.0m,桥轴线外侧两束钢管落在主拱座分水棱台上,内侧两束钢管落在对应主墩承台上,均采用预埋件焊接连接。

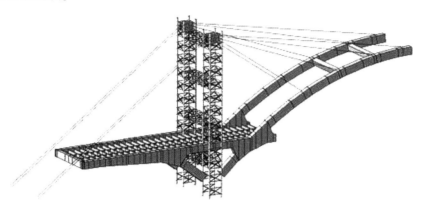

图 2.2-11 钢拱肋拼装扣挂系统示意图

采用BIM技术,利用Revit软件建立拱肋节段吊装的模型图,分析吊装过程中可能出现的问题。对每个构件吊装过程进行工况分析,考虑施工过程中临时支架、吊索和扣塔缆索之间的空间位置关系,首次吊装对试吊过程中水深、水流流速、风力、摆幅等进行观察记录,为后续各节段的安装提供经验。

采用MIDAS对钢拱肋拼装扣挂系统进行分析,根据钢拱肋节段安装顺序,按扣塔承载最不利条件考虑8种不同工况下的稳定性,每种工况考虑两种不同荷载组合形式:标准组合和基本组合。采用结构离散软件计算模型,由于主桥钢结构相同,故只计算南北岸一侧扣塔结构。边界条件为钢管立柱分别在承台和分水棱台预埋件处固结,扣索索力以节点荷载加载。

按最不利条件考虑,对扣塔结构按钢拱肋节段E、F单侧拼装两个阶段进行整体稳定性计算。即按计算工况5和工况7对扣塔整体结构进行结构屈曲分析。工况5一阶模态临界荷载特征值系数5.6>4,工况7一阶模态临界荷载特征值系数4.7>4,均符合整体稳定性要求。

2. 钢主梁拼装支架

京台高速公路京杭运河特大桥钢主梁拼装支架用于边跨主梁1~8号主纵梁节段、边拱肋、拱肋A以及对应的横梁和次纵梁钢结构的拼装。钢主梁拼装支架采用钢管格构柱体系,钢管格构柱沿桥轴线对称布置,单侧中心与主纵梁中心线对应,横向间距为20.5m,单侧钢管格构柱钢管立柱横向间距为3.0m,边跨侧支架钢管立柱纵向间距为6.0m+6.0m+6.0m+6.0m+6.0m+4.5m+4.5m+4.5m,主跨侧支架钢管立柱纵向间距为5.5m+6.0m+9.0m,南北钢主梁拼装支架对称布置。

拼装支架采用$\phi 630mm \times 8$和$\phi 800mm \times 10mm$钢管,平联采用$\phi 426mm \times 6mm$钢管。边跨侧拼装支架钢管顶部采用$2HM588mm \times 300mm$作为纵向分配梁,其上采用$2HM588mm \times 300mm$作为横向分配梁,拼装支架其他位置在钢管顶部直接采用$2HM588mm \times 300mm$作为横向分配梁。

考虑到南北岸钢主梁拼装支架对称布置,主桥钢结构相同,故支架结构计算只考虑单侧支架结构。利用BIM技术,采用结构离散分析软件构建钢主梁安装支架计算模型,边界条件为:

钢管桩在嵌固点位置固结,承台钢立柱在预埋件位置固接,横向分配梁、纵向分配梁和钢管顶部之间均采用铰接即释放相应转动自由度,计算模型如图2.2-12所示。

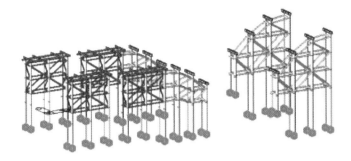

图 2.2-12　钢主梁拼装支架计算模型

按最不利条件考虑两种工况下,钢主梁拼装支架结构的整体稳定性。工况1为1~5号、8号主纵梁节段边拱肋、拱肋A以及对应的横梁和次纵梁钢结构的拼装完成,即6号、7号主纵梁未安装,同时考虑5号节段和边拱肋、8号节段和拱肋A未连接,此时5号、8号节段下方主梁拼装支架钢主梁重量荷载最大。钢主梁拼装支架工况1和工况2最大组合应力 $\sigma_{max}$ = 163.3MPa < 215MPa,位置在主跨侧支架最低一道横桥向平联与钢管桩连接处。支架最大竖向位移为9.8mm和9.1mm(绝对值),位置在边跨侧横向分配梁2跨中。

对两种工况下钢主梁拼装支架进行屈曲分析计算。计算结果显示,钢主梁拼装支架结构工况1一阶模态临界荷载特征值系数4.1 > 4,钢主梁拼装支架结构工况2一阶模态临界荷载特征值系数4.2 > 4,均满足整体稳定性要求。

3. 钢格构主梁及桥面板吊装

采用BIM技术模拟并经过深化得到桥梁全施工过程的BIM深化模型,为保证钢格构主梁和桥面板吊装的安装精度,运用BIM的可视化技术,在全桥的吊装安装过程中对吊装的位置、安装过程中的重要节点进行可视化分析,保证吊装的正常进行。

采用BIM技术建立钢结构安装过程的吊装模型,本阶段主要的吊装节段为拱肋的C、D、E和F节段钢梁吊装,以及桥面板的吊装,各节段的吊装模型如图2.2-13~图2.2-17所示。

图 2.2-13　C节段拱肋吊装

图 2.2-14　D 节段拱肋吊装

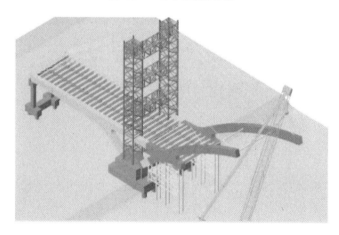

图 2.2-15　E 节段拱肋吊装

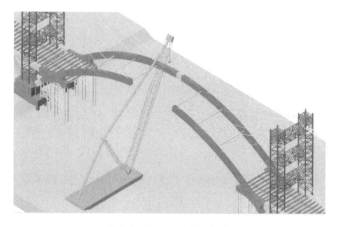

图 2.2-16　F 节段拱肋吊装

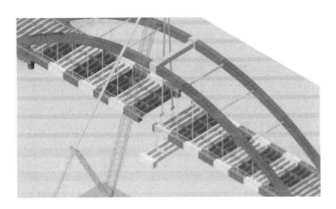

图 2.2-17　桥面节段吊装

通过 BIM 技术,采用 Revit 建立的钢结构桥梁吊装模型可以对各个节段拱肋的吊装过程进行模拟,通过对各节段吊装的位置分析,可以规避吊装过程中钢结构构件碰撞的风险,降低成本,减少经济损失。

## 第三节　高密度路网区标志标线优化设计与交通诱导系统

### 一、高密度路网指路诱导系统理论分析与建模

高密度路网的概念是相对于建设前期两点之间的单一路线而言的。随着区域间高速公路网及绕城高速公路网的发展,我国路网的密度及复杂程度也会越来越高,两点之间的出行可能在路网中存在多条可选择路径,出行阻抗差异化的减小使得两点间的路径选择构成复杂路网的条件,驾驶人在复杂路网内寻路的难度也会越来越大。高密度路网组成示意图如图 2.3-1 所示。

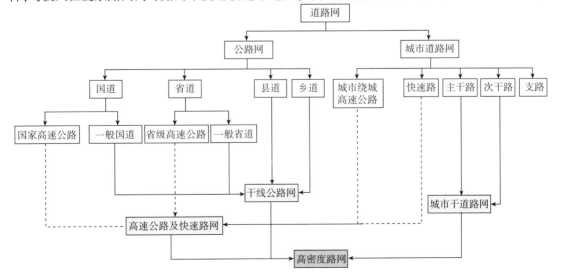

图 2.3-1　高密度路网组成示意图

结合相关资料及现代高速公路运营特性,本书所研究的现代高速公路高密度路网指的是由高速公路及快速路网与干线公路网、城市干道路网相关联,组成的高密度路网。高密度路网相邻枢纽及互通小(远小于20km),出入口密集,网络中不同道路可通过枢纽及互通进行衔接,路网两点之间存在多条行程时间或行驶路程相当的行车路径供驾驶人选择。高密度路网具有路网密度高、交通流量大、城镇密集、交通风险传播迅速等特征,存在近远点指路信息量大、交通诱导系统设施设置距离受限等问题。

高密度路网由上述管理单元通过一定的拓扑关系构成,具有明显的网络特性,可应用图论的方法建立路网的数学模型。图论建立的路网模型可分为有向图和无向图两种,不规定从一点到另一点的方向,即 $v_i$ 到 $v_j$,与从 $v_j$ 到 $v_i$ 都是一样的,这种图称为无向图。路网是管理单元的集合体,其基本拓扑关系表现为一系列节点(Node)和连接这些节点的线(Route)。

### (一)高密度路网构建

由于高密度路网所涉及的路网范围大和路网内的道路等级存在变化,因此,指路标志信息的设计较为复杂。为了有效地对交通流进行正常的路径诱导,照顾不同出行目的道路使用者,必须对路网进行层次划分,结合服务对象的服务需求,在不同层次的路网发布不同的指路标志信息。本书将高密度路网层次划分为高速公路及快速路层、干线公路及城市干道层、关联道路层。下面对各级路网层级做进一步解释说明。

1. 高速公路及快速路层

高速公路及快速路层包括国家高速公路、省级高速公路、城市绕城高速公路及城市快速路。高速公路及快速路层的主要功能是实现交通流的通过性,主要承担的是过境交通和部分出入境交通功能。

2. 干线公路及城市干道层

干线公路及城市干道层包括干线公路及城市干道,该层道路在一定范围的公路网中占据主干地位和起到主导作用,联系主要的人口聚居地带、连接各大经济、行政、文化或军事中心。将干线公路及城市干道划分为同一层次是由于二者均主要承担出入境交通流,其交通流属性较为一致,且车流量较大,车速较快。

3. 关联道路层

关联道路层包括由高速公路及快速路层、干线公路及城市干道层围成的区域内的关联上层路网的其他道路。关联道路层主要承担境内交通,可满足区域内的交通需求,在路网节点处与上层路网间建立连接通道,起到连接纽带的作用。

路网的通达性取决于路网节点,即包括桥梁、隧道等特殊建筑物、互通式立交桥、高速公路出入口、平面交叉口等起到合流或分流作用的道路分岔口。根据节点在路网中的位置及连接道路等级的不同,其功能也不同。例如,高速公路相交的节点的主要功能为引导过境交通,平面交叉口主要起到转向作用。

为了实现高密度路网的指路系统优化,将高密度路网的指路信息节点按照不同功能划分为三级,分别为一级节点、二级节点、三级节点,如图2.3-2所示。下面对各级节点做进一步解释说明。

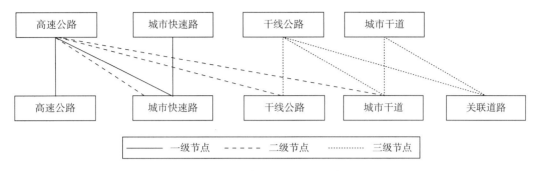

图 2.3-2　高密度路网节点划分

一级节点为高速公路之间、高速公路与城市快速路之间、城市快速路之间的具有交通转换功能的枢纽互通，服务于可选择国家高速公路网实现远途交通目的的过境交通流。一级节点联通区域内无非机动车和行人，车辆行驶速度快；呈现封闭行驶状态的连续车流，道路通行能力强，服务水平高，不易发生拥堵。一级节点对路网整体交通管制起着重要的作用，是路网系统中的最高级节点，一级节点的指路标志的合理设置可以实现交通流的快速分流和合流。

二级节点为高速公路出入口处的互通式立交桥。高速公路被交荐可能是城市快速路、干线公路及城市干道等道路，组成二级节点的道路交通特点是交通组成复杂，车辆种类繁多，客货运输车辆混行现象较为严重，非机动车辆和行人较少。二级节点的主要服务对象为出入境交通，起到了平衡境内交通和过境交通的作用。

三级节点为靠近高速公路出入口的干线公路及城市干道之间、干线公路及城市干道与关联道路组成的立交或平面交叉路口，基本上都布设有信号控制和城区指路标志。组成三级节点的道路作为城市的主要交通通道，交通流密度高，包含大量的非机动车和行人，上下班高峰容易出现大面积的拥堵和延误现象。交通流可以经过三级节点快速高效地到达市区内目的地，同时市区内的车辆也可以快速地驶入二级节点，进而达到驶出的目的。

**(二) 高密度路网区指路标志信息需求分析**

在高密度路网条件下，仅按照一般高速公路的"指路标志地名信息分级建议"来设计高密度路网条件下的高速公路指路标志的内容会导致标志信息量过载。如果随意简化标志信息，会增加驾驶人在路网中寻路的难度，易造成部分驾驶人在互通区停车甚至倒车的现象，严重影响交通安全。因此，高密度路网条件下高速公路指路信息需要从网络化角度来优化设计，根据不同道路用户、不同交通流类型的交通信息需求，归类获得路网高密度区路网标志标线信息需求。

根据前述章节，高密度路网区路网层次分为高速公路及快速路层、干线公路及城市干道层、关联道路层。

1. 高速公路及快速路层

在这一层面，主要保证过境交通的快速通行，应以连续的过境交通信息为主，同时兼顾下一层路网层次的信息，进行重要节点和目的地的提示。

2. 干线公路及城市干道层

干线公路及城市干道层主要保证出入境车辆的有效分合流,保证交通流平稳顺畅。为了同时满足出境与入境车辆的信息需求,需要同时对市区信息和高速公路的信息进行提示。

3. 关联道路层

关联道路层主要与上一层路网的交通流进行有效的汇流和分散,达到均衡分配交通流量的目的。

各路网层次的交通信息需求见表2.3-1。

各路网层次的交通信息需求表　　　　　表2.3-1

| 路网层次 | 高速公路及快速路层 | 干线公路及城市干道层 | 关联道路层 |
| --- | --- | --- | --- |
| 指路信息拟达到的目标 | 合理诱导长距离的交通流,实现区域之间的快速通行 | 对大区域范围内的交通流进行有效的分流和合流,保证快速、畅通运行 | 对地方性道路与上一层路网之间的交通流进行有效的合流与疏散,达到均衡路网交通流的目的 |
| 指路标志信息需求 | 快速连接的过境高速以及下一层路网的交通状况;各节点所能到达的远、近目的地名称和里程等 | 节点所连接的高速公路及其他干线、快速路和部分关联道路的名称、交通状况、重要地点的名称和里程等 | 所连接的干线和地方性道路的交通状况、重要地点的名称和里程 |

根据交通出行起讫点与局域路网的空间关系及交通流特性,将交通流划分为过境交通、出入境交通和境内交通三个类别,局域路网交通流关系如图2.3-3所示。

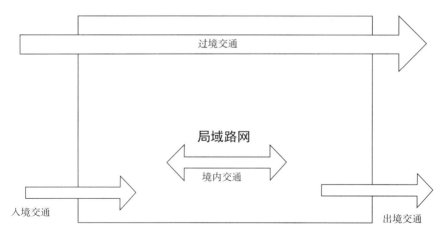

图2.3-3　局域路网交通流类型示意图

由于交通流特性的不同,驾驶人对标志信息的需求也会表现出较明显的差异性。不同交通流特性下驾驶人的标志需求见表2.3-2。

**不同交通流特性下驾驶人的标志需求**　　　　　　　　　表2.3-2

| 交通流类型 | | 内容 | 指路信息拟达到的目标 | 信息需求 |
|---|---|---|---|---|
| 过境交通 | | 高速公路及快速路—高速公路及快速路交通流 | 实现过境交通快速顺畅驶离 | 节点所连接的高速公路及各节点所能到达的远、近目的地名称和里程等 |
| 出入境交通 | 出境交通 | 关联道路—干线公路及城市干道—高速公路及快速路交通流 | 实现出境交通快速、顺畅和快捷地转换 | 节点所连接的高速公路及其他干道、快速路等 |
| | 入境交通 | 高速公路及快速路交通流—干线公路及城市干道—关联道路交通流 | 实现入境交通快速、顺畅和快捷转换 | 市域范围内的重要区域、地点、道路情况 |
| 境内交通 | | 关联道路—关联道路交通流 | 实现境内交通快速顺畅 | 节点所连接的市域范围内的地点、道路信息等 |

高速公路为驾驶人提供缩短行程时间的功能,指路标志必须正确且信息覆盖率高,若采用一般高速公路的路网分级,则会导致大量的信息出现在版面上,而在高速行驶的条件下,驾驶人识读版面信息的时间较短,大量的信息会使得驾驶人看不到全部信息,因此信息的取舍是相当重要的。

如果将一张路网图描绘成 $n$ 层拓扑图,则可形象地看出不同等级的道路上或不同等级目的地的驾驶人信息需求的不同。图 2.3-4 中,高速公路及快速路层中各个节点的政治、经济、交通地位较高,通常为直辖市、省会、自治区首府等控制性城市;干线公路及城市干道层的节点为市、县等次重要的地区或地点;关联道路层的节点的地位较低,主要为乡、镇、村等。不同路网层对应了不同的信息层,所以在此根据路网分层,将信息分为 A、B、C 三层。信息分层与优先级排序的结果见表 2.3-3。

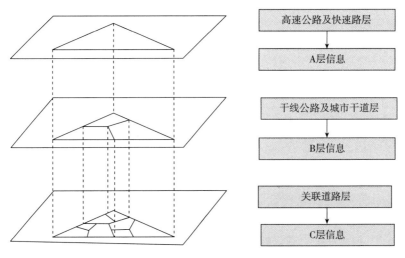

图 2.3-4　路网与对应信息分层拓扑图

**信息分层与优先级排序表** 表 2.3-3

| 信息类型 | | 优先级 | A 层信息 | B 层信息 | C 层信息 |
|---|---|---|---|---|---|
| 公路编号(名称) | | 高 ↓ 低 | 高速公路、国道、城市快速路编号(名称) | 省道、城市主干线编号(名称) | 县道、乡道、城市次干路和支路编号(名称) |
| 地区名称信息 | | | 重要地区(直辖市、省会、自治区首府、副省级城市、地级市) | 主要地区(县及县级市) | 一般地区(乡、镇、村) |
| 地点名称信息 | 交通枢纽信息 | | 机场、省级火车站、港口、重要交通集散点 | 市级火车站、长途汽车总站、大型平面交叉路口、大型立交桥 | 县级火车站、长途汽车站、较大型平面交叉口 |
| | 旅游景区 | | 国家级旅游景区、自然保护区、博物馆、纪念馆 | 省级旅游景点、自然保护区、博物馆、纪念馆 | 市、县级旅游景点、博物馆、纪念馆 |
| | 重要地物 | | 国家级产业基地、开发区、文体设施等 | 省级产业基地、开发区、文体设施等 | 县级产业基地、文体设施等 |

注：1. A、B、C 三层信息并无严格的优先级分别，要根据主线及被交线路的等级来确定选择哪一层的信息作为重点指引对象。
2. 在同一列中，由上至下优先级依次降低。
3. 这三个信息层互不重复，其合集即为路网信息全集。

### (三) 高密度路网区 VMS 车辆监控管理系统信息研究

通过 VMS(Vehicle Monitoring&Management System，车辆监控管理系统)发布的信息内容将直接影响到驾驶人的决策，它是将管理者的意图真实传达给驾驶人最关键的步骤，也是车辆诱导与安全管理中非常重要的一个环节。从路网安全管理的角度来说，VMS 发布的信息应全面考虑各种情况，既要覆盖事件情况，也要考虑日常运营。因此，根据信息发布内容的重要与紧急程度，将信息发布内容分为常规信息和警示信息。

在大多数情况下，路网中并没有事件发生，因此发布通用信息将成为的重要功能之一。通用信息是针对驾驶人发布的日常管理信息，包括交通法规、服务信息、建议信息、公益信息等。

警示信息是指事件条件下发布的有利于驾驶的信息，一般在事件情况下，道路交通受到影响时，会发布警示信息。警示信息的发布采用多级信息发布模式，按照信息发布内容的重要与紧急程度分为提示信息、建议信息和强制信息。多级信息发布模式流程图如图 2.3-5 所示，其中，提示信息是多级信息

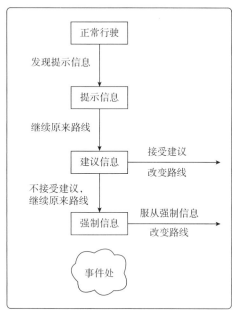

图 2.3-5 多级信息发布模式下的驾驶行为选择流程图

发布模式的最低级别,通常发布在较远的路段,目的是引起驾驶人的注意;建议信息是多级信息发布模式的中间级别,在重大事件条件下,建议信息一般发布在不太远的路段,驾驶人可以自己选择是否改变行车路线;强制信息是多级信息发布模式下的最高级别,是向驾驶人发布必须遵照执行的信息。

在大多数情况下,路网处于正常运营状况,路网中并无事件发生,因此 VMS 可用于发布常规信息。此时 VMS 图形部分显示全绿,文字部分展示包括交通法规、服务信息、建议信息、公益信息等的常规信息。路网正常运营下的 VMS 版面如图 2.3-6 所示。

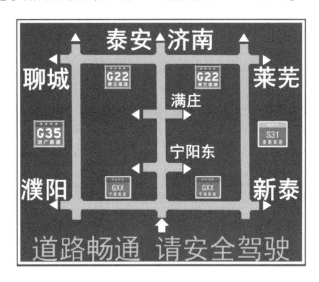

图 2.3-6　路网正常运营下的 VMS 版面

有相关研究通过 SP 问卷法研究使驾驶人路径行为产生变更的影响因素以及驾驶人对 VMS 发布内容的偏好反馈,结果表明随着信息量的增加,驾驶人服从路径诱导的倾向性就更明显,即相较于单一的事件信息,驾驶人更期待掌握事件的详细情况。

VMS 诱导信息内容可包括事件地点、事件距离、延误时间、排队长度、建议绕行策略等。但 VMS 版面有限,不可能在高速公路上事无巨细地展示事件及绕行策略的全部情况,因此,VMS 信息内容的最佳组合形式可后续通过驾驶模拟实验进行确定。

路网中通常并不只有一块 VMS,当路网中有事件发生以后,究竟需要在哪些上发布相关的信息,是一个值得深入研究的问题。

由于事件条件下的信息发布采用多级信息发布模式,即不同的范围需要发布不同类型的信息。而发布范围的确定需要量化的指标进行判断,在前述章节中,本书按照信息的重要程度与紧急程度,将信息内容分为常规信息、提示信息、建议信息、强制信息,现在将这些信息的重要度进行量化,分别设为 0.2、0.5、0.8、1.0。

本书采用衰减因子描述警示信息的发布,当路网发生事件后,信息经过衰减后的重要度系数公式如下:

$$\omega = W \cdot e^{kL} \tag{2.3-1}$$

式中:$\omega$——经过衰减后的信息在 VMS 处的重要度系数;

$W$——事件路段的对策等级,关闭类对策为 1,限制类对策为 0.5,其余为 0;

$L$——事件发生位置与 VMS 的距离；

$k$——衰减系数。

当 $\omega \leqslant 0.2$ 时，则认为事件的位置离 VMS 较远，信息的重要程度很低，此时 VMS 仍发布常规信息；

当 $0.2 < \omega \leqslant 0.5$ 时，则认为事件的位置离 VMS 较近，该信息比较重要，因此发布提示信息；

当 $0.5 < \omega \leqslant 0.8$ 时，则认为事件的位置更加近，能够影响到 VMS 所在路段车辆的行驶环境，因此发布建议信息；

当 $0.8 < \omega$ 时，认为事件的位置离很近，属于事件的邻近路段。当事件不严重，既可以按照原有路线谨慎通过，也可以选择绕行路线时，仍发布建议信息；当事件程度很严重，必须进行绕行时，此时应该发布强制信息。

### (四) 高密度路网区 VMS 效用性评价

VMS 传递的交通信息是否满足需求且易于理解是 VMS 效用性评定的基本原则。人因工程学模型同样选取满足需求程度和易于理解程度作为计算指标。同时 VMS 传递的交通信息的数量严重影响着 VMS 的效用性，大量的信息往往让驾驶人不知所措，无法快速识别最重要的信息，以致延长视认时间和反应时间，造成安全隐患。因此，VMS 效用性模型的计算指标为 VMS 满足需求程度、VMS 信息易于理解程度和 VMS 客观信息量程度。

(1) VMS 满足需求程度(Demand Degree)：VMS 传递的信息中驾驶人为确定交通环境需要的信息占信息总量的比例。

(2) VMS 信息易于理解程度(Perception Degree)：VMS 传递的信息中被驾驶人准确接收的信息占交通标志传递的信息的总量的比率。

(3) VMS 客观信息量程度(Information Volume Degree)：VMS 传递的信息数量与驾驶人能够合情合理地接收的信息数量的差异。

设置 VMS 的根本目标是满足驾驶人为确定交通系统状态所需要的信息，VMS 信息满足需求程度模型对这种需求的满足程度进行了度量，计算模型见式(2.3-2)：

$$D = \frac{\sum_{j=1}^{I} \frac{\sum_{i=1}^{n} D_{ij}}{n}}{I} \tag{2.3-2}$$

式中：$D$——VMS 满足需求程度；

$D_{ij}$——第 $i$ 个被试选择信息 $j$ 的频率，如果被选择，该值为1，否则为0；

$I$——VMS 上的客观信息量数目；

$n$——被试数目。

交通标志传递的交通信息在含义表达水平上存在着显著差异，VMS 信息易于认知程度模型对这种差异性进行了度量，计算公式见式(2.3-3)：

$$P = \frac{\sum_{j=1}^{I} \frac{\sum_{i=1}^{n} P_{ij}}{n}}{I} \tag{2.3-3}$$

式中：$P$——VMS 易于认知程度；

$P_{ij}$——第 $i$ 个被试正确理解信息 $j$ 的频率，如果被正确理解，该值为 1，否则为 0。

交通标志的客观交通信息量严重影响着交通标志的效用性，如交通指路标志中道路信息和地点信息的个数对驾驶人在驾驶时的第 50% 位和第 95% 位视认时间有着显著影响。因此，本模型对 VMS 传递的客观信息量的合理性进行了考虑，计算 VMS 传递的客观信息量与"最优"信息数量的均比值离散程度，作为修正系数对 VMS 效用性评价模型进行修正，计算公式见式(2.3-4)：

$$\beta = \begin{cases} \dfrac{I}{I_{\mathrm{opt}}}, & I \leqslant I_{\mathrm{opt}} \\ \dfrac{I_{\mathrm{opt}}}{I}, & I > I_{\mathrm{opt}} \end{cases} \tag{2.3-4}$$

式中：$\beta$——VMS 认知计算模型修正系数；

$I_{\mathrm{opt}}$——"最优"信息数量。

依托人因工程学理论，分析交通人的心生理认知特征，分别引入满足需求程度、易于理解程度和客观信息量作为计算指标，基于人因工程学综合构造 DPI 指标对 VMS 效用性进行评价，计算公式见式(2.3-5)：

$$\mathrm{DPI} = D \cdot P \cdot \beta = \begin{cases} \dfrac{\sum\limits_{j=1}^{l}\dfrac{\sum\limits_{i=1}^{n}D_{ij}}{n}}{I} \cdot \dfrac{\sum\limits_{j=1}^{l}\dfrac{\sum\limits_{i=1}^{n}C_{ij}}{n}}{I} \cdot \dfrac{I}{I_{\mathrm{opt}}}, & I \leqslant I_{\mathrm{opt}} \\ \dfrac{\sum\limits_{j=1}^{l}\dfrac{\sum\limits_{i=1}^{n}D_{ij}}{n}}{I} \cdot \dfrac{\sum\limits_{j=1}^{l}\dfrac{\sum\limits_{i=1}^{n}C_{ij}}{n}}{I} \cdot \dfrac{I_{\mathrm{opt}}}{I}, & I > I_{\mathrm{opt}} \end{cases} \tag{2.3-5}$$

此模型将 VMS 满足需求、易于理解和信息适量三条基本原则纳入模型计算中，能够较为全面地衡量 VMS 传递的交通信息是否适量、准确、满足需求且易于理解。

## 二、高密度路网区 VMS 诱导策略研究

### （一）高密度路网区 VMS 路径诱导决策优化模型

在实施 VMS 诱导的交通系统中，系统管理者与驾驶人之间相互牵制、相互影响的过程实质上是一种典型的 Stackelberg 博弈过程。系统的管理者掌握整个路网的交通运行情况，根据交通量的分布数据制定 VMS 信息的发布策略，自上而下地对驾驶人的路径选择行为实施引导。系统中的驾驶人参考 VMS 信息并结合自身的出行经验，在自己可控的范围内实施路径选择。管理者的决策与驾驶人的决策存在从属地位，管理者的决策目标具有全局性，而驾驶人的决策目标又会影响到管理者的目标能否实现。此外，驾驶人与管理者相互之间的行动具有先后顺序，后行动的一方能够观察到先行动一方的行为。在最优 VMS 诱导策略方案下，上层决策者的目标实现最优，同时作为上层决策约束的下层决策者的目标在从属位置上也相应达到最优。

双层规划数学模型(Bi-Level Model)可以准确地描述 Stackelberg 博弈问题,上层规划问题代表管理者的决策行为,下层规划问题代表下层用户在管理措施下的决策行为。上层和下层规划问题都具有各自的目标函数和约束条件,上层管理者的决策影响下层用户的行为,而下层用户的反应部分地影响上层管理者的决策。在构建 VMS 诱导策略协调优化模型时,将交通管理者视为上层决策者,根据历史和当前的交通运行状态数据制定有利于提高系统整体效益的诱导信息,其目标在于以尽可能小的系统运行维护成本保证路网中所有出行者总出行时间最短。将驾驶人视为下层决策者,以对路段阻抗的感知能力及路径选择行为为基础,进行 OD(起讫点)对之间各路径流量的重新分配。

VMS 路径诱导决策优化模型基于双层规划方法,综合考虑交通系统管理者的决策目标以及驾驶人基于交通信息的路径选择行为,通过信息发布与驾驶人路径选择的作用加载或卸载路段交通量,使交通量均匀分布于路网中的各路段,同时保障出行者个体利益。

定义 $G=(N,A)$ 为一个多起讫点强连通的交通网络,其中 $N$ 为网络中所有节点的集合,$A$ 为网络中所有路段的集合。

引入如下变量:

$P$——所有路径的集合;

$R$——产生交通量的起始节点的集合,$R \subseteq N$;

$S$——吸收交通量的终讫节点的集合,$S \subseteq N$;

$r$——表示一个起始节点,$r \in R$;

$s$——表示一个终讫节点,$s \in S$;

$P_{rs}$——OD 对 $(r,s)$ 间的所有路径集合;

$k$——表示一条路径,$k \in P_{rs}$;

$a$——表示一条路段,$a \in A$;

$q_{rs}$——OD 对 $(r,s)$ 间的交通流量;

$f_{rs}^{k}$——OD 对 $(r,s)$ 间的路径 $k$ 上的交通流量;

$x_{a}$——路段 $a$ 上的交通流量;

$C_{rs}^{k}$——OD 对 $(r,s)$ 间的路径 $k$ 上的感知阻抗;

$c_{rs}^{k}$——OD 对 $(r,s)$ 间的路径 $k$ 上的实际阻抗;

$\xi_{rs}^{k}$——OD 对 $(r,s)$ 间的路径 $k$ 上的误差阻抗;

$T_{a}$——路段 $a$ 上的感知阻抗;

$t_{a}$——路段 $a$ 上的实际阻抗;

$\varepsilon_{a}$——路段 $a$ 上的误差阻抗;

$p_{rs}^{k}$——OD 对 $(r,s)$ 间的路径 $k$ 被选择的概率;

$\delta_{rs}^{ak}$——路段 $a$ 在 OD 对 $(r,s)$ 间的路径 $k$ 上时,$\delta_{rs}^{ak}=1$,否则为 0;

$l_{a}$——路段 $a$ 的长度;

$\varphi_{a}$——车在路段 $a$ 上行驶的基本费率。

Wardrop 均衡第二原理,即系统最优原理指出,在交通网络中的交通量应该按某种方式分配,以使网络中所有交通单元的总阻抗最小。该原理反映的是系统的管理者的主观愿望,它假设用户能接受统一的调度,大家的共同目的是使系统的总阻抗最小,一般情况下它与交通网络上的实际交通分配情况存在差距。但是它可以作为对系统的评价指标,为管理者提供一种决策方法。

对于交通管理者而言,制定合适的 VMS 诱导策略是一个具有多目标的决策问题,既要保证系统中总的出行时间最短,又要保证 VMS 系统的建设和运营成本最低。

按照驾驶人对 VMS 诱导信息的识认性及识别能力,拟定两级诱导信息策略:

(1)一级信息诱导策略。

一级信息诱导策略采用图文式信息发布方式进行区域性的交通诱导,向驾驶人提供诱导区域内实时的行程时间、车辆行驶速度、路段交通状态、交通管理控制等信息。对于出行终点在此区域的驾驶人,通过 VMS 发布的信息更新对路况的判断,合理选择出行路径。对于出行终点不在 VMS 提示的区域的驾驶人,通过信息判断区域内交通运行状态,从而决定是否选择经过该区域的出行路径。

(2)二级信息诱导策略。

二级策略采用文字式信息发布策略进行节点交通诱导,向驾驶人提供节点周围具体路段的交通运行状态信息以及路径诱导信息,目的是实现进一步交通诱导,避免驾驶人驶入交通运行状态较差的节点,诱导交通量向节点周边交通运行状态良好的路段转移。

采用一个 0-1 变量 $\theta$ 来描述决策点 $i$ 处 VMS 的诱导策略。例如,$\theta_i = 0$ 表示该 VMS 采用一级信息诱导策略,$\theta_i = 1$ 表示该 VMS 采用二级信息诱导策略,两级信息发布策略的广义成本分别为 $\beta$ 和 $\gamma$。

考虑到交通系统中所有出行者总的出行时间既包括了车辆的行驶时间,也包括了在行驶过程中由于交通拥堵、交通事故等原因造成的延误。而行程时间既能反映出行活动的固有属性(如出行距离、路径的道路几何线性等),同时又能反映出行过程中道路网络的交通运行状态。因此,VMS 信息发布策略问题中的上层规划模型以系统总行程时间和 VMS 设备建设运营成本最小为优化目标,建立上层规划模型见式(2.3-6)~式(2.3-9):

$$\min F = \sum_{a \in A} x_a t_a + \sum_{i \in N} \mu_i [\rho + \beta \theta_i + \gamma(1 - \theta_i)] \quad (2.3\text{-}6)$$

$$\sum_l f_{rs}^l = q_{rs} \quad (2.3\text{-}7)$$

$$x_a = \sum_r \sum_s \sum_k f_{rs}^k \delta_{rs}^{ak} \quad (2.3\text{-}8)$$

$$f_{rs}^k \geq 0 \quad (2.3\text{-}9)$$

其中,决策变量 $x_a$ 可通过用户下层规划模型求得,约束条件是 VMS 的诱导策略,包括了是否设置 VMS($\mu_i$)及 VMS 信息发布方式($\theta_i$)。当上层规划问题获得最优解时,即可确定在路网中设置 VMS 的合理数量以及 VMS 信息的诱导策略,和当前信息发布策略下 VMS 系统的建设及运营成本。0-1 变量 $\mu_i$ 来描述决策点 $i$ 处 VMS 的布设情况。例如,$\mu_i = 0$ 表示该决策点无 VMS,$\mu_i = 1$ 表示该决策点有 VMS,安装 VMS 设备的广义成本为 $\rho$。

VMS 发布的交通诱导信息的受众是路网中所有驾驶人。与车内诱导系统不同,VMS 不能制定个性化的出行信息服务,不能控制驾驶人的路径选择行为,只是在一定程度上影响驾驶人对于路径效用的感知,以引导的方式达到诱导的效果。

在实际的高速公路网络中,由于出行者起讫点的不同,会有许多不同的 OD 对。现在假设高速公路网中各类用户都力图选择出行费用最小的路径,而且假设各类用户随时掌握整个路网的状态,既能精确计算每条路径的出行费用从而作出完全正确的择路决策,还假设同类用户的计算能力与水平是相同的。经过一段时间各类用户的选择路径过程后,路网达到用户平衡状态,系统达到稳定,即不存在其他力量使这种状态发生变化。这在实际交通流分配中被称为动态交通分配(Dynamic User Equilibrium,DUE),借用 Wardrop 均衡第一原理描述就是:在交通网络达到均衡时,对各类用户而言,所有被利用的路径具有相等而且最小的阻抗,未被利用的路径与其具有相等或更大的阻抗。其数学规划模型为式(2.3-10)~式(2.3-13):

$$\min Z = \sum_{a \in A} \int_0^{x_a} t_a(w) \mathrm{d}w \tag{2.3-10}$$

$$\sum_l f_{rs}^l = q_{rs} \tag{2.3-11}$$

$$x_a = \sum_r \sum_s \sum_k f_{rs}^k \delta_{rs}^{ak} \tag{2.3-12}$$

$$f_{rs}^k \geqslant 0 \tag{2.3-13}$$

由于 DUE 模型中假设所有出行者在交通行为方面表现出相同的属性,均完全掌握路网全部信息,能够精确计算所有路段阻抗,最终选择阻抗最小的路径出行,但实际道路交通状况具有随机性,出行者并不能完全掌握路网中各路径的交通流分配情况,因此,DUE 模型的假设条件不符合实际情况。

随机用户均衡分配(Stochastic User Equilibrium,SUE)的定义是:交通网络中每个出行者都认为自己所选择的路径是"阻抗"最小的路径,再没有出行者相信能依靠单方面改变路径而减少其阻抗。出行者对路网的了解程度不一,对路径的感觉状况也不相同,每个出行者对路径的感知阻抗与实际阻抗之间存在误差,这个误差是一个随机变量,服从一定的概率分布,并且每个出行者均选择自己认为的感知阻抗最小的路径。感知阻抗可分为路段感知阻抗和路径感知阻抗。路段感知阻抗是路段实际阻抗与路段误差阻抗之和,路径感知阻抗是路径实际阻抗与路径误差阻抗之和,如式(2.3-14)、式(2.3-15)所示:

路段感知阻抗:

$$T_a = t_a + \varepsilon_a \tag{2.3-14}$$

路径感知阻抗:

$$C_{rs}^k = c_{rs}^k + \xi_{rs}^k \tag{2.3-15}$$

SUE 约束条件如下:

(1)OD 对$(r,s)$间路径$k$的阻抗被认为是最小的概率等价于该条路径被选择的概率,即式(2.3-16):

$$p_{rs}^k = \Pr(C_{rs}^k \leqslant C_{rs}^l) \tag{2.3-16}$$

(2)路径-OD 流量约束:如果 OD 对$(r,s)$间出行人数很多,则$p_{rs}^k$可视为选择路径$k$的人数占总人数的百分比,此时路径流量为式(2.3-17):

$$f_{rs}^k = q_{rs} p_{rs}^k \tag{2.3-17}$$

(3)路段-路径流量约束:路段和路径间存在流量的恒等约束,即在一个路段上,对于所有通过该路段的路径,其流量之和等于该路段的流量,即式(2.3-18):

$$x_a = \sum_r \sum_s \sum_k f_{rs}^k \delta_{rs}^{ak} \tag{2.3-18}$$

(4) 路段流量和路径流量的非负约束,即式(2.3-19):
$$x_a \geq 0, f_{rs}^k \geq 0 \tag{2.3-19}$$

由于感知误差阻抗 $\xi_{rs}^k$ 是一个随机变量,服从一定的概率分布,一般采用 Logit 或 Probit 模型作为随机模型。本项目将建立基于 Logit-SUE 的用户下层规划模型,此时误差项 $\xi_{rs}^k$ 是独立同分布的、服从 Gumbel 分布的随机变量,路径 $k$ 选择概率可用 Logit 模型描述为式(2.3-20):

$$p_{rs}^k = \frac{\exp(-\theta c_{rs}^k)}{\exp(-\theta c_{rs}^l)} \tag{2.3-20}$$

此时,基于 Logit-SUE 的用户下层规划模型为式(2.3-21)~式(2.3-24):

$$\min Z(f) = \frac{1}{\theta} \sum_r \sum_s \sum_k f_{rs}^k \ln f_{rs}^k + \sum_{a \in A} \int_0^{x_a} t_a(w) \mathrm{d}w \tag{2.3-21}$$

$$\sum_l f_{rs}^l = q_{rs} \tag{2.3-22}$$

$$x_a = \sum_r \sum_s \sum_k f_{rs}^k \delta_{rs}^{ak} \tag{2.3-23}$$

$$f_{rs}^k \geq 0 \tag{2.3-24}$$

综上所述,结合系统上层规划模型和用户下层规划模型的双层规划模型见式(2.3-25)~式(2.3-28):

$$(\text{P I}) \min F = \sum_{a \in A} x_a t_a + \sum_{i \in N} \mu_i [\rho + \beta \theta_i + \gamma (1 - \theta_i)] \tag{2.3-25}$$

$$\sum_l f_{rs}^l = q_{rs} \tag{2.3-26}$$

$$x_a = \sum_r \sum_s \sum_k f_{rs}^k \delta_{rs}^{ak} \tag{2.3-27}$$

$$f_{rs}^k \geq 0 \tag{2.3-28}$$

其中,$x_a$ 由下层规划模型 P II 求得式(2.3-29)~式(2.3-32):

$$(\text{P II}) \min Z(f) = \frac{1}{\theta} \sum_r \sum_s \sum_k f_{rs}^k \ln f_{rs}^k + \sum_{a \in A} \int_0^{x_a} t_a(w) \mathrm{d}w \tag{2.3-29}$$

$$\sum_l f_{rs}^l = q_{rs} \tag{2.3-30}$$

$$x_a = \sum_r \sum_s \sum_k f_{rs}^k \delta_{rs}^{ak} \tag{2.3-31}$$

$$f_{rs}^k \geq 0 \tag{2.3-32}$$

**(二) VMS 路径诱导决策模型算法**

根据以往的研究可知,用于交通领域的双层规划模型一般求解难度较大。一方面是因为双层规划问题是一个非确定性多项式问题(Non-deterministic Polynomial hard, NP-hard),不存在多项式求解算法;另外一个重要原因是此类双层规划模型的下层问题本质上是非线性约束问题,因而此类问题是非凸规划问题,非凸问题就意味着局部最优解的存在,从而很难找到全局最优解。迄今为止,NP-hard 问题没有找到一个完全有效的算法,普遍认为这类问题的大型实例不能用精确算法求解,只能寻求有效的近似算法进行替代求解,如模拟退火算法(SA)、遗传算法(GA)等启发式算法,它们可以在一定程度上求解出双层规划问题的最优解或近似最优解。

根据 VMS 诱导策略模型,采用 GA 进行求解,以是否安装 VMS 设备 $\mu_i$、VMS 信息发布方式 $\theta_i$ 为变量进行实数编码,求解步骤如下:

(1)初始化。

确定 GA 中各控制参数的取值:交叉概率、变异概率、种群规模、最大进化代数,设置进化迭代计数器 $j=0$。

(2)适应度函数设计。

适应度函数设置为 $F(i) = O(i)$,$F(i)$ 为第 $i$ 个个体的适应度,$O(i)$ 为第 $i$ 个个体的目标函数值。随机产生一个初始种群,$j=1$。

(3)将 $\mu_i$ 和 $\theta_i$ 代入下层规划问题求解,得到对应于 $\mu_i$ 和 $\theta_i$ 的 $f_{rs}^k$。然后返回上层规划问题计算个体适应度及每个个体超出约束的程度。若 $t=T$,则适应度排名最大的基因即为问题的最优解;否则进行第(4)步。

(4)采用精英模型及基于排名的轮盘式选择算子选择遗传至下一代的种群。精英模型比较上代与本代中的最优个体,若前者的适应度较高,则以上代中的最优个体替代本代中适应度最低的个体;若后者的适应度较高,则保留本代中的最优个体。

基于排名的轮盘式选择算子的实现过程是首先对群体中所有个体的可行解按适应度值的高低降序排列,再将所有个体的不可行解按超出约束的程度由小到大升序排列,则第 $i$ 个个体生存的概率为式(2.3-33):

$$\text{Prob}(l) = a(1-q)^{l-1} \tag{2.3-33}$$

其中,$q \in (0,1)$ 为选择压力,每个个体被选择的概率为式(2.3-34):

$$P_l = \frac{\text{Prob}(l)}{\sum_{l=i}^{N} \text{Prob}(l)} \tag{2.3-34}$$

在计算出群体中每个个体被选择的概率之后,再按随机方式选择后代。

(5)交叉。

两个染色体的某一相同位置处编码被切断,前后两串分别交叉组合形成两个新的染色体。

(6)变异。

染色体的编码在复制时可能产生很小概率的复制差错,变异产生新的染色体,标出新的性状。得到新的种群,令 $t=t+1$,转至第(3)步。

高密度路网的拓扑结构模型可表示为式(2.3-35):

$$G = (V, R) \tag{2.3-35}$$

式中:$G$——路网模型集合;

$V$——路网中 $n$ 个节点的集合;

$R$——路段集合。

高密度路网节点的评价指标应能从多方面综合反映节点属性,因此本书构造节点承载力指标,分别从结构属性和交通运行状态属性两个方面对节点进行评价。其中,结构属性指基于拓扑理论的物理属性,主要表现为节点的均质性、连通性;交通运行状态属性指运营状态下交通流在节点上的特征属性,主要表现为节点的流量裕度、通行效率。高密度路网节点承载力度量体系如图 2.3-7 所示。

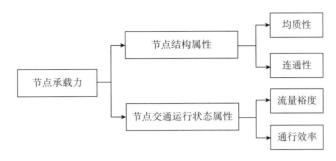

图 2.3-7　高密度路网节点承载力度量体系

### (三) 节点结构特征指标

**1. 均质性**

高密度路网为无标度网络,路网的异质性对节点结构属性及路网内交通流行为均存在影响。节点 $v_m$ 的介数 $b_m$ 定义为路网中所有最短路径经过 $v_m$ 的路径数量。本书选用节点介数对路网均质性进行表征,它反映了介数在路网中分布的均匀程度,节点介数分布越均匀,路网结构性能越好。节点均质性计算公式如式(2.3-36)所示:

$$b_m = \sum_{i=1}^{n}\sum_{j=1}^{n} y_{m,ij}, i \neq j \qquad (2.3\text{-}36)$$

式中: $b_m$ ——节点 $v_m$ 的介数;

　　$n$ ——路网节点总数;

　　$y_{m,ij}$ ——路网中起终点分别为 $v_i$ 和 $v_j$ 的最短路径,对于 $v_m \in \min(l)_{ij}$, $y_{m,ij}=1$ 表示该最短路径经过节点 $v_m$,否则 $y_{m,ij}=0$。

**2. 连通性**

高密度路网的优点在于其良好的连接性和选择性,路网中节点的连通性对路网运行效率存在影响。本书选用节点连通度 $o_m$ 即与节点 $v_m$ 直接相连的其他节点数目,对节点连通性进行表征, $o_m$ 越大,表明 $v_m$ 与路网中其他节点的关联程度越紧密。节点连通性计算公式见式(2.3-37):

$$o_m = \sum_{j=1}^{n} x_{mj} \qquad (2.3\text{-}37)$$

式中: $o_m$ ——节点 $v_m$ 的连通度;

　　$n$ ——路网节点总数;

　　$x_{mj}$ ——节点 $v_m$ 和 $v_j$ 间连通性, $x_{mj}=1$ 则节点 $v_m$ 和 $v_j$ 存在路段直接连通,否则 $x_{mj}=0$。

### (四) 节点交通状态特征指标

**1. 流量裕度**

节点流量裕度 $q_m$ 是单位时间 $T$ 内节点 $v_m$ 的通行能力 $C_m$ 与经过节点 $v_m$ 的实际交通量 $Q_m$ 的差值,反映了节点通行能力对实际运行交通量的适应程度,可有效表征路网的畅通性。节点流

量裕度计算公式如式(2.3-38)所示:

$$q_m = C_m - Q_m \quad (2.3\text{-}38)$$

其中,$q_m$、$C_m$、$Q_m$ 单位均为 pcu/h。

2. 通行效率

节点通行效率 $e_m$ 定义为单位时间 $T$ 内通过节点 $v_m$ 的实际交通量 $Q_m$ 在单位时间 $T$ 内行驶路程,即单位时间内节点承载、转换交通量与平均行程速度 $S$ 的乘积,可综合表征节点的服务水平和服务交通量的高效性。节点通行效率计算公式如式(2.3-39)所示:

$$e_m = Q_m S \quad (2.3\text{-}39)$$

路网节点承载力是多因素决策问题,传统的层次分析模型和模糊综合评价法的主观性很强,相比于实际情况有一定偏差。优劣解距离法(Technique for Order Preference by Similarity to Ideal Solution,TOPSIS 法)是一种常用的综合评价法,能通过多种指标数据共同评估样本优劣。该方法对数据分布和样本含量没有严格限制,数据计算简单易行,广泛应用于交通研究领域。因此,本书提出一种基于 TOPSIS 算法的综合评价方法,将模糊层次分析法的思想与 $n$ 维欧氏距离结合,用"加权欧氏距离"对节点承载力进行评价。具体步骤如下:

步骤 1:构建索引集。假设路网中存在 $n$ 个节点,各节点层次均由 $d$ 个指标共同评价,$\alpha_{mt}$ 是节点 $m$ 的第 $t$ 个属性指标的数值。

步骤 2:指标标准化。由于量纲及量级的不同,各指标间不可度量。为尽可能反映实际情况,采用倒数法对指标数值进行趋势一致化处理[式(2.3-40)]后,采用比重法对指标数值进行无量纲化处理,如式(2.3-41)所示:

$$\alpha_{mt}' = \frac{1}{\alpha_{mt}} \quad (2.3\text{-}40)$$

$$\beta_{mt} = \frac{\alpha_{mt}'}{\sqrt{\sum_{m=1}^{n} \alpha_{mt}'^2}} \quad (2.3\text{-}41)$$

式中:$\alpha_{mt}'$——趋势一致化后的指标数值;
$\beta_{mt}$——无量纲化后的指标数值。

步骤 3:指标权重计算。采用 1~9 标度法构造判断矩阵,求解判断矩阵得出最大特征根 $\lambda_{max}$ 所对应的特征向量 $W$,Saaty 建议的重要性语言量化标度见表 2.3-4。

**重要性语言量化标度**　　表 2.3-4

| 因素 $x$ 与 $y$ 相较 | 标度值 |
|---|---|
| $x$ 与 $y$ 同等重要 | 1 |
| $x$ 比 $y$ 稍微重要一些 | 3 |
| $x$ 比 $y$ 重要一些 | 5 |
| $x$ 比 $y$ 重要得多 | 7 |
| $x$ 比 $y$ 极端重要 | 9 |
| $x$ 比 $y$ 处于以上相邻判断区间内 | 2,4,6,8 |

一致性检验通过后,向量各元素即为各指标权重值 $w_t$,按式(2.3-42)计算可得加权后的指标数值。

$$\gamma = [\gamma_{mt}]_{n \times d} = [\beta_{mt} \cdot w_t]_{n \times d} \qquad (2.3\text{-}42)$$

步骤4:节点承载力计算。分别采用式(2.3-43)、式(2.3-44)计算节点样本距最优节点样本的距离 $\mathrm{ED}_m^+$、距最劣节点样本的距离 $\mathrm{ED}_m^-$,采用节点样本到最优样本点的接近度表征节点承载力 $H_m$,计算公式如式(2.3-45)所示:

$$\mathrm{ED}_m^+ = \sqrt{\sum_{t=1}^{d}(\gamma_{mt} - \gamma_t^+)^2} \qquad (2.3\text{-}43)$$

$$\mathrm{ED}_m^- = \sqrt{\sum_{t=1}^{d}(\gamma_{mt} - \gamma_t^-)^2} \qquad (2.3\text{-}44)$$

$$H_m = \frac{\mathrm{ED}_m^-}{\mathrm{ED}_m^- + \mathrm{ED}_m^+} \qquad (2.3\text{-}45)$$

节点承载力高的节点往往与多个节点间存在直接通路,具备良好的连通性,且通行效率高,能承载、转换高密度交通流,属于路网中的关键节点;节点承载力低的节点有效运输能力和服务水平相对较低,位于路网相对边缘的位置,属于路网中的重要节点或一般节点。

基于图论理论,路径是一系列节点由路段相连构成的集合,因此路段承载力同样影响诱导路径的选择。基于节点承载力和路段实际交通条件,构造路段承载力指标对路段进行评价,方法如下:

步骤1:基于重力模型法,将路段起、终节点之间的承载力分布到路段上,构造承载力吸引量分布矩阵,如式(2.3-46)所示:

$$Z_{mf} = \frac{H_m H_f}{R_{mf}^2} \qquad (2.3\text{-}46)$$

式中:$Z_{mf}$——节点 $v_m$、$v_f$ 的承载力吸引量;

$R_{mf}$——路段 $r_{mf}$ 的长度。

步骤2:采用交通分配的方法将承载力吸引量分布矩阵在路网上进行分配,即可得到承载力在路段上的累积值——初始路段承载力 $P'_{mf}$。

步骤3:选取路段设计速度、路段的单向车道数对路段承载力进行修正,修正后的值即为路段承载力 $P_{mf}$,如式(2.3-47)所示:

$$P_{mf} = \left(\frac{u_{mf}}{\bar{u}} + \frac{k_{mf}}{\bar{k}}\right)P'_{mf} \qquad (2.3\text{-}47)$$

式中:$u_{mf}$——路段 $r_{mf}$ 的设计速度;

$\bar{u}$——路网中所有路段的平均设计速度;

$k_{mf}$——路段 $r_{mf}$ 的单向车道数;

$\bar{k}$——路网中所有路段的平均单向车道数。

诱导路径的选择本质上是查找最优路径问题,本书定义最优路径为承载力最优路径,即由承载力均优的节点和路段构成的,符合驾驶人驾驶期望的路径。基于节点承载力和路段承载力,可设计出高密度路网区诱导路径的确定方法,具体步骤如下:

步骤1:基于路网中节点属性计算节点承载力。

步骤2:基于节点承载力计算路网中路段承载力。

步骤3:在路网中规划多条诱导路径,计算路径中包含的节点和路段的承载力并排序,最优路径可由式(2.3-48)求得。

$$\text{opti}(l)_{ij} = \left\{ \max\left( \sum H_m + \sum P_{mf} \right) \mid v_m, v_f, r_{mf} \in l_{ij}, i \neq j, m \neq f \right\} \quad (2.3\text{-}48)$$

## 三、高密度路网区局域路网交通诱导 VMS 优化设计

基于前述高密度路网布局及节点层次划分,VMS 类型分为"一级节点 VMS"和"二级节点 VMS"。

一级节点 VMS 和二级节点 VMS 分别布设在具有路径选择可能的一级节点和二级节点上游,起到广域诱导的作用,可告知行驶至 VMS 位置的驾驶人前方路网的交通状况,并提供相应的交通管控措施或绕行策略。

### (一)面板设计基本原则

(1) VMS 的图文(信息)必须可视、可读、可知、可信。

(2)表示路网的图形应该采用按驾驶人的行驶方向观看路网的方式,即驾驶人所处的位置总是处于标志的最下方。

(3)路网形状应该易于理解,避免图形网络的变形过大。

(4)道路形状、道路标记、目的地等元素的布局应该相互协调。

(5)使用的图案、文字等应符合国家及行业标准。

高密度路网区 VMS 的版面通常采用文字和图形的混合式版面,由上下两部分组成,上部为图形显示模块,下部为文字显示模块。图形部分可通过改变显示元件的发光颜色来显示道路的服务水平,文字部分提供拥挤、事故、行程时间、恶劣天气等文字信息。对于路网中的大型桥隧等重要节点,还提供桥隧的开闭信息。除了显示较大范围的道路畅通、拥堵情况外,该种 VMS 还具有道路指引牌的功能。

高密度路网区 VMS 通常采用 LED(Light Emitted Diode,发光二极管)技术和静态标志组合的混合技术。其中,动态部分利用 LED 构造出道路形状,通过改变道路中某段光带的颜色来表示道路相应位置的交通状态(如畅通、拥挤、堵塞等);静态显示部分采用静态标志所使用的反光材料。动态部分表示道路的光带部分选用像素规格为 P22 的 LED,其像素间距为 22mm,像素密度为 2066 点/$m^2$。版面上代表高速公路的光带宽 176mm,代表其他公路的光带宽 132mm。显示字幕的点阵式 LED 像素规格选为 P16,即像素点间距为 16mm,像素密度为 3906 点/$m^2$。根据《高速公路 LED 可变信息标志》(GB/T 23828—2009)的规定,发光亮度≥8000cd/$m^2$,抗风速为 50m/s。

《道路交通标志和标线》(GB 5768—2022)对汉字高度与速度的关系规定见表 2.3-5。由于高密度路网区 VMS 版面上需要采用路网图的形式对驾驶人进行路径诱导,而路网图远比一般的指路标志大,如果严格按照规范中的汉字高度要求,虽然视认性能够满足要求,但是会使

版面巨大,不仅使造价大幅度上升,还会给施工安装和使用带来很多困难。高速公路的设计车速通常都在 80km/h 以上,如果严格按照表 2.3-5 中的字高要求,即字高在 60cm 左右,则 VMS 长度往往超过半幅路基宽,龙门架无法进行施工与安装。

**汉字高度与速度的关系**　　　　　　　　　　表 2.3-5

| 速度(km/h) | 100~120 | 71~99 | 40~70 | <40 |
|---|---|---|---|---|
| 汉字高度(cm) | 60~70 | 50~60 | 35~50 | 25~30 |

《道路交通标志和标线》(GB 5768—2022)中的字高要求主要是根据路侧式标志的可视认性推导得到的,而高密度路网区 VMS 版面由于需要显示路网图,版面相对比较大,应该采用龙门架悬挂安装方式。本项目基于路侧式标志与悬挂式标志的可视认性的不同,得到悬挂式 VMS 中字体高度与计算行车速度的关系,符合表 2.3-6 中的字体高度则能够满足视认性的要求。

**悬挂式 VMS 建议汉字高度与行车速度的关系**　　　　　　表 2.3-6

| 速度(km/h) | 100~120 | 71~99 | 40~70 | <40 |
|---|---|---|---|---|
| 汉字高度(cm) | 50~70 | 40~50 | 30~40 | 25~30 |

高密度路网区悬挂式 VMS 字高采用表 2.3-6 中的建议,如果实际条件可以达到要求,也可以采用表 2.3-5 中的推荐值。

根据不同类型 VMS 展示路网范围大小的不同,其版面大小也随展示路网范围大小有变化,原则上 VMS 版面大小应与所展示路网范围一致。本书采用 6m×5m 作为 VMS 版面尺寸。

在决定需要 VMS 显示多大范围的路网时,一方面,应该结合标志设立位置的 OD 特征,尽量包含较多的目的地和显示较大的路网范围;另一方面,考虑到 VMS 标志尺寸限制和交通信息精度等,路网显示范围不宜过大。前述局域路网构建及拓扑结构建模确定的路网可作为参考。除此之外,还应注意上下游标志之间的相互配合。采用拓扑图表示实际路网形状,用平纵相连的光带表示路网的连通性。显示路网范围以所在互通为起点,以所在高速公路行驶方向最近的枢纽互通为终点,路网图形采用按驾驶人的行驶方向观看路网的方式放置,并对当前所处位置进行醒目标注。

对高密度路网区高速公路 VMS 版面作出如下推荐:

(1)表示路网的图形应该按驾驶人的行驶方向观看路网的方式,即驾驶人所处的位置总是处于标志的最下方,并对当前所处位置进行醒目标注。

(2)推荐采用拓扑图表示路网形状,避免图形网络的变形过大。显示路网范围为以所在枢纽互通为起点,以所在高速公路行驶方向最近的枢纽互通为终点。

(3)路网中每个互通处均标注地名,且在能驶出的互通处标注绿色横线和白色三角以示可以驶出和路段指向。

(4)采用红、黄、绿、黑四种颜色线条表示各路段实时的交通状况,红色表示拥堵,黄色表示行驶缓慢,绿色表示畅通,黑色表示封路。

(5)为避免混淆,采用《道路交通标志和标线》(GB 5768—2022)中相关规定对道路名称进行表征。

VMS 版面元素形式综合展示如图 2.3-8、图 2.3-9 所示。

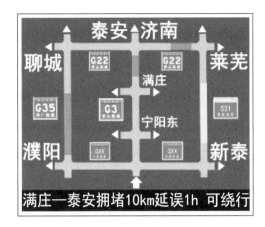
图 2.3-8　一级节点处 VMS

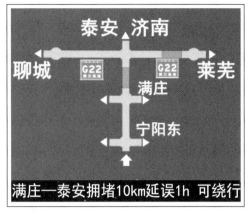
图 2.3-9　二级节点处 VMS

### (二) 高密度路网区 VMS 布设位置研究

VMS 的布设应遵循从总体到局部的原则,遵循路网-路线-节点的流程,先考虑高速公路所处路网的总体交通情况,再做好路段的布局,最后再落实道路节点处的具体布设。

VMS 的放置目的是提高路网的通过性和运营效率,实现诱导功能,应结合道路线形、交通状况、沿线设施等情况来设置。对于高密度路网区的高速公路,应考虑道路交通流的分布特点对 VMS 进行布设。结合实际情况,可将高密度路网的高速公路交通流分为过境交通和出入境交通流两种形式。对于过境交通流,应诱导过境车流从高速公路上过境,尽量避免车流进入城区;提供高速公路的实时交通状况,使驾驶人熟悉道路交通状况;为过境车辆提供服务信息以及附近相关道路的交通情况。对于出入境交通流,应诱导车流合理利用高速公路出入口,少走弯路;诱导车流从多个出入口进出,不要集中在某个出入口。

根据前述高密度路网及节点层级划分规则可知,高速公路互通式立交桥(一级节点)主要服务于过境交通流,高速公路出入口(二级节点)主要服务于出入境交通流和少部分过境交通流。因此,VMS 的布设位置应遵循如下原则:

(1)对于以交通诱导功能为主的 VMS 布设,应基于路网层面进行分析,以交通流分流为需求找出合适布设点位,将 VMS 布设在交通流分流处上游,下游必须具备分流能力。

(2)VMS 应与静态标志协调设置,显示内容应一致且互为补充,VMS 与静态标志间距不得小于一定距离,以保证各自功能的发挥。VMS 应设在车辆行进正面方向的最佳识认处,前方不应有遮挡物。

(3)相邻 VMS 之间的距离应该慎重选择,如果两 VMS 间的间距过小,则可能导致信息量过多或前后 VMS 所发布信息的冲突,从而使得驾驶人无所适从。

(4)VMS 布设位置处必须配备市政工程配套的基本建设条件,如供电、通信、地下管线等。但考虑到运营及维护成本,VMS 设置规模要适度,可依据拟布设节点等级或对 VMS 需求的强弱进行分期设置。

VMS 根据支撑方式不同可以分为门架式、立柱式和悬臂式(型)三种。立柱式和悬臂式也可称作路侧式。

门架式 VMS 指以门架结构的方式进行安装,主要设置在行车道上方。多用于如下情况:

多车道道路(单向三车道及以上)需要发布重要信息时;道路较宽、交通量较大、交通流车速较大、不同类型车辆分车道行驶且外侧车道大型车辆阻挡内侧车道小型车辆内驾驶人视线时;两互通式立交桥间距较小、交通标志及各类交通工程设施设置密集之处,需突出重点信息,引起驾驶人注意时;互通式立交桥设计复杂、有多个出口处时;受空间限制,柱式、悬臂式安装有困难时;视距受限时(如道路右侧有树木或其他交通工程设施遮挡物);需要和前后一系列的门架标志保持一致时;景观上有要求时。

立柱式 VMS 指 VMS 以单柱或双柱的方式进行安装,主要设置在道路边缘、中央分隔带上。悬臂式 VMS 也称作 F 形 VMS,指 VMS 以单柱的方式进行安装,主要安装在道路边缘、中央分隔带上。

一级节点和二级节点 VMS 可根据具体情况设置在道路右侧和中央分隔带或行车道上方,以门架式结构为主,必要时可采用中央分隔带和硬路肩共同设置路侧式 VMS 的形式;出口 VMS 主要以门架式结构为主,必要时可采用路侧式结构。

由于高密度路网区 VMS 同时提供文字信息和图形信息对驾驶人进行诱导,这就意味着不仅版面上的信息要能满足视认性的要求,而且 VMS 的设置位置能够让驾驶人接收信息后有足够的时间进行决策并在分流区前完成减速和换道行为,达到分流区限速要求。

针对四、六、八车道数的高速公路,考虑车辆行驶在最内侧且速度均为最高限速的情况时,驾驶人采取变道行动次数分别为 1、2、3 次。不同净高的悬挂式和路侧式 VMS 的计算前置距离见表 2.3-7、表 2.3-8。

悬挂式 VMS 理论前置距离计算值(单位:m)　　表 2.3-7

| 净高(m) | 速度(km/h) | | |
| --- | --- | --- | --- |
| | 四车道 | 六车道 | 八车道 |
| 4.0 | 533 | 791 | 1049 |
| 4.3 | 531 | 789 | 1047 |
| 4.6 | 529 | 787 | 1045 |
| 5.0 | 525 | 783 | 1041 |

路侧式 VMS 理论前置距离计算值(单位:m)　　表 2.3-8

| 净高(m) | 速度(km/h) | | |
| --- | --- | --- | --- |
| | 四车道 | 六车道 | 八车道 |
| 4.0 | 551 | 809 | 1067 |
| 4.3 | 550 | 808 | 1066 |
| 4.6 | 549 | 807 | 1065 |
| 5.0 | 547 | 805 | 1063 |

注:计算前置距离是指 VMS 位置与下游最近的交通分流点的距离。

以上两表中最小前置距离计算值为驾驶人在最内侧车道距离 VMS L0 处刚好结束视认的临界情况,VMS 的安全前置距离应大于表中数值才能保障驾驶人的安全视认。结合以上关于 VMS 理论前置距离的分析,给出以下的 VMS 安全前置距离建议:针对不同车道高速公路,高密度路网区 VMS 的安全前置距离可以取 2000～3000m，具体的选用依 VMS 类型、车道数、行车速度、净高而定。

下面将对高密度路网八车道高速公路环境下不同前置距离的 VMS 进行驾驶模拟实验，分析不同前置距离的 VMS 下驾驶人驶出高速时的换道行为特性，为本节理论研究内容提供实验支撑。根据研究目的，实验变量为 VMS 的前置距离。考虑到前述理论研究成果和静态指路标志协调性，前置距离的设置值为距减速车道渐变段起点 3km、2.5km、1.5km 和 0.7km。

以京台高速公路为蓝本展开实验，实验流程如下：

（1）预实验。为避免对驾驶模拟器操作不熟练带来的影响，先让驾驶人在剔除 VMS 的场景中进行预实验，以熟悉实验环境。

（2）正式实验前。实验人员告知被试单次实验的目的地，同时将实验路网地图给被试观看 5min。实验人员确认所有仪器正常运行，预实验过程中采集的数据正常之后，实验开始。

（3）正式实验。驾驶人驾驶小客车驶往实验人员要求的目的地，行驶过程中 VMS 提示前方交通状况并给出路径诱导信息，驾驶人结合自身对路网及 VMS 的理解自由规划路径，驾驶人驶出京台高速公路时实验结束。

基于驾驶人驶出高速时的换道行为进行理论分析，提出了高密度路网环境下多车道高速公路的 VMS 安全布设的前置距离范围，并采用驾驶模拟仿真技术对理论结果进行验证说明。通过对驾驶人驶出高速公路时的转向盘操控行为、换道行为的分析，得出 VMS 前置距离为 2.5km、3km 时符合驾驶人期望，此时驾驶人有充足的距离进行自由换道，规范变道意愿高且换道状态从容，有利于提升高速公路驾驶安全性，为 VMS 前置距离的设计方案比选提供参考。

# 第三章

# 管理促进度，全面提升施工进度

## 第一节　进度管理保证措施

### 一、管理结构

根据京台高速公路泰枣段改扩建工程施工的特点，为优质高效地完成项目的施工任务，项目公司统筹总监办、施工单位，按管理层和操作层两层分离的管理模式，要求每个标段委派有资质有工作经验的工程师担任项目经理，对本标段全权负责指挥管理。委派一名项目书记，在项目经理的领导下负责党政、工会等工作；委派一名高级工程师担任总工程师，全权负责标段的技术管理工作；委派一名项目书记，负责安全环保文明施工；由各施工作业队委派一名具有丰富施工经验的技术员在生产副经理带领下管理相应工作；委派合约副经理一名，负责项目的计划、统计、计量工作；委派项目财务总监一名，负责财务工作。

各标段经理部管理部门设"八部二室一队"：科学技术部、质检部、工程管理部、安全环保部、合同部、物资装备部、财务部、协调部、综合办公室、工地试验室、测量队，现场配备施工和技术管理人员若干名，管理人员在公司范围内统一抽调配。

各标段施工现场共设两个施工工区，工区设桥涵、路基、路面、交安、绿化等30个作业队，具体结构示意图如图3.1-1所示。

### 二、组织保障措施

成立精干、务实、高效的项目经理部，做好资金保障、施工组织等工作，组织有同类型工程施工经验的施工管理人员，选择有经验的劳务队伍，严格把好关键设备配置关，健全管理体系，确保实现工期目标。

实行工程节点管理。明确节点，明确任务，明确措施，明确分工，明确责任。科学规划，统筹安排，按期完成建设任务。执行节点计划考核制。项目经理部下达项目总体计划，定期组织考核节点计划的落实情况。抓住有利施工季节，适时开展劳动竞赛，掀起施工高潮，并及时组织立功奖励活动，充分调动各作业人员的积极性和创造性，节约工期。实行工程管理例会制。

项目经理部每周定期组织召开不同层级的现场协调会议,以解决工程施工过程中的协调配合问题。实行关键工序日报制。按照项目经理部下达的生产计划进一步细化到月、旬或周,明确人员、设备、队伍、材料等施工组织,每日向监理和项目公司报告关键工序进度。各组织保障措施见表3.1-1~表3.1-4。

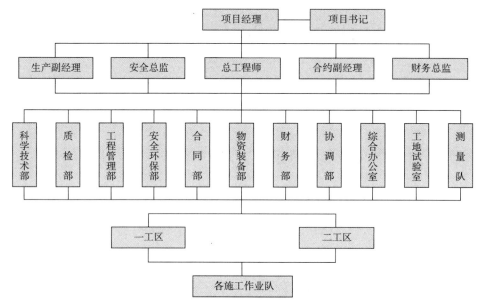

图3.1-1　各标段结构示意图

**确保工期的计划管理措施**　　　　　　　　　　　　　　　　　　　　　表3.1-1

| 序号 | 措施项目 | 主要内容 |
| --- | --- | --- |
| 1 | 进度计划管理 | (1)根据招标文件要求,除总进度计划外,每周、月上报分阶段施工计划至监理项目公司审核。<br>(2)各专业施工班组在进场前,项目部对其施工周期要求进行交底,根据总进度计划要求,编制分部、分项工程进度计划,在工序的安排上服从施工总进度计划的要求和规定,确保施工总目标(合同工期)的实现。<br>(3)网络计划的关键线路清晰、明了,并根据各专业工程的施工要求,制定相应的施工进度节点 |
| 2 | 进度计划的跟进及纠偏 | (1)每天对进度计划进行总结,每天利用交底讲评时间对各班组长进行总结与督促。<br>(2)认真做好施工中的计划统筹、协助与控制。每周召开施工生产例会,做好每日工程进度安排,确保各项计划落实;并对目前进度计划的执行情况进行分析和点评,如出现偏差,要求各班组采取措施进行纠偏。<br>(3)采用计算机管理技术,对施工计划实行动态管理;根据前期完成情况和其他预测变化情况,对当期计划和后期计划、总计划进行重新调整和部署,确保按原定或因非施工原因调整了的期限交工。<br>(4)制定抢工预案,当进度计划出现重大偏差时进行抢工 |
| 3 | 考核管理 | 严格按照合同条款中规定的工期对专业施工班组进行考核,合同中明确的工期责任,必须履行,实行奖惩制度 |

**工序穿插及协调管理措施** 表 3.1-2

| 序号 | 措施项目 | 主要内容 |
|---|---|---|
| 1 | 工序穿插管理 | (1) 尽可能进行穿插施工,根据目前图纸及施工条件设想可能的穿插工作。<br>(2) 穿插施工主要考虑防止发生对成品的破坏以及安全事故,避免影响工期。<br>(3) 项目部由专职人员负责对现场工作环境进行实时跟踪,预见与现场观察相结合,一旦发现具备穿插施工的条件,立即在最短时间内安排资源组织施工 |
| 2 | 协调管理 | (1) 强化项目部内部管理人员工作效率与相互协调,增强与项目公司的联系,加强对施工队伍的控制和与各供货厂商的协作,并明确各方的职责分工,防止扯皮现象,共同确保达成工期总目标。<br>(2) 创造和保持施工现场各方各专业之间的良好的人际关系,使现场各方认清其间的相互依赖和相互制约的关系。<br>(3) 加强与设计单位的配合工作。密切配合一切设计工作,利用施工经验提供合理化建议,共同消除设计对施工进度的影响。<br>(4) 加强项目公司、监理、设计方的合作与协调。通过在现场项目公司、监理以及专业施工队之间建立网络办公体系,加强现场参建各方的配合与协调,使现场发生的技术问题、洽商变更、质量问题以及施工报验等工作能够及时高效地解决。<br>(5) 主动做好政府主管部门下达的任务,使工程顺利开展 |

**确保工期的其他管理措施** 表 3.1-3

| 序号 | 措施项目 | 主要内容 |
|---|---|---|
| 1 | 总平面管理 | 加强施工总平面管理,特别是机械停放、材料堆放等不得占用施工道路,不得影响其他设备、物资的进场和就位,实现施工现场秩序化。根据不同时期的施工进度情况,不同施工阶段的特点和需求设计施工平面布置图,各阶段的平面布置和物资采购、设备订货、资源配备等辅助计划相配合,对现场进行宏观调控,在即使施工紧张的情况下,也保持现场秩序井然,保障施工进度计划的有序实施 |
| 2 | 设备进场 | 按设备进场计划及时安排设备进场,办理有关进场验收手续 |
| 3 | 后勤管理 | 专人负责做好各项后勤服务工作,解除后顾之忧,调动职工的积极性 |

**确保工期的技术措施** 表 3.1-4

| 序号 | 措施项目 | 主要内容 |
|---|---|---|
| 1 | 方案先行样板引路 | (1) 工程将按照计划,制定详细的、有针对性的和可操作性强的施工组织设计和专项施工方案。<br>(2) 采用技术先进合理的施工方法,实行三级技术交底,实现项目管理层和操作层对施工工艺、质量标准的熟悉和掌握,使工程有条不紊地按期完成 |
| 2 | 新技术应用 | 深化设计和施工管理,采用新技术提供技术保证,使项目分部分项工程施工过程中科技水平有较大的提高,在保证施工质量的同时能有效缩短工期 |
| 3 | 资源共享信息管理 | 采用项目管理信息系统实现资源共享。以项目局域网络为基础,充分发挥项目管理系统优势,实现高效、迅速、清晰的信息沟通和传递,为项目管理者提供丰富的决策依据 |

## 三、设备经济保障措施

项目经理部成立后,财务部和生产管理人员根据施工生产总体计划编制经理部资金使用计划,在实施过程中根据生产进度情况及时调整。对资金到位情况,项目的运作情况及进度、成本的控制等进行实时监控,从而作出科学的计划调整决策,以保证施工的高效、安全。严格执行专款专用制度,避免施工中因为资金问题而影响工程进展。项目经理部作业队伍及人员设备进场后,及时完善法律及财务方面的手续,以便能及时支付工程款,确保工程正常运转。

施工设备的合理选择和配置是确保工程进度的关键因素之一,项目经理部进场之初要对关键设备的数量和规格提出要求并及时检查到位情况,同时严格执行招标文件中关键设备最低条件中的要求,常用的机械和机具应留有富余备用设备,满足条件方可允许开工以确保施工生产顺利进行。

## 四、工序优化保障控制措施

熟悉、会审施工设计图纸,明确设计意图和要求,力求在施工前解决图纸中的问题。针对技术复杂的关键工程,成立项目咨询专家组,在危险性较大的分部分项工程施工前编制专项方案,对于超过一定规模的危险性较大的分部分项工程,组织专家对专项方案进行论证。编制科学合理的网络计划,制定阶段目标,科学合理地缩短各施工工序的循环时间,以加快施工进度,并牢牢抓住关键工序的管理与施工,确保关键工序施工的工期与质量。

科学合理安排施工工序,通过分析各施工工序的时间,采取特殊措施,尽量减少影响进度的薄弱环节。

河北特大桥及土门特大桥现浇梁施工是本工程重、难点施工工序,拟采取以下措施:根据本工程实际特点,组织专家会议,制订合理、科学的施工方案,采用先进的施工机械,在满足施工要求的情况下,确保施工进度目标的实施;根据项目进展情况,合理安排施工部位、施工工序,做好各工序的衔接,特别在上部结构施工时,针对现浇梁施工提前筹划,合理安排,确保在工序作业畅通,实现流水作业;临时性支架结构,在满足安全的要求下,同时做到操作方便、快速,确保现场进度、施工质量要求;现浇箱梁施工,应多个工作面平行作业,加快施工进度。

## 五、进度模拟管理措施

根据项目公司工期计划及导行节点,策划编制总进度计划,分解至年、月、周计划,落实责任到人,并通过公司现场集成管理平台中年计划、月计划、周计划模块进行录入及考核,通过手机进度管理App推送至项目管理人员及各劳务队,对BIM4D模拟计划、手持终端考核计划、智慧工地终端公布计划,进行全过程管控。以上措施为保证项目各工序有序衔接、流水施工提供了有力的技术支持,有利于施工有序、快速推进。BIM4D模拟计划、手持终端考核计划图如图3.1-2所示。

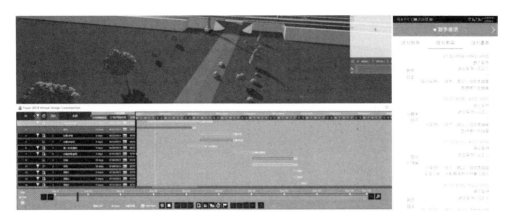

图 3.1-2　BIM4D 模拟计划、手持终端考核计划图

对项目标志性结构物、施工段落等进行建模；同时利用 Infraworks 和 Navisworks 进行交通导改演示及优化，对项目进行效果展示及施工进度计划安排。交通导改模拟如图 3.1-3 所示。

图 3.1-3　交通导改模拟

为确保工期，采取了以下几项技术组织措施，以保证工期目标能够满足要求：

为便于管理和组织施工，配备专业素质高、业务能力强、富有强烈事业心和责任感的技术干部，成立由主管生产副经理领导的生产指挥调度室，加强施工现场的协调和指导。由各作业队主管生产的负责人为调度员，以各施工队为生产实施对象，形成一个从上而下的主管施工进度的组织体系。施工中根据进度需要随时补充劳力、设备，确保工期目标的实现。

每周定期召开生产例会，总结上周的施工进度情况，安排下周的施工生产；合理调配机械设备、物资和人力，及时解决施工生产中出现的问题；对施工机械设备、生产物资和劳动力安排计划；对资金进行合理分配，保证施工进度的落实和完成。

强化物资供应系统，确保物资质量优良，供应渠道畅通。根据施工计划提前做好市场调查，及早制订采购方案和采购计划，避免出现停工待料等情况。合理运筹资金，加强调控能力，确保工程正常运转，保证重点和关键工程正常施工，满足建设单位工期要求。制订科学的施工方案，采用先进的施工方法和合理工艺流程，缩短工期。

根据泰安当地气候、地质、水文特点，合理安排施工，减小雨季、汛期对施工的影响，充分利用施工黄金季节，多干快干，加快作业进度。提前排除干扰，以日产量保月产量，以月产量保年产量，从而确保总工期。

工人实名制看板；基于项目实名制看板功能，通过对在场工人工种、籍贯、年龄、性别、学历、年龄等数据的统计分析，为现场决策、调度提供依据，在农忙时、重要节日、冬雨季等特殊时段更好地实现人员调度与安排，保障现场施工。

## 六、劳动竞赛奖励机制管理

开展"六比六创"(围绕中心比效益,创高效精品工程；立足岗位比技能,创匠心精品工程；促进发展比质量,创优质精品工程；推动学习比创新,创智能精品工程；节能减排比效果,创生态精品工程；履行责任比贡献,创和谐精品工程)活动,形成大干热潮,项目定期举办技能比武活动,对施工人员的施工水平进行全面摸排。对项目分别开展技术人员管理知识测试,检测和提高现场人员业务能力。对进度、质量、安全、环保表现突出班组及个人进行奖励,激发施工人员积极性。

树立"鼓励提质增效、真抓实干,以价值创造者为先,以奋斗者为本"的激励导向,在基层项目分层次开展竞赛,通过"比和创"形成"争先进、当排头、破难题"的氛围；项目竞赛继续实施"六比六创"竞赛内容,立足全力推动项目管理提升再出发,通过竞赛促进项目"抓住两条主线(履约线、成本线)、守住一条红线(风险线)",把质量、进度、管理、效益抓具体、抓深入,持续提升技术技能和创新能力、节能减排成效、示范品牌效应。

### (一)评价考核重点

紧密围绕优经营稳增长、抓创新蓄动能、促改革激活力、精管理提质效、防风险守底线、强党建聚合力等六方面进行竞赛评价。以资产负债率、营业收入利润率、研发经费投入强度、全员劳动生产率考核指标为重点,紧盯提升减亏治理效率的核心指标,兼顾劳动者收入与经营效果关联挂钩、保险保障覆盖、劳动关系和谐等指标。通过开展竞赛,聚力改善项目管理提升"八重八轻"管理通病在企业层面存在的"四重四轻"问题,即重流程、轻效率,重制度、轻落实,重分权、轻责任,重局部、轻整体,强化全员、全要素、全过程成本管控,系统升级企业治亏减亏水平、项目管理水平。

### (二)竞赛重点内容

坚持合约是主线、项目是基础、技术是关键、效益是目标的项目管理提升思路,继续在基层项目全范围实施"六比六创"为核心内容的竞赛,重点是聚焦克服"八重八轻"的管理通病在项目层面存在的"四重四轻",调整优化项目管理形态,促进项目对标一流管理提升的体系化转型。锁定重点项目尤其是大体量项目,深化竞赛联系点管理,力争打造一批科技驱动型、标准引领型、质量效益型示范项目。围绕中心比效益创高效精品方面,坚持提升项目建设价值,通过细化竞赛方案、强化竞赛方案实施,创新管理模式、改进工作流程、提高组织效率、落实绩效责任,在促进高质量发展突破上体现高效率、高效益。

在立足岗位比技能创匠心精品方面,坚持建设过程全员匠心铸造工程品质,通过导师带徒、岗位练兵、"五小"创新,对标一流工艺、提升岗位技能、巧解现场难题、展现绝技高招,在工程建设工艺上体现硬技术、精服务；在促进发展比质量创优质精品方面,坚持高质量发展和科学管理,通过严守标准规程、健全质量保证体系、实施质量工序互检、落实质量管理责任,避免发生质量事故,在提供产品和服务品质上体现质量优、品牌强；在推动学习比创新创智能精品方面,坚持"数字产业化、产业数字化"思路,实施"产业+数字"行动,加大科技创新投入、应用适用智能技术、扩展推动数字转型、激发全员创新活力,在厚植科技转型优势上体现善创新、敢创新;在节能减排比效果创生态精品方面,坚持绿色生态环保理念,聚焦新技术、新管理、新模式,强化节能宣传培训、加快"四新"技术推广应用、开展"微创新"活动、争取专项资金支持,在满足节能型、资源型发展要求上体现低能耗、满达标;在履行责任比贡献创和谐精品方面,坚持工程建设党政工齐抓共管,加强合规经营管理,严守风险防范底线,通过提升安全健康管理、落实廉政建设责任、确保工资发放到位、履行央企社会责任,在强化品牌效应上体现实力强、有风范。

### (三) 竞赛要求

高度重视,加强组织领导。竞赛由竞赛领导小组策划部署,贯穿"十四五"发展内涵,意义重大。各单位高度重视,加强组织,逐级成立保障竞赛活动顺利开展的领导机构,确定部门、专人负责,认真领会劳动竞赛总体要求,策划好竞赛实施方案,协调好各方力量,把目标和任务层层分解到位,推进竞赛有效开展。

严肃作风,强化考核评价。各单位把推动"六比六创·三型一流杯"夺标劳动竞赛作为加强干部作风建设的重要载体,广泛营造敢担当、善作为的清风正气。进一步强化责任、完善机制,坚持一级抓一级、一级带一级,紧盯关键环节确保贯彻落实,做到每项工作有部署、有标准、有责任、有时限、有考核、有奖惩,切实凝聚干部职工"谋发展、加油干"的激情与坚守"防疫线、安全线"的自觉。

聚焦质效,合力营造声势。各单位充分发挥党建引领优势、工会保障优势,把激励创新贯穿竞赛始终,针对生产经营和改革发展问题精准发力。以创新思维、创新载体、创新方式激发竞赛活力,凝聚广大职工在经营生产、安全质量、科技创新、降本创效方面打硬仗、打胜仗。加大竞赛活动进展和成效宣传,营造浓厚竞赛氛围,积极总结和宣传推广经验、成果和典型,特别是加大在中央和地方各类媒体上的宣传报道力度,不断扩大企业的社会影响力。

## 第二节 通行条件下的交通组织设计

针对高速公路改扩建工程中强化施工安全管理和提高车辆通行效率的需求,做好交通流量预测,合理选择交通组织方案,做好施工全过程的安全防护,保障工程安全施工。此外,改扩建工程施工的同时,应保证公路一定的通行能力。在以往的工程施工中,存在着注重工程、轻视交通的问题,影响了工程施工建设的安全和效益目标的实现,因此,需要做好高速公路改扩建安全交通组织的优化,实现施工作业和安全通行的有效平衡,达到安全有序作业水平,切实保障工程建设的效益。

主线改扩建方式为两侧拼宽、新建大汶河互通、移位拆除新建宁阳东互通、原位拆除新建天桥、对部分分离立交进行扩孔。无论采用何种施工组织方式,都必然对原有高速公路交通流产生干扰,进而影响道路的正常行车,主要表现在:扩建施工对原有道路正常交通流的干扰;路侧净空间和视距不足造成的道路通行能力降低;因施工组织需要造成的车辆频繁改道、分道、并道行驶等。

针对本工程主要规模、扩建方案、区域路网等情况,对通行条件下交通组织进行设计及实施研究,确定具有针对性和可行的交通组织方案,最大限度降低改扩建施工对路段通行带来的不利影响,并提高项目实施的安全性;依据路桥施工顺序,依次推进,以主线调度为统领、互通式立交桥为先行、桥梁为突破点、先新建后扩建的保通原则,保证四车道通行。

# 一、详细技术

在交通组织实施前,首先对施工路段交通量进行"不中断交通下可承担交通量分析",分别针对强制分流货车、大型货车和混行交通状况下,对一定服务水平下不中断交通的不同状态可以承担的交通量进行了计算。计算结果见图3.2-1和表3.2-1。

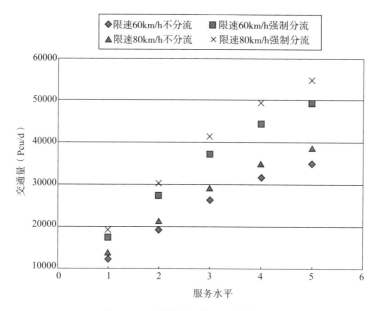

图3.2-1 不同状态下交通量计算结果

**不同状态下交通量计算结果**(单位:pcu/d)　　　　表3.2-1

| 限速 (km/h) | 是否分流 | 公路等级 | | | | |
|---|---|---|---|---|---|---|
| | | 一级 | 二级 | 三级 | 四级 | 五级 |
| 60 | 不分流 | 12199 | 19170 | 26140 | 31369 | 34854 |
| 60 | 强制分流 | 17298 | 27183 | 37067 | 44481 | 49423 |
| 对交通提升比例 | | 41.80% | 41.80% | 41.80% | 41.80% | 41.80% |
| 80 | 不分流 | 13554 | 21300 | 29045 | 34854 | 38727 |
| 80 | 强制分流 | 19220 | 30203 | 41186 | 49423 | 54914 |
| 对交通提升比例 | | 41.80% | 41.80% | 41.80% | 41.80% | 41.80% |
| 分流80km/60km交通量提升比例 | | 11.11% | 11.11% | 11.11% | 11.11% | 11.11% |

按三级服务水平控制,在设计限速60km/h的条件下,四车道通行可承担约37067pcu/d的交通量(强制分流大型车和拖挂车);按四级服务水平控制,在设计限速80km/h的条件下,

四车道通行可承担29045pcu/d的交通量(混合交通)、41186pcu/d的交通量(强制分流大型货车和拖挂车);按四级服务水平控制,在设计限速80km/h的条件下,四车道通行可承担24854pcu/d(混合交通)、49423pcu/d的交通量(强制分流大型车和拖挂车)。

可见,大型车辆混入率对通行能力的影响很大,车流速度离散性很大,从而影响整个车流的运行质量。

根据交通量预测,对分流和不分流情况下服务水平进行分级,分级如下:

一级以上服务水平为黄色,二级及以上服务水平为绿色,三级及以上服务水平为黄色,四级及以上服务水平为橙色,五级及以上服务水平为红色,见表3.2-2、表3.2-3。

服务水平分级标准　　　　　　　　　　　　　表3.2-2

| 颜色 | 蓝 | 绿 | 黄 | 橙 | 红 |
|---|---|---|---|---|---|
| 限速(km/h) | 一级 | 二级 | 三级 | 四级 | 五级 |

服务水平分级结果　　　　　　　　　　　　　表3.2-3

| 起点 | 终点 | 2019年 | 2016年 | 不分流情况下服务水平 | | 分流情况下服务水平 | |
|---|---|---|---|---|---|---|---|
| | | | | 60km/h | 80km/h | 60km/h | 80km/h |
| 淄博西枢纽 | 淄博西立交 | 58899 | 48893 | 五级以上 | 五级以上 | 四级以上 | 三级以上 |
| 淄博西立交 | 淄博新区立交 | 52510 | 43590 | 五级以上 | 五级以上 | 三级以上 | 三级以上 |
| 淄博新区立交 | 文昌湖立交 | 44982 | 37341 | 五级以上 | 四级以上 | 三级以上 | 二级以上 |
| 文昌湖立交 | 淄川立交 | 44225 | 36712 | 五级以上 | 四级以上 | 二级以上 | 二级以上 |
| 淄川立交 | 磁村枢纽 | 43128 | 35802 | 五级以上 | 四级以上 | 二级以上 | 二级以上 |
| 磁村枢纽 | 博山北立交 | 43128 | 35802 | 五级以上 | 四级以上 | 二级以上 | 二级以上 |
| 博山北立交 | 博山立交 | 44420 | 36874 | 五级以上 | 四级以上 | 二级以上 | 二级以上 |
| 博山立交 | 和庄立交 | 49263 | 40894 | 五级以上 | 五级以上 | 三级以上 | 二级以上 |
| 和庄立交 | 苗山立交 | 48825 | 40531 | 五级以上 | 五级以上 | 三级以上 | 二级以上 |
| 苗山立交 | 莱芜枢纽 | 48957 | 40640 | 五级以上 | 五级以上 | 三级以上 | 二级以上 |
| 全线平均 | | 47615 | 37831 | 五级以上 | 四级以上 | 三级以上 | 二级以上 |
| 淄博西枢纽 | 博山立交 | 47219 | 39198 | 五级以上 | 五级以上 | 三级以上 | 二级以上 |
| 博山立交 | 莱芜枢纽 | 48011 | 36465 | 五级以上 | 四级以上 | 二级以上 | 二级以上 |

根据交通量预测结果,在不分流状态下,限速60km/h时,全线服务水平在五级以上;限速80km/h部分路段服务水平在四级以上,部分路段到五级以上。在限速分流状态下,限速60km/h时,全线服务水平在二级以上五级以下;限速80km/h部分路段服务水平在二级以上四级以下。服务水平分级结果见表3.2-3。

## 二、交通导行分流设置

### (一)分流车型

根据高速公路改扩建施工的经验,在对速度较慢的大型车辆实行禁入后,路段整体服务水平有明显的提高。因此,在分流对象上依据车型进行了划分:大型货车、小中型货车、客车,其中客车通行为第一优先级,小中型货车为第二优先级,大型货车为第三优先级。

在分流车型上可采用两种方案:

方案1:将所有货车分流到其他道路上去,分流车型占总车流量的38.7%。

方案2:将中型货车、大型货车和特大型货车(即装载质量大于7t的货车)进行分流,分流车型占总车流量的30.9%。

结合滨莱、京沪、京台高速公路改扩建工程的实际情况,分流车型选择对区域交通整体运行影响较小的大型及以上货车,具体分析如下:

路网现状:与本项目相关的干线公路主要有滨博高速公路淄博至莱芜段、京沪高速公路莱芜至临沂段、京台高速公路枣庄至鲁苏界段、泰新高速公路、G35济广高速公路平阴至巨野段、济徐高速公路东平至鲁苏界段、德商高速公路聊城至商丘段、G104泰安至鲁苏界段等技术等级较高的道路,路网较为发达,路基及桥梁设计指标较高,能够满足重型运载工具的通行需求。

通行能力、服务水平:由前述分析可知,货车(特别是大型及以上车型)较客车而言,对通行能力的影响更大,在改扩建过程中,由于需要封闭部分车道,对通行能力的影响较大,为避免进一步增加通行能力的损失,建议分流货车,提高项目的服务水平。

社会效益:分流货运交通,可以满足客运服务水平的高要求,体现公共交通优先,展现"以人为本"的理念。

### (二)分流路径选择

根据有关车流类型的分析结论,高速公路所承担的交通流可以概括为三种主要类型:一是长途过境型交通,二是中途跨区间型交通,三是城际短途交通。结合三种不同类型交通流、交通量动态预测结果和区域路网形态的实际特点,本节分别研究其分流方案。

对于长途过境型交通,长距离指车辆在高速公路改扩建施工段起、终点外分流,车辆不在本工程范围内通行。

对于中途跨区间型交通、城际短途交通,所谓跨城际交通,一般指在某个交通走廊带或交通区位线中,往来于某两个重要节点(通常为人口达到50万以上的城市)间的交通流。分流路径主要为施工路段连接的两个重要节点之间相邻两侧某一距离范围内的道路、可用作中距离交通分流路径。

### (三)分流点的主要功能

1. 信息集中发布的功能

从分流点的功能特点来看,路网分流点首先应是各种必要的行车信息集中发布的平台或场所。行车信息包括分流路径信息、道路预警信息、管制措施信息、前方道路流量信息以及其他综合服务信息。对于公路使用者来说,及时、详细的行车信息是其行驶路线选择的重要诱因。因此,通过设置分流点让车辆驾驶人提前掌握各种相关道路信息,可以有效地实现对路网资源的利用最大化,并减少不必要的延误和混乱。

2. 实现分流路径无缝衔接的功能

根据前面研究结果,在京台高速公路施工期间,对于各种不同出行目的的车流都提供了适当的分流路径,而且这些分流路径不仅分布广,还存在多种组合方案。因而,将各种分流路径有机地衔接起来,使分流点功能得到最大的发挥。

3. 强化交通管制措施的功能

作为交通分流组织方案的基础平台，分流点除了上述的功能以外，还是实现强化交通管制的主要措施之一。一般情况下，在路网分流点主要设置各种醒目的预告、警示、指路以及分流标志，并配备交通警察指挥岗，重要分流点还应实行24h现场指挥，以减轻施工路段的交通压力。

4. 分流点设置

鉴于京台高速公路泰山枢纽至鲁苏界段在区域路网中突出的功能和地位，其影响辐射范围不仅为山东省，并且延伸到河北、江苏、安徽、北京、天津等邻近省（区、市）。因此，在拟定研究区域内的诸多分流路径后，需要通过在更大范围内的路网中提前设置分流点，在省界以外对大量过境和始发交通流提前预告，起到疏导和必要的交通管制作用。

本次研究考虑设置三级路网分流点，分别为诱导点、分流点和管制点：

一级分流点（诱导点）：分别设置在省级路网的市级节点和外省公路入口处，主要功能为诱导交通、尽量分离过境交通；设置地点主要位于高速公路各省（区、市）交界处。

二级分流点（分流点）：在区内路网的主要交叉口布设，以强制性的交通疏导为主要功能，并考虑设置部分临时交通管制设施；设置地点主要为施工路段所处高速公路及周边相连高速公路枢纽处。

三级分流点（管制点）：施工路段高速公路沿线所有互通入口，包括与其他周边高速公路直接相联系的互通出口，同样以强制性交通管制为主要手段，解决出现路堵时的交通疏解。设置地点为高速公路施工段落经过的互通式立交桥。

根据对有关分流路径研究结果的梳理结果，通过交通量分析，在高速公路扩容改造期间，通过合理分流，能够保证高速公路及分流高速公路服务水平在三级服务水平以内。路网分流必须做好分流路径的提示，设置合理分流点位，加强交通诱导和管制。

监理单位应督促施工单位制定保通方案及应急预案，做好过程监督。当突发事件发生时，应及时启动应急预案。

双向两车道、双向三车道保通、交通转换口施工及临时安全设施布置交通事故发生概率增大，危险性较大，各单位应加强保通力量，在人员、应急物资配备上予以增加，加大日常巡查力度。选择不同保通方式时，应考虑保通时间和周期、交通量、经济效益等因素，安全设施布置应合理、前后协调，起到引导车流平稳变化的作用。

# 三、交通导行方案

采用的交通导行方案原则上车道宽度满足设计要求，不得随意压缩车道宽度，需占用路肩进行临时安全设施隔离的区域，应采用符合相应功能的临时隔离设施，包括新泽西混凝土护栏、临时移动钢护栏、水马、路锥等，车道标线有占用的，宜根据现有行车空间重新绘制临时标线。

应做好不同导行方式的衔接工作，如双向四车道转换至双向三车道、双向三车道转换至双向两车道，原则上不建议双向四车道直接转换至双向两车道。车道转换口设置应严格按照设计图纸进行，包括车道转换口设置长度、开口交通转换临时隔离设施设置、开口交通转换临时标志标线设置。车道转换口施工时，应严格按照《公路养护安全作业规程》（JTG H30—2015）

双向设置各功能分区,并与高速公路交警、运管单位统筹协调好施工车辆、人员出入高速公路施工区域路线,监督各项安全措施的落实情况。选择不同导行方式时,应考虑保通时间和周期、交通量、经济效益等因素,安全设施布置应合理、前后协调,起到引导车流平稳变化的作用。

双向两车道保通除非设计图纸有明确要求,适用于特殊区域,如地质条件差、周边有考古、特殊工程等受影响较大的改扩建施工段落。双向两车道保通通行距离不宜小于1km,且车辆通行速度宜控制在60km/h以下。双向两车道中间隔离设施宜采用新泽西混凝土护栏,设置夜间警示设施。若为双向各一车道的情况,则可根据现场情况利用中央分隔带隔离设施,采用锥桶、水马、防撞桶、移动钢护栏等;若一侧因扩孔桥拆除改建临边,则应采用新泽西混凝土护栏进行隔离防护。双向两车道保通临时交通安全设施布置应遵守《公路养护安全作业规程》(JTG H30—2015)的规定,并根据现场情况予以适当增加,经过高速公路交警、运管等单位同意,现场勘查后方可实行。京台高速公路官木铁路分离立交桥单幅双向两车道保通安全设施布置图如图3.2-2所示,双向两车道保通安全设施布置如图3.2-3所示,现场示例如图3.2-4所示。

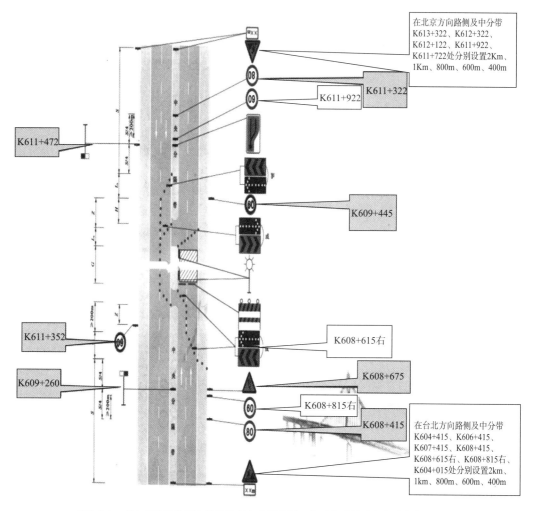

图3.2-2　京台高速公路官木铁路分离立交桥单幅双向两车道保通安全设施布置

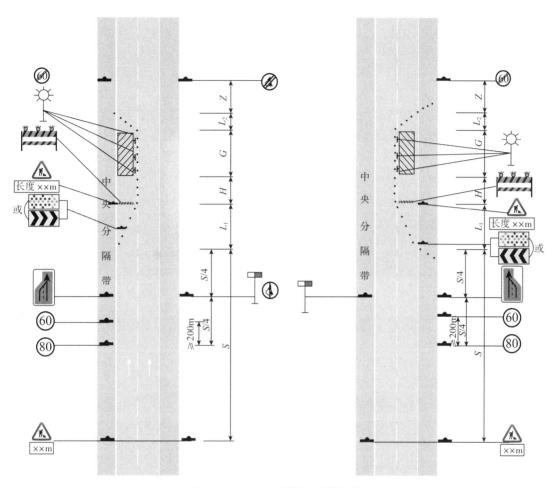

图 3.2-3 双向两车道保通安全设施布置

注：$S$-警告区；$L_s$-上游过渡区；$H$-纵向缓冲区；$G$-工作区；$Z$-终止区；一般要求：$S \geqslant 1600 \mathrm{m}$，$L_s \geqslant 120 \mathrm{m}$，$H \geqslant 100 \mathrm{m}$，$L_x \geqslant 30 \mathrm{m}$，$Z \geqslant 30 \mathrm{m}$。后同。

图 3.2-4 现场示例

双向三车道保通受影响的只有单向,因此只需在受影响的区域按照《公路养护安全作业规程》(JTG H30—2015)的规定进行布控。双向三车道保通单车道通行方向车辆通行速度宜控制在60km/h,且单车道通行方向不同断面5km内不得再有单车道保通通行路段。改扩建施工若出现转序后因保通道路一车道需利用成临时中央分隔带造成行车空间压缩,宽度不满足四车道要求,通行道路断面变成单向两车道加单向一车道和应急车道,则应严格按照设计图纸要求设置临时交通安全设施,中央分隔带应采用临时移动钢护栏加防眩板的形式,同时应根据通行情况适当增加临时道路交通安全设施,宜将车速控制在60km/h以下。断面如图3.2-5所示。

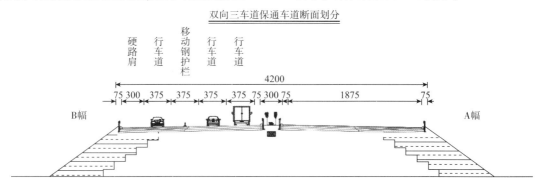

图3.2-5 双向三车道保通车道断面图(尺寸单位:cm)

改扩建施工前期,道路拼宽过程需占用原有路肩,车辆通行存在干扰,应按《公路养护安全作业规程》(JTG H30—2015)的规定,双向封闭硬路肩并进行临时交通安全设施布控。路基封闭原则上采用临时移动钢护栏,若涉及旧路边坡开挖、扩孔桥施工,则应采用新泽西混凝土护栏进行封闭,做好固定,并画好临时标线。双向四车道保通期间硬路肩压缩,应分流危化品运输车辆、大型货车、特大型货车、集装箱货车等,限速80km/h,具体临时安全设施按照设计图纸要求设置。双向四车道保通硬路肩压缩安全设施布控图如图3.2-6所示。

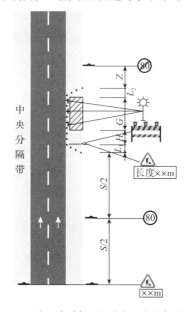

图3.2-6 双向四车道保通硬路肩压缩安全设施布控

互通、服务区保通在于互通式立交区桥交通分流方式的选取,有完全封闭式、完全开放式、部分封闭式。完全封闭式应保障主线直线车畅通、施工作业安全,采用临时隔离设施封闭匝道端口,转向相邻立交及区域路网进行解决;完全开放式是在保证主线直行交通顺畅的同时,互通式立交桥区、服务区利用原有匝道、临时便道进行交通转换,并逐步过渡到新建匝道;部分封闭式是改扩建期间部分利用原有匝道或临时便道,其余通过其他互通式立交桥、服务区。综合考虑交通安全、交通量、区域路网和节点的承受能力、施工周期、工期规模、区域路网、社会影响等,宜采用完全开放式。互通式立交桥、服务区施工期间,若对正常通行及运营有较大影响,应通过地区社会媒体、道路导航单位、微信公众号等媒介发布公告信息,及时告知社会人员、车辆封闭周期及绕行情况。

若采用完全封闭式,匝道封闭方式及临时安全标志设置经过高速公路交警、运管等单位的同意后,方可安装,安全提示标志设置宜在封闭区域上下两个互通式立交桥、收费站及服务区,施工完成后应及时拆除恢复。若采用完全开放式,应保证临时便道或新修匝道满足正常安全通行要求,临时交通安全设施布控应满足《公路养护安全作业规程》(JTG H30—2015)规定,主要涉及匝道单车道上封闭路肩施工、匝道出口施工、匝道入口等。若因改扩建施工转序造成车辆需通过封闭施工区至对向互通式立交桥、服务区,应按照设计图纸在原有中央分隔带设置临时交通转换口,开口长度应满足要求,临时安全设施布置、交通隔离设施布置应符合设计要求。立交入口匝道示例如图 3.2-7 所示,立交出口匝道示例如图 3.2-8 所示,匝道单车道上封闭路肩示例如图 3.2-9 所示。

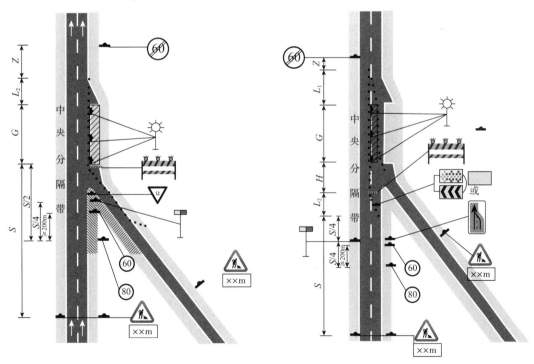

图 3.2-7　立交桥入口匝道示例

通过现场调查及交通分析,在滨莱高速公路扩容改造期间,通过合理分流、做好分流路径的提示、设置合理分流点位、加强交通诱导管制、合理的阶段导行措施,保证了本项目高速公路及分流高速公路服务水平在三级服务水平以内,实现了项目的完美履约。

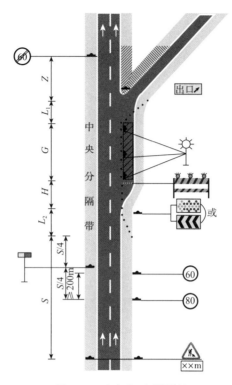

图 3.2-8　立交出口匝道示例

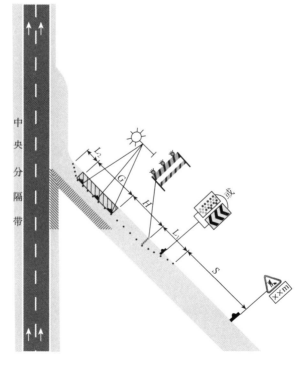

图 3.2-9　匝道单车道上封闭路肩示例

## 第三节 特色交通组织

### 一、泰山枢纽总体施工组织

施工 K467+520～K469+115 主线拼宽段、K471+000～K471+280 左幅主线拼宽段、ZK469+750～ZK470+750 主线左幅新建段、现状无冲突的 F 匝道、A1 匝道；本时段青兰高速公路西向东单向通行，I1 匝道不通行，可同步对 I1 匝道进行施工，该施工时段不影响现状交通通行。泰山枢纽线路图如图 3.3-1 所示。

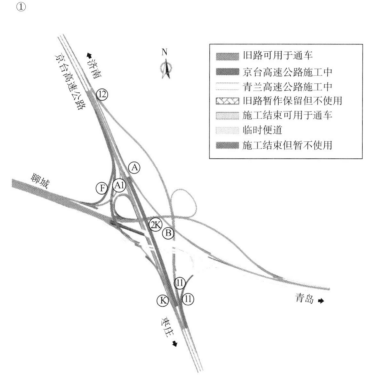

图 3.3-1　泰山枢纽线路图

将北向西右转交通引入新建 F 匝道，挖除现状右转匝道，施工 A1 匝道与现状右转匝道交叉部分，完成本项目 A1 匝道的贯通。新建 ZK469+750～ZK470+750 两侧端头与主线右幅之间中分带开口，新建临时便道 a、b、c，将主线右幅及 D 匝道交通引入左幅，施工 K469+900～K470+400 主线右幅。

利用青兰高速公路全封闭施工时段，施工 B 匝道桥梁改造及 A、L1、L2、D 匝道改造。施工主线左幅 ZK468+950～ZK469+750 段改造，与现状主线左幅贯通。将右幅交通引入左幅，施工右幅老路路面改造。整平场区和边坡修整，启用全线双向八车道通车。

## 二、泰山枢纽主线桥、B匝道现浇梁施工交通组织

步骤一：A1匝道和H匝道青兰段完成改造施工，主线桥右幅和B匝道桥跨A1匝道和H匝道预制箱梁完成架设。

步骤二：待B匝道第一联和主线桥右幅第三联跨A1匝道及H匝道预制梁架设完成后，青兰高速公路主线聊城至青岛方向封闭青兰高速公路主线与G匝道交叉路口至主线左幅与A1匝道交叉路口；青岛至聊城方向封闭青兰高速公路主线与C匝道入口处至C匝道出口处。

青兰高速公路主线施工段聊城至青岛方向封闭期间，车辆可由主线驶入G匝道，至G匝道与H匝道交叉路口处转入H匝道，在H匝道转弯处通过临时连接保通路驶入A1匝道，通过A1匝道后进入青兰高速公路主线继续向青岛方向行驶。

青兰高速公路主线施工段青岛至聊城方向封闭期间，车辆可由主线驶入C匝道，绕过封闭路段向聊城方向行驶。封闭范围及导改路线如图3.3-2所示。

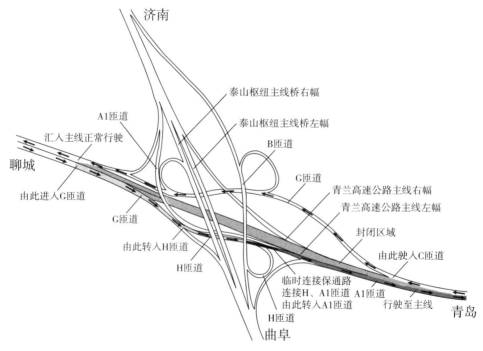

图3.3-2 封闭范围及导改路线示意图

河北特大桥跨越G104段共计两跨，为减小对G104的影响，最大程度保持通行，拆除旧桥和施工新桥门洞时采用单跨施工，先封闭临近施工跨的两车道，将车流导改至保通路和G104剩余的两车道，半幅施工完成后再导改到另一侧剩余车道进行剩余跨施工；施工期间泰安至曲阜方向新建临时保通路对G104双向四车道保通，导改路入口位于河北特大桥桥位以北约73m处，出口位于河北特大桥桥位以南约24m处，总计导改长度约为135m，跨越段现场情况如图3.3-3、图3.3-4所示。

图 3.3-3 河北特大桥右幅道路

图 3.3-4 河北特大桥道路两侧

在导改前相应位置设置施工告知牌和导改公告,以便车辆及时正确规划行车路线。施工保通路,布设导改交通设施,将泰安至曲阜方向车流导流至新建保通路,施工完一跨后,将曲阜至泰安方向车流导流至施工完成侧最外边车道进行保通,泰安至曲阜车流仍在新建保通路上通行,封闭其余车道,进行第二跨拆除,并在距离施工路段改道起点600m处设置警告区,依次设置各种行车提示标示牌,并安放水马等安全防护设施。导改期间发生突发应急事件需要分流交通时,通过交警部门协助,果断处置,紧急分流,尽快通行。河北特大桥拆除G104导改图如图3.3-5所示。

待拆桥完成后及时恢复,其间发生突发应急事件需要分流交通时,通过交警部门协助,快速反应,果断处置,紧急分流,尽快通行。根据交通导改要求,并结合现场保通环境,在最大化保证行车安全的情况下,对G104采用主线全封闭施工,主线两侧新建临时行车道,以双向四车道、车道宽度3.75m,两侧非机动车辅道宽2.5m的形式保通,路面结构采用20cm厚C30混凝土。曲阜至泰安方向导改口位于土门特大桥桥位前约60m处,泰安至曲阜方向导改口位于土门特大桥桥位前约90m处,总计导改长度约150m,跨越段现场情况如图3.3-6所示。

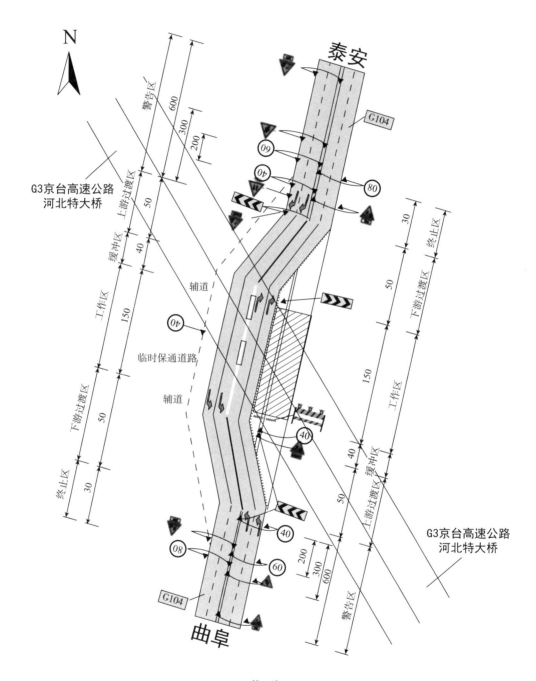

a) 第一跨

图 3.3-5

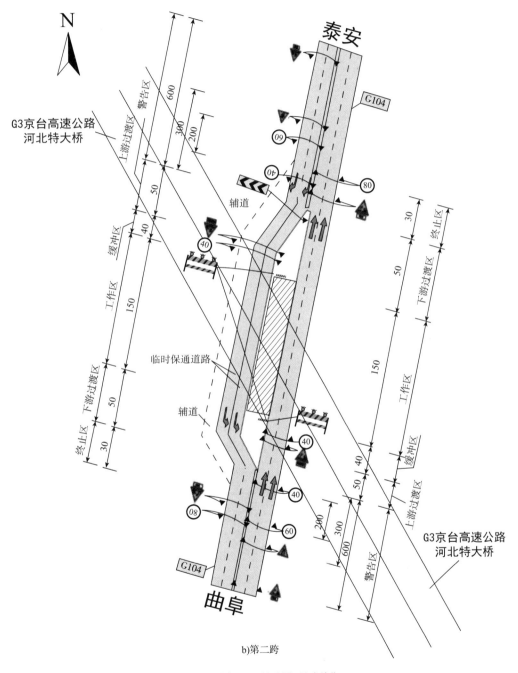

b) 第二跨

图 3.3-5 拆除 G104 导改图(尺寸单位:m)

图 3.3-6　土门特大桥跨 G104 全景图

布设导改交通设施,两侧外扩 50m,对主线道路全部封闭,将车流导改至主线两侧临时保通道路,并在距离施工路段改道起点 600m 处设置警告区,依次设置各种行车提示牌,并安放水马等安全防护设施。导改期间发生突发应急事件需要分流交通时,通过交警部门协助,果断处置,紧急分流,尽快通行。土门特大桥跨 G104 桥梁拆除导改图如图 3.3-7 所示。

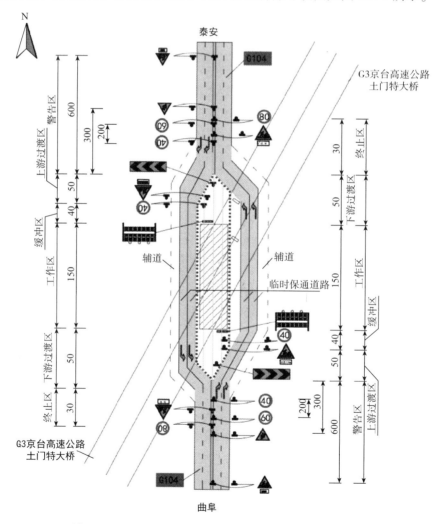

图 3.3-7　土门特大桥跨 G104 桥梁拆除导改示意图(尺寸单位:m)

待拆桥完成后及时恢复,其间发生突发应急事件需要分流交通时,通过交警部门协助,快速反应,果断处置,紧急分流,尽快通行。

河北特大桥跨 S801 采用半幅封闭施工,土门特大桥跨云亭大道及四坡路现浇梁门洞施工计划采用全封闭施工,待门洞施工完成后恢复交通。为方便车辆选择合适路线及时绕行,及时提前发布公告信息,并在封闭相关路口前安装提示标志标牌,封闭期间禁止社会车辆通行。河北特大桥跨 S801 施工示意图如图 3.3-8 所示。

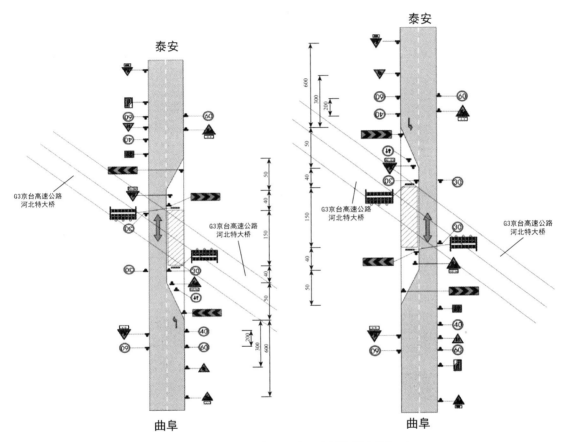

图 3.3-8　河北特大桥跨 S801 施工示意图(尺寸单位:m)

# 三、改扩建桥梁扩-缩孔段交通组织

## (一)桥梁扩孔段交通组织

第一阶段前期(准备阶段):桩基础施工,预制上部和盖梁。在边坡处构筑基础施工平台,注意减少对老路基的扰动,保证高速公路行车安全;该方案桥墩位置的墩柱采用钢护筒下放跟进至设计桩基顶以下 30cm 的位置,以保证后期规划路开挖后墩柱的质量,采用水下 C40 水下混凝土,钢护筒保留不予拆除;柱式桥台位置按常规桩基施工,混凝土采用水下 C30。压缩 A 幅应急车道宽度,拆除 A 幅外护栏,设置临时护栏;在保证边坡稳定的前提下(尽量减少开挖),开挖出盖梁空间,安装或现浇盖梁。第一阶段前期(准备阶段)示意图如图 3.3-9 所示。

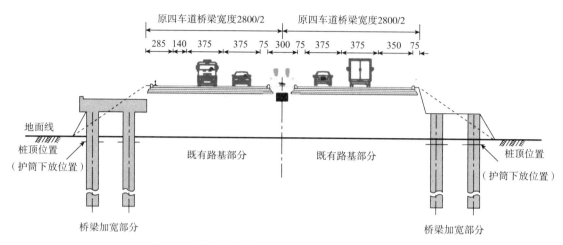

图 3.3-9　第一阶段前期(准备阶段)示意图(尺寸单位:cm)

第一阶段后期:吊装 A 幅上部结构梁板,凿除搭接部分面层和基层至横向搭板设计底高程并回填路桥搭接处土方做临时小边坡防护,路桥横向搭接部分现浇 2.0m 宽搭板搭接。注意路桥搭接处边坡土不要侵占矮 T 梁,后期要将盖梁上的土清扫干净。第一阶段后期示意图如图 3.3-10 所示。

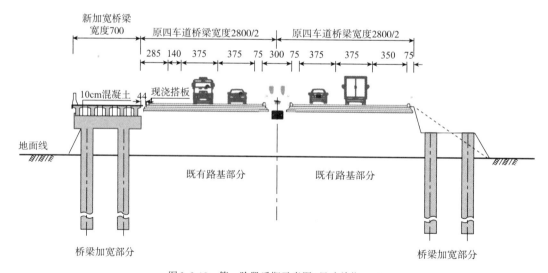

图 3.3-10　第一阶段后期示意图(尺寸单位:cm)

第二阶段:横向交通调流,A 幅双向四车道通车。施工 B 幅,完成 B 幅原路基开挖、桩基施工、下部和上部安装、桥面铺装和护栏安装等整体施工。注意中央分隔带处通信管道的保护,并尽量减少对 A 幅路基的扰动,保证 A 幅高速公路行车安全。第二阶段示意图如图 3.3-11所示。

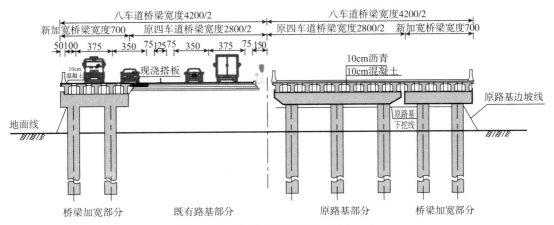

图 3.3-11　第二阶段示意图(尺寸单位:cm)

第三阶段:横向交通调流,B 幅双向四车道通车。补充施工 A 幅,依次完成 A 旧路基的开挖(至满足基础施工高度)、路桥连接横向搭板拆除、基础施工、下部安装、上部安装及桥面系等整体施工。第三阶段示意图如图 3.3-12 所示。

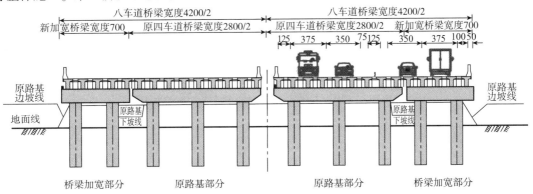

图 3.3-12　第三阶段示意图(尺寸单位:cm)

建成阶段:挖除桥下旧路堤至现状地面线,交安设施施工,双向八车道通行。建成阶段示意图如图 3.3-13 所示。

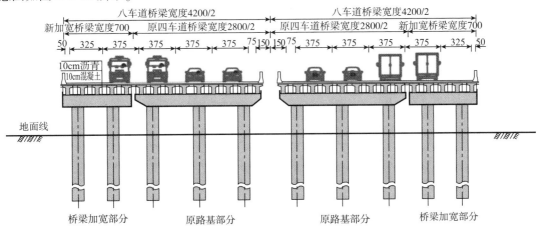

图 3.3-13　建成阶段示意图(尺寸单位:cm)

## (二)桥梁缩孔段交通组织

第一阶段前期(准备阶段):清理旧桥前四孔拼宽范围内桥下和桥侧地表,并处理范围内排水设施。既有桥梁部分正常通车运营,填筑 A 幅老桥前四孔路基至设计高度。第一阶段前期(准备阶段)示意图如图 3.3-14 所示。

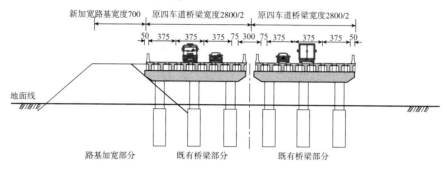

图 3.3-14　第一阶段前期(准备阶段)示意图(尺寸单位:cm)

第一阶段后期:既有桥梁部分正常通车运营,拆除 A 幅外护栏,设置临时护栏,浇筑 6.5m 宽路桥横向联系搭板,施工:①拼宽部分路基面层和基层;②施工拼宽部分护栏。第一阶段后期示意图如图 3.3-15 所示。

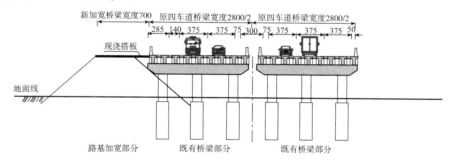

图 3.3-15　第一阶段后期示意图(尺寸单位:cm)

第二阶段:横向交通调流,A 幅双向四车道通车。施工 B 幅,拆除 B 幅前四孔老桥,施工 B 幅老桥前四孔范围内路基路面工程至设计要求,完成铺装和护栏安装等整体施工。第二阶段示意图如图 3.3-16 所示。

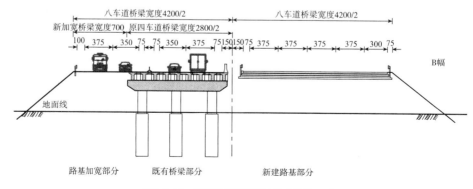

图 3.3-16　第二阶段示意图(尺寸单位:cm)

第三阶段:横向交通调流,B幅双向四车道通车。拆除A幅桥四孔部分老桥,凿除A幅路基加宽部分,重新铺筑A幅路基至设计要求,施工中央分隔带,最后完成铺装和护栏安装等整体施工。第三阶段示意图如图3.3-17所示。

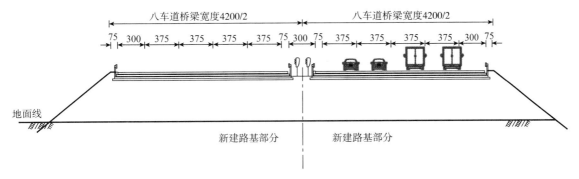

图3.3-17　第三阶段示意图(尺寸单位:cm)

建成阶段:交安设施施工,双向八车道通行。建成阶段示意图如图3.3-18所示。

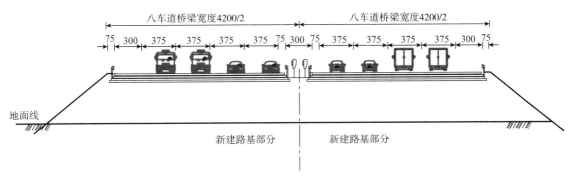

图3.3-18　建成阶段示意图(尺寸单位:cm)

# 第四章

# 管理强质,质量管理科学化

提高工程质量,坚持"百年大计、质量第一",全面推行精细化、标准化管理,不断完善质量管理体系,推动工程质量水平不断提高,确保京台高速公路泰枣段工程质量达到国家和行业先进水平。本项目施工内容包括桥涵、路基、路面及交叉工程。施工时,保证既有高速公路双向四车道通行以及转序节点按计划进行是本项目的重点。

## 第一节 质量管理体系

建立"政府监督,法人管理,社会监理,企业自检"的四级质量保证体系,实行项目法人管理、监理单位控制、设计与施工单位保证和政府监督相结合的质量管理体系。项目各参建单位必须建立健全质量管理机构,各参建单位项目经理、(总)监理工程师为各自管段的质量管理第一责任人,各参建单位必须设置专门的质量管理部门和专职质检工程师,各参建单位质量管理部门以及人员均受项目公司(项目办)和质量监督部门的监督。同时,各参建单位还必须建立健全质量管理体系和制度,努力消除工程质量通病,杜绝重大质量风险,保证分项工程质量合格率达到100%,项目交工验收工程质量评定为合格;竣工验收工程质量达到优良,争创省部级和国家级优质工程。

各参建单位均应成立以主要负责人为组长的质量管理领导小组,明确质量负责人,制定符合工程实际、切实可行的质量管理措施。建立完善的质量岗位责任制和质量管理控制体系(包括人员机构、规章制度、检测设备、手段和持续改进措施等)。确定体系工作原则、方法,制定工作流程。质量管理领导小组人员在工程建设期间,未征得项目公司同意,不得随意更换。

工程开工前,向有管辖权的质量监督部门办理工程质量监督手续,组织设计交底。加强合同履约管理,施工单位应严格按投标文件承诺的主要管理人员和施工设备足额到位,并严格控制工程分包和劳务队伍的选择,监理工程师要不定期对施工单位进行全面检查,防止以提供劳务的名义非法分包工程或采取挂靠的方式承揽工程。

为施工单位及时提供能满足工程进展需要和施工计划的工程永久用地和良好的施工环境。支持监理工程师严把工程质量关,同时督促监理工程师对所有施工环节进行有效控制。接受质量监督部门对工程质量的监督检查,对检查中发现的质量问题和质量事故隐患要求施工单位和监理工程师及时处理,较大问题要及时进行通报。施工过程中,设计单位应及时委派设计代表并经常深入施工现场,积极协助施工单位解决和处理工程中出现的与设计有关的技术难题和质量问题。

建立定期的质量检查、不定期的质量抽查或巡查制度。施工单位应建立完善的自检和质量保证体系,监理工程师、施工单位必须按规定频率进行抽检、自检试验。贯彻执行国务院《建设项目环境保护管理条例》,加强工程的环保监督管理工作,检查有关水土保持的措施,确保工程环保的质量,审查公路的排水系统及对区域水利的影响,并对不合理部分予以调整。建立质量评比和奖罚制度,开展树立样板工程、精细化施工等活动,定期召开工程质量会议,选择工程质量好和质量差的典型工点召开现场评议,在全线建立工程质量竞争机制,充分调动参建者的积极性和主动性,确保质量目标的实现。

## 第二节 质量管理职责

### 一、建设单位的工程质量管理责任

配合前期工作部门编制项目招标文件,在项目专用合同条款、技术规范中逐一明确质量管理、技术标准、施工工艺、验收规定、支付条款、奖励、违约处罚等方面条款,以规范从业单位质量管理行为。

严格按国家招投标有关规章制度进行工程招标、评标、定标,选择具有相应资质等级、信誉良好的工程勘察设计、施工、监理、试验检测及材料供应单位,为质量管理提供根本保证。建立健全项目质量管理体系,落实项目管理制度,根据项目特点制定质量管理办法或细则,全面落实各级管理人员以及各从业单位的质量责任,制定质量奖惩办法,并贯彻执行。补充技术标准和补充质量要求,及时发出相关指令。

督促咨询、设计、监理、施工及试验检测机构等各方建立健全质量管理体系,检查其资质和人员履约情况,在招标工作完成后应立即向山东省交通质量监督站办理质量责任登记表备案,落实各方质量管理责任及各项质量管理制度,检查各参建方的质量管理资料,考核项目质量管理体系运行的情况。对勘察设计单位的勘察设计质量进行全过程跟踪管理,并组织对全线地勘资料进行外业验收,确保勘察深度满足规范要求,特别是复核复杂地质条件下的地勘资料,以减少因勘察深度不足造成的设计缺陷或设计质量问题。

项目开工前,组织参建单位实地核实设计成果,包括但不限于工程数量、特殊地质、重点分项工程及沿线已有构筑物影响等,及时发现设计存在的问题并提出处理意见。组织开展施工组织设计及专项施工方案等文件的审核。负责审查各专业工程施工技术方案的质量保证措施是否满足工程质量标准要求,检查施工技术质量措施的实施情况,抓好重难点工程、技术复杂工程和关键工序的质量控制工作,组织或参与工程质量检查和工程质量事故的调查处理。

对各参建单位的实验室和试验检测工作进行检查、监督和管理。积极开展各种质量管理活动;制定工程质量创优规划;对勘察设计、施工、监理、试验检测等从业单位的质量保证体系实行动态检查,组织对工程施工质量开展日常巡视、检查、评比;督促实施工程班组首件认可制;组织工程质量大检查,进行质量评比,根据评比结果进行奖惩,并全线通报。负责采购物资设备的招标和质量控制,审查供应商的资质及质量保证能力,检查和督导施工及监理单位对进场物资设备按有关规定进行检验与试验,组织并参与因物资设备质量问题而造成的工程质量事故的调查处理。

不定期召开质量管理、技术研讨等专题会议,开展质量及技术攻关活动;组织对路基、桥涵、隧道、路面、房建、机电、交安设施及绿化等专项工程质量检查。根据工程需要变更、完善和优化设计;补充技术标准和补充质量要求,及时发出相关指令。对检查发现的质量问题及发生的质量事故,要求并督促从业单位限期整改,按照有关约定或管理办法对从业单位进行违约处理,并将整改及处理情况及时反馈上级单位。上级单位负责检查参建单位质量信息档案的建立;负责管辖范围内各参建单位质量信誉评价的具体工作;负责按照《公路工程竣(交)工验收办法》的有关规定,组织或配合集团公司、交通主管部门做好交(竣)工验收工作。

## 二、勘察设计单位的工程质量管理责任

勘察设计单位必须建立健全勘察设计质量责任制和质量保证体系,明确各阶段的责任,保证设计文件内容和深度达到合同要求,文件内容真实、准确、完整,满足工程建设质量管理要求,并在设计过程中遵循以下原则:

严格遵循国家有关法律法规、合同文件和专用技术标准,以安全、适用、耐久、经济、美观、环保、先进为总体要求,按需求引导设计的原则展开设计工作,实现工程设计的经济效益、社会效益和环境资源效益和谐统一;充分借鉴和应用先进、成熟、可靠技术与经验,优先采用通用标准图;加强科技研究,提高项目科技含量;全面比选、精心设计,确保施工可实施性;积极处理好与相关行业及利益相关者的关系;设计中的重要构筑物、部件管线、设备设施以及预留、预埋设施必须统一编号和统一标识,便于管理和维护。

在工程施工前,按要求向其他参建单位进行设计技术交底,详细说明工程设计意图,解析有关设计文件,明确施工注意事项。在工程建设过程中,符合合同约定要求的设计代表驻现场指导和配合施工,要及时配合项目公司解决施工中出现的勘察、设计问题,完善和优化勘察设计,按规定办理变更设计;根据现场工程需要,勘察设计单位应及时派遣有关技术人员协助项目公司做好重大技术方案的咨询、评估论证和实施工作。

勘察设计单位代表须参加重点工序和重点隐蔽工程的检查及验收,根据项目公司要求对工程质量是否满足设计要求提出验收意见。勘察设计单位须参加工程质量事故分析,提出相应的技术处理方案,配合项目公司完成整改。在相应招标文件的基础上,根据勘察设计规范要求,制定事先指导书和勘察工作大纲等;根据设计工作计划,提出勘察各环节完成的工程量、时间安排、人员及设备安排等,报项目公司批准后严格遵照实施,并根据项目公司要求定期上报实施进度。合理处理设计及施工过程中相关专业交叉工作对接问题。

接受项目公司对勘察工作的管理,接受监理人的勘察现场管理与技术管理,接受咨询单位对勘察成果的审查,提供成果初审、成果审查所需的文件。依法依规办理勘察进场的相关手续,采取切实可靠的措施保证作业安全,做好职业健康、环境保护工作。完成勘察后,提交适用

于设计施工的勘察报告,对勘察成果的质量负责,提供配合施工的后续服务。应根据工程特点及有关要求,将大型桥梁、复杂地质隧道、特殊边坡、"四新"技术应用等重难点工程的设计作为重点,从控制地勘质量、加强现场调查、细化设计文件、现场配合施工等方面做好设计质量的管理工作。

设计单位应针对项目的特点、难点编制《关键工作专项技术大纲》,明确项目关键工作、工作目标、工作思路、技术路线、责任人、实施计划、保障措施及考核标准等。项目公司及咨询单位将针对关键工作明确责任人并进行专项督导、检查及考核。设计单位应针对已有工程中存在的普遍性问题提出有效处理方案,可结合专项研究试验提出防范手段和措施,从源头上控制质量问题的出现。

设计单位完成的设计文件,均应接受各级部门审查,主要包括咨询单位审查和主管部门审查及行业审查。设计单位应对审查意见认真研究,逐条落实,及时书面答复审查方及项目公司。对于设计过程中遇到的重大技术问题,或者出现与设计原则、技术要求有重大偏差的情况,设计单位应向项目公司及时书面报告,有关回复及报告由项目公司(项目办)报建设管理集团。项目公司及咨询单位根据工作进展情况对设计工作进行质量检查,检查结果将作为考核及履约信用等级评价的依据。

## 三、监理单位的工程质量管理责任

监理单位必须认真贯彻执行有关施工监理的各项法律、法规和行业标准、批准的设计文件及有关合同文件,在签订的监理合同授权范围内,代表项目公司对工程施工质量进行实时控制,承担监理责任。监理单位必须制定详细的监理工作大纲、监理计划和监理实施细则,明确岗位职责,建立健全质量管理规章制度和工程质量监理措施,指出工程重点、难点,施工技术特点及监理工作重点,用以指导各项监理工作,并报项目公司审批。监理单位必须认真审查承包人的施工组织设计、开工报告、分包单位资质、进场机械数量及性能、投标承诺的主要管理人员及资质、质量保证体系、主要技术措施等,提出意见和要求,并检查整改落实情况;监督合同中有关质量标准、技术要求的实施情况。

项目开工前应组织承包人认真审核设计图纸,特别是桥隧等重要结构物平纵面参数并实地校核,同时逐项核实设计工程量、技术要求及有关专项方案等,提出监理重点、难点及拟采取措施,对设计差错或现场不符等问题及时上报项目公司进行处理。对进场材料的质量严格把关,做好验证试验及质量抽检工作。按要求完成监理单位工地试验室的建设,及时向省交通工程质量监督站办理工地试验室备案手续,按规定频率独立做好质量抽检工作。

监理单位必须严格执行国家法律、法规、技术标准、规范,以及工程专用技术标准,接受集团公司、建设管理集团、项目公司(项目办)的监督检查,不得与被监理单位发生经营性业务关系,不得营私舞弊,损害项目公司(项目办)或承包单位的利益。采取旁站、巡视、抽检和平行检验等形式,按作业程序及时到位进行检验,对达不到质量标准的不得签字。对重要部位、关键工序、隐蔽工程进行全过程的旁站和百分之百的独立试验检测,并拍摄照片和录像。严禁承包人代检或直接利用承包人的试验检测数据。

监理单位应将关键工序和特殊过程作为监控重点,对施工方案的审查、过程实施、检测检验等各个环节加以严格控制。负责落实和指导承包人开展工程首件认可,并组织相关单位进行评比、验收及推广。对检查中发现的质量问题进行跟踪检查,提出整改要求,避免类似问题发生,监督承包人落实整改并进行复查,同时书面上报项目公司。按规定做好监理记录、监理日志等资料的整理、归档,督促承包人做好施工记录及资料的归档工作,监理资料严禁由承包人代替完成。按有关规定参加工程质量事故调查与处理,对因监理原因造成的工程质量事故承担相应责任;参加工程交工验收、缺陷修复及竣工验收工作。

## 四、施工单位的工程质量管理责任

施工单位应当依据有关工程建设的法律、法规、规章、技术标准、规范、设计文件和施工合同组织施工,并对其施工的公路工程质量负直接责任。施工单位必须按照投标承诺及合同约定,设置现场施工管理机构,配备符合要求的项目经理、技术负责人和质检负责人并明确其责任,上述人员未经项目公司书面同意不得随意更换;不得将工程转包或者违法分包。施工单位应建立施工质量保证体系,设置项目质量管理机构,明确分管领导,按照合同和工程管理要求配备专职工程质量管理人员,建立质量责任终身制,强化质量管理,严格工序管理,做到全方位、全过程质量管理。制定和完善岗位质量责任及考核办法,建立工地实验室,加强施工过程中的自检和工程交接工作。上道工序不合格,下道工序不准施工;现场质检原始资料真实、准确、可靠并签署完整,不得追记、复印、涂改,接受质量检查时应当出示资料原件;对已完成的分项工程应当报请监理工程师验收签认。

施工单位必须按照投标承诺及合同约定,设置符合规定和满足施工需要的工地试验室,配备满足施工要求的检查和试验设备,配足配齐有相应资格的试验检测人员,及时向山东省交通工程质量监督站办理工地实验室备案手续。根据备案批准的范围对用于本工程的原材料、构配件、设备及工程实体等进行检测试验。应当通过组织试验段、首件工程,总结施工经验,指导规模生产。分项工程施工现场实行标识牌管理,标识牌应当标明该分项工程的作业内容、施工工艺和质检要求,施工及质量负责人姓名等。施工单位必须严格按照设计文件和施工规范施工,开工前需对设计图纸进行会审,对有关设计参数进行复核,对软基处理、结构物、取(弃)土场等设计须进行现场核对,发现问题及时以书面形式通知监理单位和项目公司。施工单位应按投标约定组织符合要求的设备及人员进场,设备及人员进场前应将设备参数及人员资质报监理审查及考核,经项目公司书面批复后组织进行。进场人员必须实施人员培训上岗制度,未经培训并考核合格的人员,不得上岗,特种作业人员必须持有特种作业证上岗。

在开工前,应将工程(序)质量保证措施(方案)报监理单位审批;重点(关键)工程质量保证措施应报总监审批后实施,并报项目公司备案。根据项目公司提出的创优计划开展创优工作。主要材料的采购、生产应向监理单位和项目公司进行核备。施工单位为原材料进场管控"第一关",对进场原材料的质量负直接责任,须建立一套完备的自检体系,确保合格材料用于实体建设。在开工前,应根据《公路工程质量检验评定标准》规定,结合工程特点,对单位工程、分部工程、分项工程和检验批按规定进行划分和细化,并逐级报批后执行。

施工单位在每道工序完成后,要及时报告监理工程师到场进行检查和签字认可。凡《公路工程质量检验评定标准》中规定需要设计人员参加的工序检查,应由监理工程师会同设计人员一并参加。未经监理工程师和设计人员检查、签认，不得进行下道工序施工。施工单位应在隐蔽工程工序开工前及完工后进行现场实拍成像，实拍图片应能真实显示工序开工前的原始状态、过程中及完工后的质量状态，并能有效说明质量关键点的控制情况，工程图片应保证图片清晰、角度合理、数量足够，能真实反映局部及全景并附有具体成像时间。同时应做好工程图片的收集、整理和保管工作，以备检查。

结合现场实际，制定详细的施工现场管理办法和制度并实施，具体负责管段内施工现场的日常管理工作。对关键工序和特殊过程进行重点监控，明确岗位责任、建立奖罚措施，确保关键工序和特殊过程工程质量得到有效控制。施工单位应重视质量通病的治理，预防重大工程质量风险，防止工程质量事故的发生。发生工程质量事故后，承包人必须按照规定及时报告，并立即采取有效措施，防止事故扩大，保护事故现场，协助事故检查。对因施工单位原因造成的工程质量事故承担直接责任。应按规定做好质量技术资料的收集、整理和归档，保证竣工文件真实、完整。对缺陷期内的工程质量负责，履行相应的保修责任。

### 五、中心试验室工程质量管理责任

加强总监办中心试验室的建设与管理，严格执行有关试验规范、规程，中心试验室除承担验证试验、标准试验及部分抽检试验外，还必须起到监督、指导监理单位工地试验室、施工单位工地试验室的作用，规范施工和监理过程的试验检测行为，对整个项目的试验检测工作进行统一的规划和管理，统一整个项目的试验检测技术标准、操作流程、记录表格、报告格式、试验检测台账及档案资料管理等要求。

组织对整个项目的试验检测工作人员进行培训和考核，并颁发培训合格证明。试验检测单位的抽检频率必须符合技术规范和试验规程及合同文件的有关规定。试验检测单位必须对检测结果和资料的真实性、准确性负责。试验检测单位须参与工程质量问题和事故的调查工作，做好相关的试验检测工作。

参与阶段性工程验收工作，做好相关的试验检测工作。定期对试验检测结果进行统计分析，编写试验检测月报。及时将试验检测结果和报告录入工程综合管理信息系统，由专人负责管理监理试验检测专项档案，便于查找和使用。根据项目公司安排，为科研单位、设计单位、咨询单位提供试验检测服务。根据项目公司要求，对进场物资、设备和工程实体质量进行随机抽检。对混凝土配合比、沥青混合料配合比、改性沥青指标、材料标准重度测试等标准试验进行平行验证。组织对试验检测工作事故进行跟踪落实，并提出整改措施。完成项目公司安排的其他试验检测任务。

## 第三节 质量管理制度

### 一、工程质量责任登记制度

公路工程质量责任制是质量管理的一项重要制度，是建设各方主体贯彻落实公路工程有关法律、法规、规章、强制性技术标准以及履行工程合同的重要保证,也是提高工程质量、预防和遏制质量事故的有效手段。

各单位在签订工程合同后必须按分部分项工程划分如实填写清单,签字盖章并上报项目公司(项目办)备案,填写单位应对填写资料的真实性负责。各从业单位驻工程现场机构应在现场驻地和重要的分部、分项工程施工现场设置明显的工程质量责任登记公示牌。

## 二、工程质量会议制度

各从业单位应实行定期质量总结会议和各项专题质量会议制度。各单位内部质量总结会议和专题质量会议应根据工程施工情况结合技术交底按时举行,参会人员应包括项目负责人、技术负责人和一线施工班组人员,会议要形成会议纪要并存档。监理与施工单位的质量总结会议一般按月的时间间隔举行。

质量总结会议应全面总结施工以来和当前存在的质量问题和质量隐患,有针对性地采取质量改进措施、监理控制措施解决存在的问题;质量专题会议要对专题进行讨论研究,深入细致地分析问题,集中专业力量提出可行性和有效的技术控制方案。项目公司按月(季)度召开质量总结会议,各参建单位项目负责人、技术负责人、质量管理部门负责人和专职质量管理人员必须参加会议,不得无故缺席。监理单位应结合月度施工例会组织承包人召开质量总结会议,会议应通知项目公司(项目办)相关部门参加。

## 三、工程质量举报制度

各项目公司(项目办)必须实行质量举报制度,举报对象为各项目的从业单位和有关人员,举报内容主要是建设工程中存在的各种工程质量弄虚作假行为、各种违反技术规范或标准的行为、工程质量隐患、工程质量事故等。

举报可采用书面文字、电话或电子邮件形式,举报材料应包括但不限于文字材料、相关数据或报告、照片及举报人有效联系方式等。各项目公司(项目办)应在项目公司(项目办)、监理单位、施工单位的驻地,及重点工程施工现场等场所醒目位置公布工程质量举报联系方式。举报人如实举报受法律保护,同时根据举报事实情况给予奖励。

## 四、工程质量文件记录制度

质量管理记录是质量责任追溯的依据,应真实可靠。各类现场施工记录、工序验收、试验检测数据等质量文件应妥善保管,特别是各类施工工序检查验收记录,应详细记录当时检查验收及签认情况,以便追溯参建各方的质量管理责任。

## 五、原材料、半成品管理制度

施工单位必须对各种原材料、半成品分类建立进场登记台账,包括水泥、砂、石、钢材(线材)、沥青、锚具、支座、伸缩缝、减水剂、粉煤灰、矿粉、塑料排水板、土工格栅、防水层等。登记台账应包括以下信息:材料(半成品)名称、规格、生产厂家、品牌、生产日期、批次、合格证号、质保单编号、进场数量、使用部位、自检取样数量、进场签证监理(仅证明进场数量及批号)、自检结果及试验报告编号、报验单编号及上报日期、报验单批复日期。所有原材料、半成品进场时须提前半日通知驻地监理签认(仅签认到场数量和批号),需抽样检验的,应在监理人员见证下取样自检(必要时须同时送检),监理也应同时按照抽检频率抽取相应试样。

驻地监理也必须同时建立材料进场登记台账。登记台账应包括以下信息:材料(半成品)名称、规格、批次、使用部位、生产厂家、品牌、生产日期、合格证号、质保单编号、进场数量、抽检取样数量、抽检结果及试验报告编号、报验单编号及上报日期、报验单批复日期。各施工单位工地试验室应分类建立原材料检验台账,该台账应与进场台账相对应。原材料试验报告中应标明经检验的原材料拟用的工程部位(或分项工程)。原材料试验台账应包括以下信息:材料(半成品)名称、规格、生产厂家、品牌、生产日期、批次、合格证号、质保单编号、进场数量、使用部位、自检取样数量、自检取样见证监理、自检结果及试验报告编号。

经自检合格的原材料、半成品,须报请驻地监理工程师审批同意后,方能投入使用。经自检或抽检不合格的材料,监理单位必须督促施工单位清除施工现场,并在材料进场台账中注明具体情况。监理工程师应认真做好材料的平行试验检测工作。抽检由驻地监理工程师通知试验监理工程师现场随机取样,样品要具代表性且由施工单位试验工程师、驻地监理现场签字。抽检样品应一式两份,一份检验,另一份留样,留样样品宜保留不少于三个月。监理中心试验室要对各施工单位的原材料抽检试验分别、分类建立台账。抽检试验台账应包括以下信息:材料(半成品)名称、规格、生产厂家、品牌、生产日期、批次、使用部位、抽检取样数量、抽检结果及试验报告编号。

各施工单位要对投入本工程的常用重要材料(水泥、钢筋、钢绞线、沥青、锚具、支座、伸缩缝等)填写登记表,按月由建设单位汇总后上报主管质监部门备案。各监理及施工单位应将常用重要材料登记表作为质检资料编入竣工资料。原材料、半成品进场及使用情况要及时录入信息管理系统。主管质监部门对进场的常用重要材料实行抽检制度。各施工、监理单位应指定专人负责落实此项工作,认真组织,密切配合。原材料、半成品质量控制程序框图如图 4.3-1 所示。

## 六、工程质量事故报告和处理制度

### (一) 工程质量事故的分类

根据直接经济损失或工程结构损毁情况(自然灾害所致除外),公路水运建设工程质量事故分为特别重大质量事故、重大质量事故、较大质量事故和一般质量事故四个等级;直接经济损失在一般质量事故以下的为质量问题。

特别重大质量事故,是指造成直接经济损失 1 亿元以上的事故。

重大质量事故,是指造成直接经济损失 5000 万元以上 1 亿元以下,或者特大桥主体结构垮塌、特长隧道结构坍塌,或者大型水运工程主体结构垮塌、报废的事故。

较大质量事故,是指造成直接经济损失 1000 万元以上 5000 万元以下,或者高速公路项目中桥或大桥主体结构垮塌、中隧道或长隧道结构坍塌、路基(行车道宽度)整体滑移,或者中型水运工程主体结构垮塌、报废的事故。

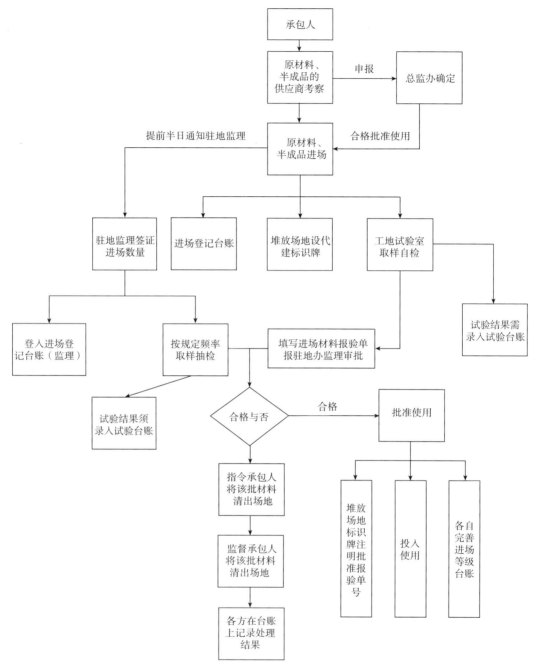

图 4.3-1 原材料、半成品质量控制程序框图

一般质量事故,是指造成直接经济损失 100 万元以上 1000 万元以下,或者除高速公路以外的公路项目中桥或大桥主体结构垮塌、中隧道或长隧道结构坍塌,或者小型水运工程主体结构垮塌、报废的事故。

(二)工程质量事故处理流程

项目公司(项目办)及运营养护单位在工程质量事故发生后,根据《关于规范公路水运工程质量和安全事故统计报表填报要求的通知》相关要求,要在规定的时间内以书面形式将事故快速上报各有关单位。

建设管理集团根据已发生的质量事故,联合各相关单位成立质量事故调查小组,调查质量事故发生的原因及相关责任人等,根据调查情况提出处理方案。

根据质量事故性质,按规定程序进行整改。质量事故的处理,不允许降低质量控制标准、质量验收标准以及使用要求。质量事故的整改方案须经建设管理集团组织有关单位及人员审查批复后实施,无特殊情况任何单位及个人不得擅自整改处理。各项目公司(项目办)组织整改完成后,应书面上报整改完成情况。

质量事故处理实行"四不放过"原则:事故原因未查明不放过;事故责任人未处理不放过;整改措施未落实不放过;相关人员未受到教育不放过。

## 第四节 项目建设各阶段质量控制

### 一、设计阶段质量控制

#### (一)设计质量控制方法

设计阶段质量控制,主要是委托设计咨询单位对设计过程的投资、进度和质量三大目标进行有效控制;提出总投资、总进度和质量目标;要求设计单位拟定规划设计大纲,同时跟踪设计是否控制在投资限额之内,是否能够满足设计质量和进度要求。

为加强对工程设计质量的管理,减少施工阶段工程变更,应着重控制以下几个方面:委托有资质、有经验的咨询单位对项目各阶段设计工作进行把关,组织工程技术人员参与外业勘察及设计跟踪;组织复测测量控制网、桥隧、涵洞及重要结构物实地放样复核;对技术复杂的隧道、桥梁等项目聘请专家进行评审,以保证整个项目的设计质量。

在设计单位按要求完成各个阶段的工作并提交成果后,组织有关单位和各方面的专家进行评审,将审核意见汇总给设计单位,要求设计单位按审核意见落实和完善设计工作。设计文件经审查批准后,不得任意修改。

#### (二)初步设计

初步设计阶段主要控制项目路线的走向、平纵线形、路基、路面及排水、桥梁、涵洞、隧道、路线交叉、交通工程、沿线设施的建设位置和规模、设计原则、标准采用,以及对筑路材料的料源勘探和调查等内容。设计单位根据环保选线、地质选线及投资选线和打造智慧高速公路等原则进行多方案的比选,确定最优方案,编制设计概算。

#### (三)施工图设计

在施工图设计阶段,要求设计单位依据初步设计及其评审意见,进一步对设计方案、技术方案加以具体和优化,确定各项工程数据,提出文字说明和适应施工需要的图表资料以及施工组织计划,并编制出施工图预算。

设计单位提交完善的设计成果后,在正式开始施工前,应向监理工程师和承包人进行设计交底,并就承包人和监理工程师提出的设计疑问进行答疑;对施工图会审提出的图纸错误和疏漏及时更正补充。

### (四)设计变更

在施工过程中派驻设计代表,实时掌握施工现场情况,配合施工并解决施工过程中涉及设计的问题;及时做好动态设计工作,以满足现场施工的需要。立足"安全、质量、进度"三大控制,以打造"智慧高速公路"为总体目标,本着节约投资的原则,鼓励参建各方提出设计优化的建议。为了保证设计的权威性、保证设计质量、落实设计责任,对所有涉及的变更设计都必须经设计单位(或设计代表)签章后出图。

## 二、施工阶段质量控制

### (一)事前质量控制的主要工作

工程开工(批复)前,施工单位必须严格按照监理程序办理开(批复)工报告审批手续。分项、分部工程开工报告中必须对该分项、分部工程质量控制的重点部位和施工工艺、安全措施等进行详细说明并提出相应对策,采取有效措施进行预先控制;对分项、分部工程所用的原材料、外购材料的准备、检验全部符合要求,从源头控制各分项工程的质量,监理工程师进行审查并视审查情况进行签认。

施工单位进场后,应立即组织有经验的工程技术人员会同监理工程师就施工图到现场进行核对,同时对施工图进行技术审查,将发现的问题和疑问形成书面材料经驻地监理工程师审核后报总监办、设计单位和项目公司(项目办),由项目公司(项目办)协调设计单位在施工图技术交底时一并答疑或专项解决。

承包人应做好导线控制桩、结构物定位桩、水准点、三角控制网等复测工作,监理工程师应做好复核、审批工作,确保施工放线的准确性;同时应加强测量仪器、测试设备的维修养护及标定工作。承包人应建立和完善工地试验室设施,配置齐全各种试验仪器(设备)及合格的试验人员,建立健全试验室各项规章制度,按检测技术规范要求完成各项标准试验和现场质量检测试验,确保各项试验数据真实可靠。

承包人必须严格执行技术交底制度。项目公司(项目办)将重点审查承包人技术交底制度的执行情况。交底分总体工程开工技术交底、分项工程开工技术交底、重要工序技术交底、关键质量控制点技术交底。技术交底要形成从上至下的层层交底,交底要有文字记录和人员签认,交底资料要作为重要质量技术档案进行归档。交底内容应包括工程特点、施工部署、任务划分、进度要求、施工方案、施工工艺、主要的机械设备及各项管理措施等;施工方案应有详细设计计算,施工操作工艺应符合相应规范规程要求。严把材料关,承包人对用于永久性工程的工程材料、半成品、成品,进场时必须按验收标准进行检查和验收,不合格的材料坚决不准进场。严格按相关技术规范和标准进行标准试验,各项标准试验报监理工程师批准后方可使用。

### (二) 事中质量控制的主要工作

对于主要管理和技术人员、监理人员的更换,承包人和监理单位都须报项目公司批准,否则将视为违约并按合同予以经济处罚。不允许不称职的技术人员在项目继续负责技术、管理工作,对于施工单位不称职的主要管理和技术人员,监理工程师有权要求更换,项目公司(项目办)核实后清除出场,并责成母体单位限期补充合格人员;对于不称职的监理人员,项目公司(项目办)有权责成监理单位对其进行处罚直至清退,对于职业道德差、存在严重问题的监理人员勒令清退出场。

监理工程师应加强施工过程中的质量管理,重视对各工序的质量控制。除了日常的巡视检查外,监理单位必须独立开展平行检测,且频率不得低于20%,同时要加强对承包人自检频率的监督,必须保证对建设项目重点部位、关键工序、隐蔽工程等的全过程旁站监理。项目公司质量管理人员在日常巡视检查时发现的问题,应通知监理工程师和承包人,责成监理工程师督促承包人进行纠正、整改,立即发出指令限期整改或视情况严重程度要求暂停施工,并根据质量违约的严重程度给予经济处罚;无论承包人是否对处罚单据进行签认,违约情况属实并有影像记录或现场监理人员确认的,处罚均可生效。监理工程师应按整改指令的要求督促承包人执行,并在规定时限内将整改情况书面上报项目公司。

承包人必须严格按设计文件和施工技术规范以及监理工作程序进行施工,严格控制工序施工质量,凡未经监理工程师验收确认或同意就进行下一道工序的,监理工程师均有权要求其返工;项目公司质量管理人员如发现已被覆盖或完工的上道工序的质量验收资料和监理验收资料不全,将对监理单位和施工单位同时进行经济处罚。承包人要重视质量通病的研究和治理,编制项目质量通病防治手册,对高填路基沉降、软土地基超限沉陷、沥青路面早期破损、路面不平整、桥梁伸缩缝不平顺、桥头跳车、防护工程和小型结构物外观质量差、预应力结构管道压浆不密实等质量通病制定预控措施;努力推广使用有利于提高工程质量的先进技术和施工手段,对重要结构部位和隐蔽工程要有质量预控的复检制度,不断改进工程施工质量。

承包人应根据项目公司(项目办)的要求开展首件工程的施工、总结和办理认可。承包人必须重视并积极配合项目公司上级部门和交通主管部门的检查指导,对检查中发现的问题限时整改,并将整改情况及时书面报告。项目公司(项目办)对整改不力的承包人和监理单位将进行经济处罚或要求其上级主管单位更换负责人。项目公司(项目办)采取日常检查、专项检查、季度(月度)综合检查等形式对施工质量进行全面的监督和管理,各项检查结果作为评比和信用评价的主要依据之一。承包人、监理、项目公司应定期组织人员进行质量意识、专业技术和职业道德的教育学习,项目公司将不定期聘请有关方面的技术专家,对承包人的主要管理与技术人员、监理人员和项目公司管理人员进行专业技术培训考试,并组织各参建单位向省内外先进的单位进行现场学习和必要的参观学习。

### (三) 事后质量控制的主要工作

根据政府监督、项目公司指令、监理工程师指令等,承包人安排专人限时整改落实,并逐级上报整改报告,整改报告必须有监理工程师的签证。工程发生质量事故,承包人必须按规定向监理单位、项目公司及有关部门报告,并采取有效措施保护好现场,防止事故进一步扩大,并尽量保护现场原貌(具体办法见工程质量事故报告制度)。充分运用 PDCA [ P( Plan) 计划;D

(Do)执行;C(Check)检查;A(Action)处理]方法提升质量管理水平,持续改进质量管理效果。PDCA循环是提高质量、改善管理的重要方法,是质量保证体系运转的基本方式。

对工程、试验数据进行统计分析,根据数据分析结果对工程质量发展趋势作出判断,并采取相应的措施。缺陷责任期内发现施工质量问题,监理工程师应及时指令承包人进行修补、加固或返工处理;承包人未能按期完成,或故意延误,或对缺陷工程拒不处理的,项目公司有权委托其他单位或个人进行缺陷工程的修复工作,费用从质量保证金中直接支付。

### 三、竣(交)工验收阶段

#### (一)内业资料管理

监理工程师对承包人的各种内业资料要及时进行检查、核实、签证,如施工组织设计、开工报告、试验资料、检测资料、验收资料、施工原始资料等,并要督促检查承包人完善各种内业资料的填写和归档。监理工程师应按照国家、山东省有关档案管理的规定和高速公路竣工资料编制办法,做好监理资料的整理及归档工作;从合同签订到工程竣工验收各环节的资料,严格按照规定收集、整理和归档,确保内业资料的准确、完整、系统。承包人应严格按照国家、山东省有关档案管理的规定和高速公路竣工资料编制办法,及时收集、整理工程各环节的文件资料;现场质检原始资料必须真实、准确、可靠,不得追记,不得涂改,严禁弄虚作假,不得使用复印件,接受监理、项目公司和山东省交通工程质量监督站检查时必须出示原件。

#### (二)竣(交)工验收管理

山东省交通工程质量监督站按照《公路工程竣(交)工验收办法》以及《公路工程竣(交)工验收办法实施细则》的规定抽查项目,在交工验收前进行工程质量检测,竣工验收前对关键抽查项目进行复测,检测结果和复测结果共同作为竣工验收质量评定的依据。交工验收前和竣工验收前项目法人组织参建单位按照《公路工程竣工档案目录》的要求完成文件编制工作。项目各合同段符合交工验收条件后,经监理工程师同意,由承包人向项目公司提出申请,项目公司及时组织交工验收。

建设单位、设计单位、承包人和监理单位应分别编写工作总结报告,在竣工验收时,委派代表向竣工验收委员会报告。竣工验收委员会对参建单位的工作进行综合评价,由竣工验收委员会根据工程竣工验收结果填报"公路工程竣工验收鉴定书",负责组织竣工验收的交通主管部门发文确认。质量监督机构依据竣工验收结论对各参建单位签发工作综合评价等级证书,完成竣工验收工作。

## 第五节 施工程序控制与技术管理

在规章制度和体系建立的情况下,规范地开展施工控制,让施工流程与程序管理、技术管理相结合,让程序控制、技术控制发挥应有的作用,是本节内容的目的。

运用程序控制的目的是使工程各级人员严格执行规范作业和自检、验收的规定,使质量、安全工作达到既定的标准。推行主动控制程序活动,营造有利于质量程序活动的条件,对影响质量的五大原因(即施工操作者、材料、施工机械设备、施工方法和施工环境等),通过切实可行的程序措施进行控制,保持每道工序的正常与稳定。及时查验程序活动的效果和对照标准进行评价,对质量情况进行综合统计与分析,掌握质量动态;及时进行纠偏控制,使连续的程序控制活动对接每道工序,整体成品质量要求针对关键部位、薄弱环节设置程序管理的关键控制点,在一定时期或特殊条件下强化针对性措施,使质量处于受控状态。

## 一、总体和开工管控

开工管理的宗旨是核查投入情况是否按照投标承诺执行,人、机、料的状态是否符合工程的需要和条件,以及技术、方案准备工作是否达到既定的要求,为工程开工提供良好的条件,塑造良好的施工开端。

调整人的行为和责任态度,首先对各级管理、技术、施工人员的生理缺陷、心理活动、技术本领、思想素质等方面进行全面考核,事前应反复交底和提醒注意事项,检查交底效果,以规避产生错误行为和违纪违章现象。以工程规范实施为方向,使程序管理发挥积极作用。注重物的状态,针对不同的施工环境和特点,机具设备的控制对施工质量、安全施工等均较为关键。在具体的程序控制或操作中针对直接相关的状态与可能的效果挂钩检查,提前验证可能造成的结果,特别是加工、安装精度与施工机具或模具(模架),测重测长与计量设备和仪表,危险源与失稳、倾覆、腐蚀、振动、盛具、爆炸、电源等,以及立体交叉、多工种密集作业场合等。做好材料的提前控制,从源头和进场开始,严抓材料的规格和性能,使地材集料、预应力材料、钢筋、水泥、沥青、外加剂等主要和重要的原材料自始至终为工程质量服务,而不是制约和影响工程的质量。加强衔接控制,工序的衔接控制是体现程序全过程管理的重要环节,既要做到技术与工序的融合,也要做好对工序间的技术间歇的时间性控制,使技术化的程序管理促进而不是片面影响质量。典型的如分层浇筑混凝土,应在下层混凝土未初凝时将上层混凝土浇完,使上下成为整体,避免因"冷缝"影响成品质量。

开工申请和报告制度,是落实上述理念和程序管理的重要措施。当施工准备工作完成后,提醒施工单位向监理单位提出工程开工报告,由监理工程师对照现场准备情况进行审查。审查内容主要有施工管理人员、技术人员、安全人员和作业人员是否到位;施工单位质量保证体系、安全管理体系和环保管理体系是否健全,规章制度是否确实可行;机械设备是否已按合同要求到达现场,其数量、功效和性能能否满足要求;原材料备料及供应数量和速度是否满足施工需要;标准试验及各种原材料检测是否完成并满足设计和规范要求;原材料储存场地是否规范;进度目标是否满足合同要求,施工安排是否连续、均衡,进度安排与资源配置是否协调;施工方案的安全可行性(必要时要求提供相关的施工安全验算资料;对结构复杂、施工难度大、容易出现质量和安全问题的施工方案,监理工程师应按规范要求提出是否进行专项审查或提交相关单位进行安全验算和评估的意见);安全生产规程是否全面、可行、切实有效;是否针对本工程的特点和要求对操作工人进行了质量和安全等方面的安全技术交底,并在工程开工报告后附有参加交底会议的一线操作工人签到单。对照开工准备或发现开工报告存在问题的,应及时以书面审查意见要求施工单位予以修改、补充。施工单位按照审查意见予以完善后,监理工程师应及时进行现场复查,满足开工条件后方可批准开工。在工程正式实施前,应按照规定首先进行试验段或首件工程的施工组织和验证工作。

## 二、首件工程控制

### (一)实施必要性

首件工程是劳务班组生产过程中第一个或第一批产品的检验检测控制方法和过程,是保证现场施工质量的首要措施。为了规范现场施工工艺,提高现场作业技术水平,各项目公司(项目办)应严格管控施工单位首件工程,压实各项目施工单位施工班组质量责任。

分项工程全面开工之前,由施工单位申报监理单位批准后进行首件工程(或试验段)的施工,施工结束经评定达到要求后方可进行该分项工程的全面施工。通过实施首件工程样板制度,可以建立某些分项工程形象的、直观的必须达到的标准。实施首件工程认可制度能够更直接地验证施工单位施工方案的可行性,检查施工人员组织情况、施工机械设备等在施工过程中的整体配合效果、所用施工机械作业效果、质量保证体系运转情况、施工方案的可行性、安全制度体系及环保制度体系实施效果等。

### (二)一般要求

"首件工程认可制"以施工标段为基本单位分别进行,凡未经首件工程认可的分项工程,一律不得批量生产。新开工标段和已开工尚未实施的各类分项工程均应执行"首件工程认可制"。

### (三)适用范围

路基工程:软基处理、台背回填、路基填筑、填挖交界、新旧路基连接。
涵洞工程:涵洞、倒虹吸、通道。
桥梁工程:基础、墩台身、梁板预制与安装、上部结构现浇、桥面铺装、防水层、防撞护栏、伸缩缝安装、支座安装。
隧道工程:洞身开挖、喷射混凝土支护、锚杆支护、钢筋网支护、钢拱架支护、二次衬砌混凝土衬砌、防水层、装饰工程。
路面工程:垫层、基层、透层及下封层、沥青混凝土面层、水泥混凝土面层。
防护工程:挡墙、护坡。
排水工程:排水沟、边沟、盲沟、渗沟。
交通工程:防撞护栏、标志、标线、防眩设施。
绿化工程:植草、客土喷播、苗木种植。
房建工程:基础工程、主体工程、混凝土预制、安装、装饰工程。
机电工程:电缆埋设、设备安装。

### (四)明确职责

"首件工程认可制"的评价责任体系应坚持"自下而上,分级负责"的原则,各参建单位应分别承担各自所负的责任。施工单位作为施工主体,是首件工程认可的直接责任单位,对完成的首件工程进行自我评价,编写评价报告。评价报告包括施工工艺、技术指标、自检资料、质量保证措施及责任人。

驻地办承担首件工程的初评职责,提交首件分项工程的监理实施细则、抽检资料、评价报告及监理责任人。总监办承担首件工程的终评和认可职责,负责通过组织召开现场(或专题)会或邀请专家进行评审等措施来评价首件工程的工程质量是否达到优良工程,其工艺技术是否完善及推广。施工单位和监理应根据评审意见进一步完善施工和监理实施方案。在此基础上由监理下达指令,开始批量生产。

### (五) 实施程序

施工单位根据职责划分和总体施工组织计划,对每类分项工程的首件工程制定施工工艺和质量要求,编制首件工程施工方案。除写明分项工程的工程特点、工程部件等内容外,应重点阐述人员、设备准备情况,施工工艺,技术培训和交底及质量控制措施等,报监理单位审批。

监理单位对施工方案认真进行审核,并据此制定相应的监理措施,明确质量目标和监理责任人,书面指令施工单位开始实施首件工程。施工单位应严格按照批准的施工方案进行施工,操作过程中要详细记录操作程序和有关技术指标,修正完善施工方案。监理单位必须对首件工程全过程旁站,做好相应记录;对实施过程中发现的问题,应及时提出可行的调整处理方案,以保证其顺利实施。

首件工程完成后,施工单位应对其施工工艺和质量进行综合评价,提交总结报告。监理单位组织进行检测,验证施工工艺的可靠性、合理性,提出改进意见,形成评审报告;首件工程评审未达到优良工程标准的不得上报,后续同类工程不得正式施工。总监办应负责编制重要分项工程的作业指导书,结合首件工程制度,为施工提供指导,一般应包括以下重要项目:

路基工程:软基处理、路基填筑;
路面工程:基层试验路段、面层试验路段;
桥梁工程:桩基、立柱、梁板预制;
隧道工程:开挖、初期支护、二次衬砌混凝土。

首件工程经评审通过后,施工单位、监理单位应根据评审意见进一步完善施工方案和监理措施等作为最终实施方案。推广首件工程的施工成果和具体要求,规避质量通病,除了样板示范外,采取施工交底是重要的措施。

### (六) 首件工程试验总结的编写与审批

首件工程试验为后续大面积施工摸索经验,树立样板,项目经理、总工要亲自盯岗,认真施工,确保试验成功;驻地办要本着事前监理、主动监理的原则,督促首件工程试验工作的实施。试验完成后,承包人写出总结报告,报告一定要充分全面地总结成功的经验,找出不足和暴露的问题,并制定相应改进措施,"以达到树样板带全面,抓关键工序解决质量通病的目的";驻地办监理人员必须对所有的首件工程全过程旁站,并做好相应记录;对实施过程中发现的问题应及时会同有关方面,提出可行的调整处理方案,以保证其顺利实施。

首件工程完成后,由驻地办组织进行检测、验收和评定,总监办全程监督。施工单位根据《公路工程质量检验评定标准》评定得分,提交总结报告。监理单位组织有关人员对其进行分析、研究,验证施工工艺的可靠性、合理性、提出改进意见。施工单位应根据意见进一步完善施工方案,编制施工作业指导书作为最终方案。总结报告形成后,报驻地办审批。属总监办批复的项目,驻地办初审后报总监办审批;首件工程施工作业指导书批准后,在此基础上,驻地办审批分项工程开工报告。

关键项目的合格率应不低于95%(机电工程为100%),否则该检查项目为不合格。一般项目的合格率应不低于80%,否则该检查项目为不合格。有规定极值的检查项目,任一单个检测值不应突破规定极值,否则该检查项目为不合格。采用《公路工程质量检验评定标准》所列方法进行检验评定的检查项目,不满足要求时,该检查项目为不合格。不合格工程再次修改方案,重新进行首件工程,以起到首件工程的标准和示范作用,各施工、监理单位必须严格执行。

施工班组在首件工程完成后进行大面积施工,如在施工中存在施工工艺改变、班组成员流动超过1/3或者其他严重影响施工条件时,应立即停止施工,重新报批首件工程。各项目公司(项目办)可根据实际施工情况,针对首件工程制定相关处罚措施,不定期开展全线优秀施工班组评比。

## 三、施工技术交底

施工单位应实施三级交底制度,一级为项目总工对部室(含工区、分部)负责人、技术主管进行交底,二级为部室负责人、技术主管对部室人员、现场技术人员进行交底,三级为部室或技术人员对施工班组进行交底(需要时班组长对班组成员应再次进行交底);各级交底过程均应形成记录,交底双方应在交底记录上签字,并应留存影像资料。

### (一)一级技术交底内容

(1)工程概况、施工总体部署、施工任务划分;
(2)质量、安全目标;
(3)工程地质及施工进度和总工期、采用的技术规范与质量标准;
(4)技术安全措施、施工流程、关键工序、控制点、阶段性控制目标;
(5)特殊结构桥梁、易发生安全问题的部位,施工技术要求;
(6)创新技术(如有)及注意事项;
(7)质量安全保证措施及应急预案;
(8)其他施工注意事项。

### (二)二级技术交底内容

(1)施工图讲解、结构形式尺寸、设计要求;
(2)施工工艺、步骤、操作方法及注意事项;
(3)工程质量标准、交接程序和验收方式;
(4)施工关键工序、难点,质量通病和技术对策;
(5)工期及保证措施;
(6)检验和试验、测量、放样安排;
(7)现场安全文明施工要求,危险源辨识及预防措施。

### (三)三级技术交底内容

(1)针对钢筋工、模板工、混凝土操作工、架子工、电焊工、特种设备操作工及其他现场施工人员等不同的岗位,进行技术交底;如有两个以上施工班组或工种配合施工时,应组织按工程进度交叉作业进行联合交底。交底内容既要有针对性,又必须能够指导施工人员操作。

(2)三级技术交底的主要内容宜包括:分项工程的施工方法、施工工序与工艺管理要求及注意事项、安全防控措施;关键工程的具体部位、高程和尺寸,预埋件、预留孔洞的位置及规格;流水和交叉作业施工阶段划分;支模方法、拆模时间;钢筋、预应力筋的规格、品种、数量和施工要求;混凝土、砂浆、防水、防腐等材料的配合比,试件的取样、养护方法、焊接程序和工艺控制,质量标准等。

### (四)技术交底的实施与要求

(1)一级技术交底由项目主管人员主持,项目总工负责向各专业技术(主管)人员、施工管理人员、有关职能部门进行技术交底。交底的主要依据是经批准的施工组织设计文件。交底后形成由交底主持人签署的会议纪要或其他文字资料,和施工组织设计一起作为技术交底的依据。

(2)二级和三级应顺序进行。在施工前应根据施工进度,按部位和操作项目,由项目总工组织,主管人员逐级向下级、施工班组等进行技术交底,填写技术交底卡片。交底应结合工作特点和班组具体情况,重点突出,结合实际,保证交底有效。

(3)技术交底的内容应做到施工方法正确,内容和措施针对性强、详略得当。

(4)项目总工作为总负责人,必须全面了解各专业施工中的衔接和配合。交底应体系化进行,各专业或负责人员应如实地将本专业有关技术交底材料和交底记录等及时抄送项目总工备查,使在纵横向技术、安全管理工作中,把各专业有机地联系起来。

(5)交底工作应实施动态化控制,及时修正交底内容和针对技术人员、班组情况重新进行补充交底或反复交底,使交底工作贯穿施工的整个过程。

(6)技术交底资料应由专职资料保管人员负责汇集整理,妥善保管。

### (五)反向技术交底(验证)制度

(1)反向技术交底是指工程(单位或分项工程)施工过程中,由项目总工负责,各专业或施工技术主管人员、班组操作人员,按照施工前的"正向"施工交底及施工组织设计和施工图纸要求,将各项施工注意事项、施工要求对上级管理人员进行交底汇报及落实的一项工作。

(2)反向技术交底的目的是使参加施工的工程技术人员、作业班组再次明确所担负工程任务或作业项目的特点及技术要求、质量标准、安全措施,再次明确交底人和接受交底人间的责任。

(3)反向技术交底可以现场或室内形式进行,采用"手指口述"方法予以确认交底内容,监理人员负责现场监督反向交底落实情况,形成书面记录,交底人和接受人应履行交接签字手续。反向技术交底资料和交接手续也应及时归档和妥善保管。

## 四、隐蔽工程管理

隐蔽工程因其"隐蔽性"特点,施工完成后较难进行直观的无损检测,必须制定和实施细致的过程控制程序与措施。

### (一)一般规定

通过实施隐蔽工程检查与验收制度,对隐蔽类工序或项目进行"透明化"质量控制。实施隐蔽工程以前,施工单位应根据《公路工程质量检验评定标准》进行自检,并将评定资料报监理工程师。施工单位应将需检查的隐蔽工程在隐蔽前报监理工程师进行检查,重点部位或重要项目应会同施工、项目公司、设计单位共同检查签认。

按照项目约定,所有隐蔽工程必须留取足够的影像及照片资料。隐蔽工程覆盖前应经监理单位检查签认,分阶段(工序)进行拍摄或照相,并向监理单位提供相关资料作为验收或计量支付的依据,资料不全或不符实的一律不准进入后续施工。

### (二)检查验收内容

1. 桥涵工程

桩基钢筋:钢筋检查原材料,钢筋型号,焊接情况,钢筋笼的长度、直径、主筋根数,箍筋间距,保护层厚度等。

桩孔:检查桩孔孔径、孔位、孔深、泥浆指标检测;在灌注混凝土前检查沉淀层厚度、混凝土配合比、原材料,灌注过程中检查混凝土工作性、检查超灌高度、埋管深度等。

桥梁承台、系梁、立柱、盖梁(台帽)、搭板工程:检查钢筋原材料及焊接情况,钢筋型号、数量及间距,钢筋位置,保护层厚度等。

桥梁梁板预制:空心板、实心板梁检查预应力钢绞线的原材料、张拉应力、锚固情况,钢筋原材料、型号、位置、间距、数量、保护层厚度等;(预应力)箱梁、T梁检查预应力钢绞线的原材料、张拉应力、锚固情况,钢筋原材料、型号、位置、间距、数量、保护层厚度等。

桥梁防撞护栏、桥面铺装:检查钢筋原材料、型号、位置、接头方式、间距、数量、保护层厚度。

涵洞、通道工程:检查涵洞、通道地基承载力;涵洞基础地基处理情况;台身及八字墙基础混凝土原材料、强度;基础钢筋原材料、型号、位置、接头方式、间距、数量、保护层厚度;混凝土基础尺寸(厚度、程度、宽度)。

2. 路基工程

水泥搅拌桩:检查桩的桩长、桩径、水泥桩强度。

石渣换填:检查石渣分层厚度、宽度、台阶高度、宽度、压实度。

桥台搭板注浆:检查钻孔直径、深度、钢花管直径、长度、孔口封堵、注浆量。

碎石垫层:检查碎石垫层宽度、分层厚度、原材料。

4%水泥土换填:检查水泥土分层厚度、宽度、灰剂量、压实度。

基底处理、冲击碾压:检查冲击碾压宽度、长度、遍数。

路床处治:检查路床水泥土的宽度、厚度、长度及压实度。

土木格栅:检查土木格栅的原材料情况、铺设时的搭接卷边情况,铺设长度、宽度。

**(三)隐蔽工程管理的实施和要求**

施工单位在每完成一项隐蔽工程项目的时候都要进行自检,在确保合格的情况下提前向驻地办隐蔽工程检查验收小组提交隐蔽工程报验申请,并附上所需检查的自检资料。监理工程师对施工单位所提请验收的隐蔽工程进行现场检查验收,检查验收标准严格按照质量检验评定标准、施工技术方案以及相关的规定、规程。整个验收过程应用高像素摄影设备拍摄,影像资料要归类整理存档。监理工程师在检查验收后应及时评判验收结果,评判合格后签认检查验收合格资料;对于必须报请上级监理机构或者项目公司单位进行检查验收的重要隐蔽工程,在监理工程师通过验收后及时报请上级代表到场检查验收,按照程序全部检查验收合格后方可进行下道工序或下个分项工程的施工。监理单位应结合旁站制度的要求和措施,对隐蔽工程施行全过程监控措施,规范施工的及时给予验收和做好证明资料,违规操作的及时履行监理职责予以制止和监督返工。隐蔽工程遇到下列特殊情况的处理原则如下:

(1)施工单位未提出检查验收申请,或经检查验收发现存在问题且未要求处理的隐蔽工程,不得进行隐蔽作业、不得进行下道工序作业。

(2)隐蔽工程在未得到监理认可的情况下,不得进行隐蔽或下道工序作业;隐蔽工程经过监理签认后,施工单位不得自行变动部位尺寸、位置等。

**(四)隐蔽工程资料整理**

对应隐蔽工程检查和验收内容,除摄录影像外,每个隐蔽工程验收项目或者工序至少拍摄 2 张照片(如果 2 张照片不能反映隐蔽工程的质量状况,可根据实际情况增加照片的数量),照片要清晰、准确,能真实反映出隐蔽工程隐蔽前的实际质量。隐蔽工程验收资料按照统一的隐蔽工程表格及时填写、归档并附上隐蔽工程照片,施工、监理负责人员应签字确认。

## 五、试验管理

试验管理重点是人员的责任、水平以及试验室的运行状态。以标准化、规范化、精细化的工地试验室管理工作,充分发挥工地试验室的综合能力和管理水平,保证检测数据的及时性、准确性,全面提升试验的服务性与控制性作用。

**(一)领导重视,部门把关**

项目部、驻地办、总监办、项目办逐级负责,落实责任主体,加强材料源头的质量控制,严格执行《公路工程施工监理规范》《公路工程质量检验评定标准》等施工技术规范及相关文件。监理试验室积极发挥检验、检测职责任务,检查项目按覆盖率100%控制;驻地办抽检频率不少于施工规范规定施工单位自检频率的 20%。如出现二级监理体制,总监办的抽检应予减少,一般为施工单位自检频率的 5%。

### (二)抓好工地试验室(包括施工和监理试验室)的建设

试验室为现场施工提供第一手数据资料,关系着工程施工的质量和进度。总监办中心试验室作为全线试验工作管理的职能部门,全面负责全线试验工作,通过全线巡回独立的抽检,根据检验数据对工程质量进行控制。应加强对全线工地试验室的管理,尤其是工地试验室的技术力量和试验设备的配置。中心试验室对全线的工地试验室要进行认真的检查把关,督促各驻地办及各施工单位从试验仪器、设备配置和检测人员设置上满足合同要求及工程需要。

### (三)具体管控措施

1. 严把原材料进场关、试验关

原材料是决定工程质量的关键。督促施工单位在选择用于永久性工程的主要材料,如水泥、波纹管、锚具、桥梁支座、桥梁伸缩缝、路面用玄武岩、土工格栅(室)、水泥混凝土外加剂与掺合料等主要材料前,将拟选择的供应商名录、最终确定的供应商签订的供货合同,一并报监理单位、项目公司备案。各类原材料进场后均严格按规范要求进行检验与抽检,杜绝不合格的材料使用到工程中。

对甲控材料的质量控制,首先驻地办应对施工单位提交的用料计划审核签字并报总监办,总监办审核加盖公章后原件分别交予项目公司和材料供应商、驻地办;其次,驻地办及施工单位参与材料供应商所供材料的交接验收工作,确认材料品种、规格、供货时间及质量情况,报总监办备案,总监办对甲控材料质量不定期抽查。其他材料由施工单位和驻地办共同调查料源,调查报告经各驻地办审核后报总监办备案,总监办必要时进行现场考察。

2. 标准试验的批复与平行试验

对于原地表、取土场的土工标准试验、C40(不含C40)以下混凝土配比等由驻地办平行试验合格后进行批复,批复后2d内报总监办中心试验室备案;含C40以上混凝土与路面底基层、基层、面层配比试验,由驻地办审核,总监办中心试验室平行试验合格批复后方可使用。

3. 委托试验、验证试验和抽检试验

对于试验室无力检测或超出工地试验室检测范围的试验项目,如预应力钢绞线试验、锚具试验、支座试验、沥青材料试验、桩基的无破损检测等,统一安排送样或邀请至工地现场的方式,委托具备相应资质的检测单位代为进行,施工单位委托的第三方检测单位必须经监理单位和项目公司批准同意。试验仪器设备、混凝土拌和设备、预应力张拉设备等,均由相应资格的单位进行标定后投入使用。对现场难以确定或有争议的问题,由中心试验室及时进行验证试验予以澄清。对施工现场的试验检验,如原材料检验、混凝土强度、路基压实度、沥青混合料的各项指标等,中心试验室每月定期、不定期地对每家施工、监理单位进行抽检,以鉴定施工、监理单位的试验结果是否真实可靠,同时检查试验仪器的运行情况、使用频率和相关记录等。

## 第六节 关键部位施工质量管理

### 一、路基施工质量管理

#### (一) 路基填筑

原路面清表后进行回填前压实,对于软土地基路段采用水泥搅拌桩进行处理。拼宽路基严格按照设计要求宽度开挖台阶,开挖一级填筑一级,并且按照图纸要求在适当的位置增设土工格栅和土工格室。为防止新老路基拼接处出现差异沉降,在拼接台阶处采用高速液压夯进行夯实补强。拼宽路基压实度按比规范要求压实度提高1%进行控制,保证压实度满足要求。路基填筑流程如图4.6-1所示。

a)土工格栅铺设

b)水泥土养生

c)路床画线施工

d)水泥土撒布

图4.6-1 路基填筑流程

## (二) 防护排水

按照标准化要求布置预制场地，根据项目总工程量，全线设两个小构件预制场进行集中预制。结合图纸尺寸，所有小构件均采用定型模具预制，采用振动台振捣，自动喷淋系统进行养生，冬季气温较低的时候采用蒸汽养生。防护工程施工前，将坡面统一夯实、修整，保证坡度要求，并按图进行开槽、设置防滑平台、砂浆铺底及勾缝的施工，保证整体线形。水沟均采用定型挖斗一次性开挖成型，并根据现场实际情况调整沟底高程，铺砌时采用挂线施工工艺，确保成品工程线形直顺，排水通畅。防护排水流程如图4.6-2所示。

a) 定型斗水沟开挖

b) 边坡夯实

c) 临时排水槽

d) 边坡防护

图 4.6-2 防护排水流程

## (三) 台背回填

台背回填除用4%水泥土外，对旧路部分水稳铣刨料进行了利用，台背位置复杂不利于碾压段采用了液态粉煤灰回填工艺，保证了台背回填质量。台背回填边部大型压路机难以压实部位采用平板夯等小型机械压实。根据设计要求对台背处理范围进行测量放样，并按要求逐层开挖台阶，水泥土拌和完成后，进行分层填筑，每层厚度15cm，以台身厚度控制标线为准。

## 二、路面施工质量管理

### (一)老路病害处理质量控制

路面施工前,由五方对原路面病害进行现场确认,根据实际情况制定维修方案,确保处置方案的科学性和合理性。执行"一坑一卡"过程控制措施。对病害调查、处置及验收的全过程保存完整的原始记录和影像资料,确保老路病害处置的效果。为保证铣刨面的平整度,采用大、小型铣刨机配合作业的精铣刨措施,并配备相应清扫、除尘、运输以及风镐等配套机具,确保现场施工规范性。要求铣刨完后路面无松动颗粒、夹层等情况。

### (二)路面结构层层间结合质量控制

采用人工配合机械的全方位清扫方式对路面进行清扫,保证路面清扫到位。严格执行下承层验收制度,下承层未经验收不得进行下道工序施工。病害处理拼缝处必须处理到位。对边部松散沥青、铣刨后夹层进行清除。上下道口进行硬化处理并配备水洗设备,避免施工车辆带泥上路,污染路面。

### (三)新旧路面拼接质量控制

对旧路面高程进行复测,确定新旧路面高差,根据新旧路面高差制定路面找平及新建路面各结构层拼接方案。台阶铣刨质量控制:台阶宽度、高度严格按照图纸要求铣刨,同时铣刨进行现场确认,确保无病害、无夹层,清扫彻底无松动块及杂物。新旧基层层间及侧面喷洒水泥浆,增加黏结效果;纵向接缝处,初压后人工将接缝处大料剔除后用细料进行填补,并补洒水泥浆;加强纵向接缝处碾压控制,确保接缝处填充剂嵌挤密实。沥青混凝土面层拼接质量控制:对旧路沥青面层侧向铣刨成台阶状,清理干净后人工涂刷热沥青作为黏结料;严格按照设计要求进行路面结构层层间材料设置;设置专人负责接缝处的填充剂,亏料或大料集中时及时筛补细料;压实时压路机紧跟摊铺机慢速碾压,采取有效碾压方案确保路面拼接缝处压实质量。

1. 水稳接缝搭接施工要点

(1)人工将旧底(基)层侧面清洗干净,使表面无松动抛撒的集料、无灰尘、无污染。

(2)新旧底(基)层侧向拼缝拼接时使用水泥混凝土界面剂(或水泥浆),喷涂要均匀。初压后由人工将挤压到台阶处的大料剔除,同时对缺料的位置人工填补细集料混合料。

(3)人工补料后沿着接缝喷洒第一遍水泥浆,水泥浆水灰比为1∶2,初压后在接缝处洒第二遍水泥浆,终压前根据情况可以再补洒一遍水泥浆。水泥浆喷洒量以透过整个新底(基)层且碾压时不沾轮为宜。水稳接缝搭接施工流程如图4.6-3所示。

2. 沥青拼接部防水施工要点

(1)将旧面层侧向接缝人工清理干净后,新旧沥青路面层接缝拼接处使用热沥青作为接缝的黏结料,由人工进行分次涂刷,涂刷厚度约3mm,涂刷要均匀;在确保下承层无松动集料、无灰尘、无污染、无夹层、无杂物的前提下进行黏层油洒布。

(2)下封层在洒布过程中,台阶位置必须洒布到位;洒布完成后,使用轮胎压路机进行碾压。

a) 台阶清扫

b) 摊铺前台阶涂水泥浆

c) 摊铺过程中涂水泥浆

d) 终压前补撒水泥浆

图 4.6-3 水稳接缝搭接施工流程

（3）当新旧沥青路面层搭接摊铺完成后，在顶面接缝处灌热沥青，确保接缝处黏结紧密，避免拼接部位渗水。沥青拼接部防水施工流程如图 4.6-4 所示。

a) 台阶清扫

b) 台阶涂刷热沥青

图 4.6-4

c)下封层洒布

d)胶轮碾压

图 4.6-4　沥青拼接部防水施工流程

3. 施工注意事项

(1) 严格按照设计要求高度及宽度,进行台阶铣刨。

(2) 排查台阶是否存在啃边、扭曲、掉角、松动现象,对上述问题采用人工处理;处理完成后安排清扫人员、清扫机械进行全面清扫,确保下承层及台阶位置整洁。清扫现场如图4.6-5所示。

a)台阶清理

b)路面清扫

图 4.6-5　清扫现场图

(3) 摊铺过程中,为保证接缝压实质量,设专人负责对接缝处的填充剂、亏料及时筛补细料。压实时压路机紧跟摊铺机慢速碾压。为了提高新旧面层之间的连接,当碾压到距离接缝50cm的距离时,从50cm处开始以10cm的间距逐次向里延展,将新摊铺的混合料向接缝处嵌挤密实。补料现场如图4.6-6所示。

(四)提升路面平整度措施

上面层平整度标准差按照0.7mm、合格率95%控制,极值不大于1.2mm;中面层平整度标准差按照1.0mm、合格率95%控制,极值不大于1.5mm。接缝处用3m直尺检测:上面层单杆评定不大于2.0mm,合格率100%;中面层单杆评定不大于3.0mm,合格率100%。下承层平整度控制:中面层施工前对拼宽路面、旧路面高程和平整度进行检测,通过精铣刨或加铺调平层等手段对下承层进行处理,以保证路面平整度满足要求。采用天顺长城摊铺机,18.75m 路面一次性摊铺完成,保证路面纵横坡以及平整度要求。通过采取各项有效措施,最终路面平整度质量达到 0.4mm 左右的标准差要求。

a)台阶拼接处人工补料  b)台阶补料压实

图 4.6-6 补料现场图

1. 新旧路面拟合高差

中面层施工前,按照纵向 10m 一个断面,每个断面 6 个测点的原则(分别位于老路面、拼接路面各 3 个点),全面复测原沥青路面高程,复测完成后计算设计高程与原路高程拟合高差,确定该路段调平处置方案。拟合高差实测如图 4.6-7 所示。

图 4.6-7 拟合高差实测

2. 老路病害调查及维修处理

进行全面的路面病害调查,根据调查结果,由设计单位出具合理可行的维修方案,待确认后立即组织人员、机械进行铣刨、摊铺。病害处治流程如图 4.6-8 所示。

a) 病害调查　　　　　　　b) 病害铣刨　　　　　　　c) 病害填补

图 4.6-8　病害处治流程

## 3. 路面精铣刨

病害处理完成后,项目部立即组织精铣刨机,对旧路面非病害处理的部位进行全断面拉毛处理,并对拉毛处理后的路面进行清扫,施工前安排清扫车不间断清扫,保证下承层干净、整洁、无杂物。清理完成后,进行撒布处理,并用轮胎压路机进行碾压。路面精铣刨流程如图 4.6-9 所示。

a) 老路拉毛处理　　　　　　　　　　b) 全断面清扫

图 4.6-9　路面精铣刨流程

## 三、桥头及伸缩缝处理

(1) 桥头:为满足路面整体平整度要求,施工前对桥头位置进行点位复测,高程偏高的区域进行凿除处理,高程偏低的位置用混合料填补找平。

(2) 伸缩缝:伸缩缝临时填缝时缝底用钢板铺设,上填 C15 混凝土,并预留一定的伸缩宽度,要求平整、顺直;沥青混凝土在伸缩缝及其槽口位置应连续铺筑,保证其平整度和压实度。

## 四、摊铺施工

路面施工中,优先选用中大 Power DT2000 抗离析二次搅拌可动态变换铺装宽度超大型摊铺机,如图 4.6-10 所示,实现"四改八"路面一字坡设计初衷。

图 4.6-10　Power DT2000 超大型摊铺机

核心理念：半封闭输料槽，物料满埋螺旋，变输料槽为搅拌槽，变布料器为搅拌器，强制挤压，二次搅拌。

选择和运用全幅大宽度摊铺设备进行路面摊铺，摊铺机通过安装大功率发动机、采用螺旋大功率液压驱动装置、满填埋螺旋二次搅拌、加大料槽宽度和料位、加装螺旋布料器的过渡叶片且增大螺旋直径、采用伸缩辅助料斗等装置，可有效解决沥青路面施工中常见的横向、竖向、纵向、片状及温度离析、并机接缝等难题，不仅提高了工作效率和路面质量，且能有效地降低工程成本。同时，全幅大宽度摊铺机的应用，也能为国家现有摊铺工艺及设备技术提供宝贵经验，为以后摊铺工艺的改进、摊铺设备的技术升级带来理论与实践支持，从而推动国家科技创新发展，也为企业在行业竞争中建立优势起到重要作用。

采用大宽度、大厚度、全断面摊铺机，路面摊铺效果良好，实现了真正意义上的无纵缝一字坡路面。摊铺效果如图 4.6-11 所示。

图 4.6-11　摊铺效果

## 五、碾压施工

1. 压实设备

根据规范要求，沥青混合料的压实，在四车道施工时，采用不少于5台双钢轮压路机、不少于3台轮胎压路机及不少于1台小型振动压路机等机械。

振动压路机为双驱、双振、多幅，自重11t～13t。轮胎压路机自重26～30t，必须带有配重。小型振动压路机自重3t。

2. 压实工艺

压实工艺见表4.6-1。

压实工艺一览表　　　　表4.6-1

| 压实阶段 | 压实设备 | 压实速度(km/h) | 碾压遍数 | 碾压要领 | 备注 |
|---|---|---|---|---|---|
| 初压 | 钢轮压路机 | 4～5 | 3～4 | 紧跟、慢压、高频、低幅；轮迹重叠20～30cm | 上面层施工时不采用轮胎复压 |
| 复压 | 轮胎压路机 | 3.5～4.5 | >4 | | |
| 终压 | 钢轮压路机 | 3～4 | 1～2 | | |

3. 碾压施工要点

两个碾压单元搭接的部位往往是碾压的薄弱环节，容易出现碾压遍数不足的情况，继而产生压实度检测不合格的后果。为了避免漏压，在进行碾压单元的跨越时，压路机必须深入到上一个碾压单元足够的距离(1/2轮宽)，务必将搭接部位全部覆盖和囊括到碾压范围内。台阶式碾压如图4.6-12所示。

图4.6-12　台阶式碾压

## 六、施工控制要点

(1)沥青混合料温度控制：混合料从出场、摊铺、压实整个施工过程，由专人进行测温控制。沥青混合料温度控制如图4.6-13所示。

a)出厂测温　　　　　　　　b)现场测温　　　　　　　　c)摊铺测温

图 4.6-13　沥青混合料温度控制

（2）安排测量队对路面高程进行测量控制,并记录数据;同时安排专人进行插钎检测松铺厚度。如果发现有松铺厚度较小的现象,要及时通知摊铺机两侧看计算机人员及现场技术人员,以便进行调整,确保厚度达到规范要求。对路面高程进行测量控制如图4.6-14所示。

a)水准测量　　　　　　　　　　　　b)专人插钎检测松铺厚度

图 4.6-14　对路面高程进行测量控制

（3）中面层进行复压碾压时,安排专人涂抹隔离剂以防止粘轮;沥青面层施工时对边角碾压不到位的地方,采用小型压路机进行压实,如图4.6-15所示。

a)专人涂刷隔离剂,防止粘轮　　　　　　　　b)边角采用小型压路机进行碾压

图 4.6-15　复压碾压注意事项

（4）机械摊铺过程中,严禁人工反复修整,但出现断面不符合要求、局部缺料、局部混合料明显离析、摊铺机后有明显拖痕、表面明显不平整等情况时,要在技术人员专门指导下认真修整,局部换料,仔细修补,同已铺混合料接合平顺,尽量消除修补痕迹,如图4.6-16所示。

图4.6-16 人工边角补料

## 七、桥梁施工质量管理

### （一）钢筋间距及保护层质量控制

项目部建设标准化钢筋加工场地,集中进行钢筋加工,采用数控弯曲机、滚焊机设备加工钢筋。采用定型胎架进行钢筋绑扎施工,大幅提高钢筋间距及保护层厚度。为保证钢筋间距及保护层厚度满足要求,现场采用定位卡具、拉线等辅助措施进行控制。

### （二）桩基

执行原材料采购的组织管理控制,采购符合标准、供应稳定的原材料,并严格进行原材料的验收、检验。钢筋套筒正式使用前进行试验检测,丝头加工前应对不同钢筋厂家的钢筋进行接头工艺试验,提高连接质量及工效。为控制钢筋笼上浮,严格控制导管埋深,加强混凝土浇筑速度控制,并在桩顶设置钢筋笼固定或反压措施。桩基成孔后采用电子检孔器检测成孔质量,混凝土灌注前严格控制泥浆指标,按规范设置混凝土超灌高度。

### （三）墩柱盖梁

墩柱、盖梁钢筋在标准化钢筋加工场加工,钢筋间距均匀,焊缝饱满,无烧筋现象。墩柱盖梁强度均满足规范要求,保护层合格率较高。墩柱、盖梁模板采用定制钢模一体化进行施工,墩柱盖梁同时浇筑,加强了墩柱盖梁间的连接;钢筋施工除采用垫块外,辅以定位钢筋,保证了钢筋保护层的合格率。

### （四）箱梁

箱梁一律采用全新的定制钢模板,台座底钢板采用不锈钢板,通过首件施工、现场观摩会、班组实名奖励制等措施有效提高箱梁的外观质量。采用数控机床加工的箍筋在定位胎架上绑扎箱梁钢筋的工艺,其钢筋间距及保护层合格率一直能保持在95%以上。统一采用智能张拉压浆设备施工,有效提高预应力施工质量。夏季采用自动喷淋系统养生,冬季采用大棚覆盖蒸汽养生的方式,确保混凝土强度达到要求。梁板顶面梳齿板宜在底部加设宽50mm、厚10mm的条形钢板,保证刚性及垂直稳定,确保翼缘板线形及纵向接缝无错台。梳齿板内侧粘贴免凿毛止浆带,不用凿毛就可形成规整的凹凸面,同时可有效防止预制梁顶板湿接缝位置漏浆。梳齿板、免凿毛止浆带如图4.6-17所示。

a)梳齿板

b)免凿毛止浆带

图4.6-17　梳齿板、免凿毛止浆带

预制空心板采用自动凿毛机进行凿毛,预制空心板铰缝面应凿毛成凹凸不平的粗糙面,并使预制空心板顶面表面粗糙,以利于新旧混凝土良好结合。空心板自动凿毛机如图4.6-18所示

图4.6-18　空心板自动凿毛机

桥面铺装采用自驾式抹光机收面:抹光作业时纵横交错进行,均匀有序,防止材料聚集。第三次用抹光机(刀片)进行收光,直至表面光亮为止。增强了压实提浆效果,同时可避免混凝土初凝前人员踩踏,有效保证收面质量。桥面铺装收面如图4.6-19所示。

对墙式护栏、桥面铺装,采用养生小车进行喷淋养生。现场利用槽钢铺设小车行走轨道,小车内装置时控、位置接触开关,实现定时自动洒水养生功能,保证构件养护效果。养生小车如图4.6-20所示。

图 4.6-19　桥面铺装收面

图 4.6-20　养生小车

### (五) 桥面铺装质量控制

桥面铺装钢筋采用定型钢筋网片,同时采用马镫支撑筋进行定位,确保钢筋保护层。项目桥面铺装均采用激光摊铺机,在很大程度上提高了铺装的平整度质量。

### (六) 桥梁拼接施工质量控制

新老桥拼接施工时,对老桥翼缘板混凝土采取绳锯切割施工工艺,确保旧桥翼缘板的完整性,同时避免机械凿除损坏钢筋。结合施工图中新老桥拼接处湿接缝钢筋的情况,对老桥翼缘板钢筋与图纸不符合处进行植筋处理,确保新老桥的有效连接。

### (七) 改扩建旧桥梁板控制

对于旧梁板回收利用,首先要解决的问题是如何快速、准确评价大量旧梁板。传统的梁板检测需要荷载实验,在桥下搭设满堂支架,逐个进行人工巡检,系统误差高、数据处理繁杂、效率低、成本高。根据理论计算、模型实验、现场梁板承载能力评定试验,通过数字图像识别融合技术,采用数字摄像设备+系统软件算法,可以快速精准识别病害裂缝追踪、应变、应力、挠度发展,取代了操作复杂、系统误差大的传统表贴式传感器,极大简化检测评定流程,提高了评估效率。

在性能评估方面,新的人工智能算法对旧梁板的评估精度提升95%以上,最终实现了桥梁结构性能的快速精准检测和智能化评估。通过评估,旧梁板的应用储备一般都大于原设计标准30%以上,再通过设计优化,加铺桥面铺装,作为安全储备,原旧梁板储备的应用可满足新规范要求;如果检测、评定准确,就可以安全使用旧梁板。

对性能满足新规范要求的在役桥梁,进行同质化利用;对于性能不满足新规范要求的,在改路、改桥或低等级道路上降级利用;对病害重、耐久性差、碳化严重的梁板进行破碎处理,根据集料性能进行精准筛分。采用混凝土再生、台背回填、路基填埋等方式全部实现绿色回收利用,最终实现了智能检测评价与分级利用,旧桥梁板100%回收,同质利用率70%。

## 八、装配式结构混凝土质量管理

随着科学技术和社会的发展,人们对于各种在严酷环境下使用的混凝土结构的需求越来越大,从某种意义上来说,对混凝土结构耐久性的考虑其实比强度更重要。因为大量的工程事故实例表明,绝大多数混凝土结构的破坏是由混凝土的耐久性不足引起的,单纯因为荷载或其他原因导致破坏的很少。由于耐久性劣化,混凝土结构过早破坏的现象日趋明显,世界各国为此付出了沉重的代价。

为了实现混凝土的高性能化,除了选用优质的原材料和采用合理的配合比设计外,施工环节的作用不容忽视。而养护作为混凝土施工中一个非常重要的环节,对于混凝土实现其设计性能来说十分重要。然而,养护在工程界并没有获得足够的重视,根据美国1979年的一项调查,约有24%的混凝土结构因为缺乏养护导致劣化,只有26%的混凝土依据工程规章进行了养护。这种情况在国内也十分普遍,施工单位认为混凝土的质量由混凝土搅拌站负责,或是因为养护需要增加成本而在签订的合同中并没有明确的支付条款,从而忽视混凝土的养护,甚至完全不养护。

养护的好坏直接影响到混凝土结构在服役期间的表现,应当引起人们的重视。施工季节的气候特点又直接影响着混凝土的施工、养护及性能发展。夏季施工时,温度高、湿度小、蒸发量大,混凝土浇筑完成后不及时养护,会出现温度上升快、水分散失严重等问题。冬季施工时,温度低,甚至出现负温天气,混凝土浇筑完成后不及时养护,会出现早期受冻问题。所以根据施工季节,合理选择养护制度,对结构物混凝土的性能发展至关重要,这直接影响着结构物的安全性和耐久性。

### (一)施工装配式结构混凝土养护制度的选择

1. 墩柱、盖梁夏季施工特点

夏季作为全年温度最高的季节,施工环境温度高,原材料及混凝土拌和物的温度也较高,混凝土入模温度可达30~36℃,水化反应迅速,温度上升速度快,易出现温度裂缝;水分散失严重,干燥收缩较大,易出现干缩裂缝。

墩柱、盖梁等大体积混凝土,横断面尺寸大但表面积小,所以对环境温度不敏感,散热慢,积聚的热量导致结构物存在较大的内外温差。对此类预制件,重点在于混凝土配合比的设计,避免内部出现过大的水化热;拆模时机应以控制内外温差为主,避免温度裂缝的产生;混凝土浇筑后的养护应以覆盖保湿为主,持续保湿为辅,减少水分散失的同时人为地提供充足的保湿环境。

2. 夏季施工常用的养护制度

室内模拟现场各种养护方式,通过成型试件,测试试件性能,探究不同养护方式对结构物混凝土性能的影响。

干燥养护(A):混凝土成型后置于室内,24h龄期脱模,之后置于室内环境直至测试,室内温度(20±5)℃,相对湿度(50±15)%。以此模拟现场浇筑后不采取任何养护对混凝土的影响。

养护剂养护(B):混凝土成型后,待试件表面没有积水后,以300g/m²的剂量均匀涂刷养护剂于混凝土试件的顶面,24h龄期脱模,涂刷剩余5个面,之后置于室内环境直至测试。以此探究养护剂的作用效果。

薄膜覆盖7d养护(C):混凝土成型后立即覆盖塑料薄膜,24h龄期脱模,继续覆盖7d,之后置于室内环境直至测试。以此模拟现场覆盖薄膜养护的作用效果。

标准养护(D):混凝土成型后立即覆盖塑料薄膜,24h龄期脱模,放入标准养护箱养护7d,之后置于室内环境直至测试。作为基准养护方式,对不同养护方式的作用效果进行评价。

湿土工布覆盖7d养护(F):混凝土成型后立即覆盖塑料薄膜,12h后用湿草帘换下塑料薄膜,24h龄期脱模,继续覆盖湿草帘养护7d,其间每天早晚各检查一次,确保草帘处于湿润状态,之后置于室内环境直至测试。以此模拟现场覆盖薄膜并洒水持续保湿的作用效果。

3. 不同养护制度对混凝土性能的影响

对干燥养护(A)、养护剂养护(B)、塑料薄膜覆盖7d养护(C)、标准养护7d(D)、湿土工布覆盖7d养护(F)下的混凝土抗压强度发展进行了探究,结果如图4.6-21所示。

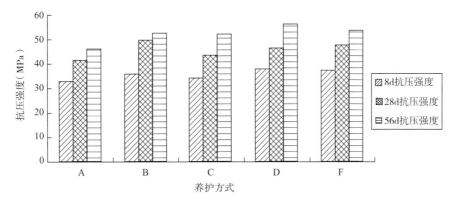

图4.6-21 不同养护制度对混凝土抗压强度影响

由图4.6-21可知,在8d龄期时,标准养护的混凝土抗压强度最高,干燥养护的混凝土抗压强度最低,两者相差5MPa,且差距在后期逐渐增大,56d时两者的差值已达到10.5MPa。这是因为在混凝土浇筑成型初期,尽管水泥水化和蒸发作用会消耗一部分的水分,但混凝土内部水分仍然较多,基本能保证水化反应的进行,所以在 8d 龄期时,标准养护和干燥养护的混凝土抗压强度差异较小;然而干燥养护下混凝土内部较低的含水率阻碍了水化反应的进一步进行,使后期强度增长乏力。

对比 A、B 和 C 三种养护方式,发现 B、C 养护方式下混凝土的抗压强度更高,这说明表面涂刷养护剂和薄膜覆盖都起到了减少水分蒸发的效果。结果表明,养护剂保水性比塑料薄膜更好。同时也可以发现,在 28~56d 龄期时,表面涂刷养护剂的混凝土强度仅仅增长了 3MPa,而同期薄膜覆盖的混凝土增长了 8.5MPa。这是因为在 28d 后,养护剂在混凝土表面留下的致密薄膜反而阻碍了外界水分的进入,所以其后期强度增长幅度减小。而在 C 养护方式下,塑膜移去后,环境中的水分可以进入混凝土内部促进水化反应的进行,这在阴雨天之类的高湿度的天气条件下表现得更为明显。

在这五种养护方式中,D 和 F 养护的混凝土抗压强度较高。这是因为高湿度环境下,当混凝土内部含水率随着水化反应减少时,混凝土内外将会形成湿度梯度,在湿度梯度作用下,外界水分进入混凝土内部并促进水化反应的进行,从而提高混凝土的抗压强度。并且由于外部的补水作用,混凝土内部相对湿度较高,其收缩应力也较小,这样就可以减少由于收缩应力而使混凝土内部界面过渡区产生微裂纹的可能性,也提高了混凝土的抗压强度。

对比 D 和 F 两种养护方式可以发现,这两种养护方式下混凝土的 8d、28d、56d 的抗压强度的差值始终保持在 2.5MPa 以内,说明对于混凝土抗压强度的发展来说,湿土工布覆盖的养护效果与标准养护相当。这对于实际工程应用具有现实意义,因为在施工现场标准养护几乎不可能,而土工布十分常见,且覆盖湿土工布操作方便,与单纯洒水养护相比,还能减少洒水次数,降低工作强度。

不管从早期还是长期来看,干燥养护下混凝土的抗压强度都是最低的,强度发展得最差。这是由于干燥养护下混凝土中自身的水分不断地向空气中散失,使得混凝土内部相对湿度降低,导致胶凝材料水化不充分或过早地终止;同时过早地暴露于自然环境中,也使得混凝土在低强度状态下承受收缩应力,基体内更容易产生微细裂纹,从而影响最终强度。

对干燥养护(A)、养护剂养护(B)、塑料薄膜覆盖 7d 养护(C)、湿土工布覆盖 7d 养护(F)下的混凝土收缩变形规律进行了探究,结果如图 4.6-22 所示。

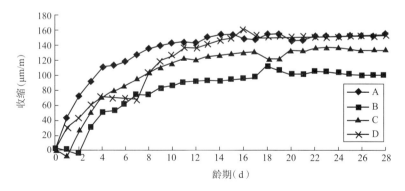

图 4.6-22 不同养护制度对混凝土收缩变形的影响

由图 4.6-22 可以发现,干燥养护下混凝土在 14d 前收缩发展较快,14d 后发展相对较慢。这是因为测得的收缩量包含了自收缩和干缩,而自收缩在早期发展较快,从而带动了早期总收缩的发展。另外一个原因是混凝土早期密实性差,弹性模量较低,抵抗收缩变形的能力较差。

湿土工布覆盖养护可以显著降低高性能混凝土的早期收缩,但仅仅是推迟收缩快速发展的时刻,并不会减小收缩量。从28d收缩量来看,干燥养护与湿土工布覆盖养护7d相比仅相差2%。实际上,从开始干燥的时间算起,湿土工布覆盖养护的混凝土一旦暴露于空气中,其收缩发展得更快,这可以从图4.6-22的斜率中看出。随着湿养时间的延长,水化产物增多,混凝土内部孔隙的孔径逐渐细化。所以与干燥养护相比,湿土工布覆盖养护7d的混凝土,在其开始干燥时基体内部的细孔隙含量多于后者,这就造成了其收缩应力大,收缩变形速率增加。

28d龄期前,涂刷养护剂的混凝土的收缩始终较小,这是由养护剂的保水能力决定的。在相对湿度较低的环境中,混凝土不断地向外散失水分,这将会减少混凝土中毛细孔和C-S-H凝胶中的水分。根据拆开压力学说指出,这部分水的减少将会使拆开压力减小,从而引起混凝土的收缩。而在混凝土表面均匀涂刷一层养护剂后,可以有效减少混凝土早期失水,从而减少了混凝土的收缩。此外,养护剂的保水能力也使混凝土能充分利用自身的水使胶凝材料水化反应正常进行,提高了弹性模量,从而强化了混凝土抵抗收缩变形的能力。

涂刷养护剂的混凝土28d收缩量比湿土工布养护7d的小34%,且收缩的发展始终比较平缓,说明涂刷养护剂的减缩效果比湿土工布覆盖7d更好。涂刷养护剂的混凝土28d收缩量也低于薄膜覆盖养护的混凝土收缩量,这表明养护剂阻止水分蒸发的效果比薄膜覆盖好。这是因为塑料薄膜不可能与混凝土的表面贴紧,所以仍然会有大量水分散失,而养护剂通过直接在混凝土表面上生成不透水薄膜,最大程度地保留住水分。

4. 优选的养护制度

带模养护:针对预制墩柱混凝土、盖梁夏季施工,模板未拆除时,需要保证顶面混凝土水分散失,顶面搓面完成后,可覆盖润湿的厚土工布,然后加盖一层厚塑料膜,保证顶面混凝土的保湿养护。

拆模后养护:预制墩柱、盖梁模板拆除后,需用润湿的厚土工布将柱体和梁体围裹,要注意搭接长度,应覆盖完整,保证养护水的均匀分布;在最外层围裹厚塑料膜,防止水分的散失;最后,可在顶面放置底部带眼的水桶,实现水分的持续供应。

**(二)冬季施工装配式结构混凝土养护制度的选择**

1. 墩柱、盖梁冬季施工特点

冬季作为全年温度最低季节,施工环境温度较低,施工作业及各材料性能受温度影响较大,混凝土入模温度仅有3~5℃,混凝土水化放热慢,强度发展慢,防寒保温稍有疏漏就可能导致混凝土早龄期受冻。早期受冻的混凝土很难再恢复到原有设计性能,影响工程的安全性和耐久性。

墩柱、盖梁等大体积混凝土,横断面尺寸大但表面积小,所以对环境温度不敏感,散热慢,积聚的热量有利于水泥的水化。对此类预制构件,养护重点在于如何保证热量的保持,其中做好外模板的保温成为最经济、便捷且有效的措施。

2. 模板保温改造

墩柱、盖梁保温主要采用蓄热法。为充分利用混凝土的水化热,在钢模板肋槽内粘贴保温板(苯板或挤塑板),外包白铁皮的方式对钢模板进行保温改造。具体措施为:在进入冬期施工前,按照钢模板的肋槽尺寸,对保温板(成品苯板或挤塑板)进行切割、粘贴,其外包裹白铁皮,可用钢筋将其固定于钢模板,并用聚氨酯发泡剂填充白铁皮边缘与模板的空隙处。此外,需预留出合模安装的位置。

3. 试验效果对比

为了确定墩柱模板加保温板后的实际保温效果,现场监测了保温改造与未保温改造的两个墩柱从混凝土浇筑到模板拆除过程中的混凝土温度变化。温度监测点为墩柱中心及墩柱最外层钢筋处(距表面5cm),测温点布设如图4.6-23所示。

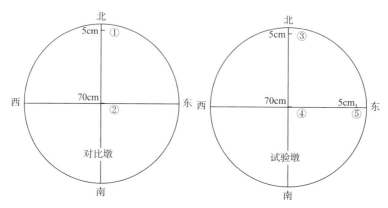

图4.6-23 两个墩柱的温度监测点布置

注:②/④:两个墩柱的中心处,距顶面1.5m。
①/③/⑤:两个墩柱最外侧钢筋处,距表面5cm,距顶面1.5m。
对比墩:模板无保温改造;实验墩:模板肋槽处加苯板保温改造。

混凝土温度监测结果如图4.6-24和图4.6-25所示。由图4.6-24可知,模板保温改造对墩柱中心混凝土的温峰影响不大,混凝土的温峰大约在62.9℃,保温改造后的墩柱中心温度下降较缓慢。模板的保温改造对墩柱最外侧钢筋处的混凝土温度影响较大,与对比墩(无保温改造)表层混凝土温度相比,模板保温改造后的实验墩表层5cm的混凝土温度高出22~24℃。同时,实验墩表层混凝土前15h的温度发展更快,到达温峰后的降温速率更慢。现场实验结果表明,墩柱钢模板肋槽粘贴苯板的措施一方面可保证入模的混凝土温度较快发展,避免混凝土的早龄期受冻;另一方面对表层混凝土温度的保持有显著作用,为混凝土性能发展提供长时间的较高温度环境。

4. 优选的养护制度

(1)带模养护。利用已进行保温改造的模板养护墩柱,同时顶面混凝土薄膜、棉被和篷布保温防风养护,严禁洒水。带模养护时间不少于3d。

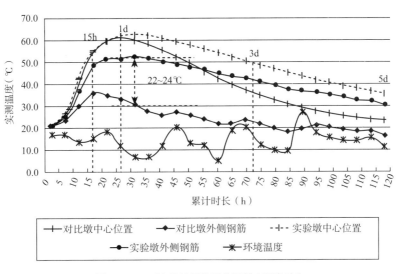

图 4.6-24　两个墩柱同位置的混凝土温度对比

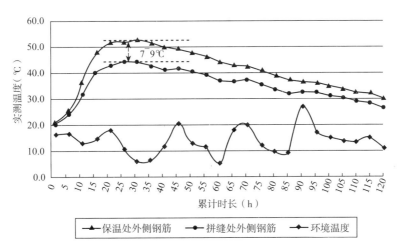

图 4.6-25　保温表层与拼缝未保温表层混凝土温度对比

（2）拆模后养护。需根据结构物的实测温度数据以及同条件养护试件的强度，确定适宜的拆模及保温蓄热时间。拆模时，混凝土表层温度与环境温差不宜超过20℃，不应超过25℃。拆除模板后，立即对墩身、盖梁进行包裹，采用塑料薄膜将墩柱围裹，搭接不少于20cm，然后用棉被包裹绑扎，外面套塑料布或篷布包裹绑扎严密。

## 九、混凝土防撞护栏治理管理

混凝土防撞护栏在特殊时期，需要承受横向车辆碰撞力，因此应具有拦阻、缓冲及导向功能，其特定的质量控制因素有三条。

**(一)纵向整体性及连接**

按整体承力及视觉导向要求,混凝土路侧护栏最小设置长度:高速公路及一级公路36m,二级公路24m,三、四级公路12m。每节混凝土护栏的纵向长度,在浇筑、吊装条件允许时,应尽量采用较长的尺寸。预制混凝土护栏长度宜为4~6m;现浇混凝土护栏的纵向长度应按横向伸缩缝的要求确定,一般为15~30m。现浇混凝土护栏每3~4m应设置一道假缝。

现浇混凝土护栏块之间的纵向连接,可按平接头加传力钢筋处理,以便将混凝土护栏连成整体。对于A级或Am级预制混凝土护栏块纵向之间采用纵向企口连接,其他预制护栏块之间可采用纵向连接栓连接,以便在安装后相互咬接共同受力。采用企口连接时,因企口较小(约80mm×30mm),接触面处需配置一定数量的钢筋,并在施工时加强混凝土振捣,确保混凝土强度,以抵抗碰撞时产生的剪切和扭转。采用连接栓连接时,需确保其位置的准确以及连接栓的截面尺寸。

**(二)混凝土防撞护栏的截面几何外形**

混凝土防撞护栏的截面几何外形采用"安全外形"设计,通过特有的斜面结构(特别是F形和加强型断面的下坡面)抬升车辆重心将失事车辆的动能转化为势能来减缓车辆沿护栏横向的运动,从而起到缓冲的效果。因此施工时,模板宜采用钢模板并应严格和准确地按设计尺寸制作,钢模板应有足够的强度,其厚度不宜小于4mm,并有足够的支撑稳固措施,确保混凝土浇筑时不变形。当混凝土护栏截面采用折线坡面时,下坡面混凝土浇筑较困难,应采用分层布料分层振捣措施。

**(三)混凝土表面平整光滑**

混凝土防撞护栏表面的平整光滑,不仅是外观的需要,更主要是由于车辆与护栏碰撞时,需要车辆沿护栏连续滑移运动并最终脱离护栏,恢复到正常行驶轨道,就要求护栏与车辆的接触面平整光滑,以降低车辆与护栏接触面的摩擦因数(摩擦因数宜小于0.35),从而延长车辆与护栏的接触时间,减小车辆的加速度,起到缓冲及导向的作用,达到保护乘客安全的目的。这是混凝土防撞护栏不同于一般混凝土构件的特殊要求。为此:①需十分重视混凝土的工作和易性及适当的振捣,防止蜂窝麻面的产生。②特别是模板除了具有足够强度外,尚需打磨光洁,每次使用前后均需清洗干净,并采用脱模剂。

**(四)常见问题**

1. 麻面

麻面是指混凝土浇筑后,由于空气排除不干净,或是由于混凝土浆液渗漏造成的混凝土表面有凹陷的小坑和表面不光滑,不平整的现象。

形成原因主要为:①由于模板表面粗糙或黏附水泥浆渣等杂物未及时清理干净,拆模时使得混凝土表面破坏。②浇筑前模板上未洒水湿润或湿润不足,混凝土中的水分被模板吸去,使混凝土失水过多出现麻面。③模板拼缝不严,局部漏浆,靠近拼缝处表面浆少,拆模后出现麻面。④混凝土搅拌时间较短,加水量不准确致使混凝土和易性差,混凝土浇筑时砂浆少石子多的地方,形成麻面。⑤混凝土没有分层浇筑,造成混凝土离析,出现麻面。

⑥混凝土振捣不密实,气泡未排出,停留在模板表面形成麻点。⑦振捣过迟,振捣时已有部分混凝土凝固。

预防措施:①将模板表面清理干净,脱模剂应涂刷均匀。②混凝土搅拌时间要适宜,一般应为1～2min,保证混凝土搅拌均匀且有较好的和易性。③浇筑混凝土时,无论何种模型,均需洒水湿润,但不得有积水。④浇筑前检查模板间拼缝,对可能漏浆的缝,设法封堵。⑤振捣遵循快插慢拔原则,振动棒插入到拔出时间控制在20s左右,插入下层5～10cm,振捣至混凝土表面平坦泛浆、不冒气泡、不显著下沉为止。

## 2. 蜂窝

蜂窝是指混凝土表面无水泥浆,集料间有空隙存在,形成数量或多或少的窟窿,大小如蜂窝,形状不规则,深度不漏主筋,但是可能漏箍筋。

形成原因:①模板漏浆或振捣过度,跑浆严重致使出现蜂窝。②混凝土未分层下料,振捣不实,或漏振,或振捣时间不够。③混凝土下料不当或下料过高,未设串筒使石子集中,造成石子砂浆离析。④混凝土搅拌与振捣不足,使混凝土不均匀,不密实,和易性差,振捣不密实,造成局部砂浆过少。

预防措施:①浇筑前检查并嵌填模板拼缝以免浇筑过程中跑浆。②浇筑前浇水充分湿润模板,以免混凝土的水分被模板吸去。③振捣工具的选择必须与混凝土的工作度相适应。振捣工人必须按振捣要求精心振捣,尤其加强模板边角和结合部位的振捣。④混凝土拌制时间应足够,拌和均匀,坍落度适合;混凝土下料高度超过2m应设串筒或溜槽;浇筑时应分层下料,分层振捣,防止漏振;模板缝应堵塞严密,浇筑过程中,应随时检查模板支撑情况以防止漏浆。

## 3. 孔洞

孔洞是指混凝土表面有超过保护层厚度,存在露筋现象,结构内存在着空隙,局部或部分没有混凝土。

形成原因:①内外模板距离狭窄,振捣困难,集料粒径过大,钢筋过密,造成混凝土下料过程中被钢筋卡住,下部形成孔洞。②混凝土流动性差,或混凝土出现离析,粗集料同时集中到一起,造成混凝土浇筑不畅形成孔洞。③未按浇筑顺序振捣,在漏振处形成孔洞。④没有分层浇筑,或分层过厚,使下部混凝土振捣作用半径达不到,形成松散状态形成孔洞。

预防措施:①严格控制混凝土的配合比和坍落度,混凝土在浇筑过程中不得出现离析现象,浇筑过程中采用串筒使混凝土均匀下落。②对构件角点和接合部重点检查,特别注意振捣,不能用机械振捣时,可改用人工插捣,插捣应反复数次,确保混凝土不出现孔隙。③混凝土配合比中掺加高效减水剂,确保混凝土流动性满足工作要求,在混凝土运输、浇筑的各个环节采取措施保证混凝土不离析。④应避免一次卸料过多,振捣应密实,不允许出现漏振点。⑤严防杂物出现在拌制好的混凝土之中。

## 4. 烂边、烂根

烂边、烂根是指钢筋混凝土结构的现浇柱、墙等竖向构件的底部,混凝土出现浇注质量问题如蜂窝、空隙、露筋、新老混凝土接茬不密实等现象。

形成原因:①由于模板拼缝不严密、接缝处止浆不好,振捣时混凝土表面失浆。②浇筑前未下同混凝土配比成分相同的无石子砂浆。③混凝土和易性差,水灰比过大导致石子沉底。④浇筑高度过高,混凝土集中一处下料,混凝土离析或石子赶堆。

预防措施:①浇筑混凝土前,在用与混凝土相同配比的砂浆先垫一层砂浆,封堵低端缝隙。②接缝处贴橡胶海绵条或双面胶带止浆,并用钢木压板、橡胶压条止浆。

5. 错台、挂帘

混凝土浇筑产生错台缺陷主要是由模板原因造成的。模板设计不合理、模板规格不统一、安装时模板加固不牢或在浇筑过程中不注意跟进调整,使模板间产生相对错动,都会引起错台。特别是模板下部与老混凝土搭接不严密或不牢固,留下缝隙,引起浇筑时漏浆,是产生错台和挂帘的主要原因。

预防措施:①为避免混凝土表面出现错台、挂帘的现象,要求模板首先要有足够的刚度且边缘平整,对已经使用过的模板,安装前一定要进行校正。②模板安装时,须保证模板间拼接紧密、支撑牢固,整体要有足够的刚度。特别需加强模板与老混凝土之间的紧固,因为这是错台的多发点。如浇筑高度大,最好在下一层拆模时保留最上一块模板,与新浇筑段模板拼接。③须注意混凝土浇筑过程的跟进工作,对模板受力后的变形实时监测,对变形模板及时调整。当混凝土浇至1/3、1/2高度时,需对模板支撑件各紧固一次,待浇筑完成时再紧固一次,可有效防止错台、倒帘的现象发生。

6. 爆模、胀模

爆模和胀模的主要原因是模板的强度和刚度不足,如按预定的工况计算,但实际施工时没有按预定的工况来操作,造成模板的强度储备不足而发生爆模和胀模。

预防措施:加强模板体系的强度与刚度,对主要构件要进行必要的力学计算。严格按力学计算模型与工况进行施工。当施工中有违反施工工艺的,要立即制止,观测模板的变形,如超过一定的限值时,须采用有效措施。防止爆模(如灌入的速度减缓一些)修补的办法就是凿除多余的混凝土,修整平顺。

7. 顺直度差

①模板刚度和加工精度达不到要求,本身顺直度差。②模板固定不牢固,施工时容易移动。③模板安装调整时精度差。④测量放样精度差,施工时模板顺直度调整不细。

预防措施:①全部采用组合定型钢模板,确定模板刚度;严格控制模板加工精度,几何尺寸误差控制在2mm以内;模板安装前,对其进行组合调试,组合后对模板各边线挂线调整,用砂轮机磨平调直,顺直度控制在1mm之内,并且对模板接缝处进行精细处理,消除错台;用组合可调丝杠和对拉螺杆固定模板,避免由于分块模板移动而影响线形。②利用全站仪放样,提高放样精度。曲线段间距2m放点,直线段间距5m放点,点位布设完成后,及时向施工队交底,弹出护栏内边线,进行模板安装。③模板安装过程中,在低端焊接横向钢筋,控制护栏宽度和防止模板移动,同时模板上部用对拉螺杆控制宽度,确保护栏模板在施工过程中不移动。④顶面采取二次收面的方式进行找平,收光,待混凝土浇筑至模板顶面时,安排专人首次找平,保证护栏顶面混凝土浇筑饱满,与模板顶面平齐;初凝前进行二次收光抹面,保证顶面平整度、光洁度。⑤护栏养生期进行顶面线形的处理,安装专人对外边线进行打磨。

**(五)施工控制**

1. 施工放样

在工程项目的前期,为了保障整个施工作业有相应的参数支持,确保施工位置准确,需要做好测量放样工作。在前期准备工作中,相关的工作人员需要详细了解工程项目的实际需求,并且对设计图纸进行深入了解,根据设计图纸内容的相关要求以及工程项目的实际需求,展开相应的测量放样工作。

在护栏的内侧边使用全站仪进行立模控制边线,点和点之间的距离最好控制在5m以内,在放样的过程中,确保线形顺直。为确保护栏的位置正确,在距离50cm的护栏内侧外需要核定出一条校验线。将护栏边线点放出,每间隔5m左右设定一高程定位筋,对护栏钢筋的高程进行挂线控制。

在完成了内侧边线的放样工作后,便需要工作人员根据模板的长短,间隔一定距离,对防撞护栏边线上的点进行精测高程作业,对部分可能出现超高或者欠高的部分进行修整,以此保障后续防撞护栏施工的顺利实施。

为了控制好整个桥梁的混凝土防撞护栏线形,就必须要保障内边线放样作业的一次性,在测量放样的过程中,要拉好墨线,根据工程项目的实际情况,对桥梁板外沿以及内边线的距离进行调整,这样能够减少在测量放样过程中的衔接问题,并且保障整个混凝土护栏的美观性,保障其线形的流畅。

2. 制作和安装钢筋

严格按照施工设计图纸的标准要求进行加工制作钢筋,严格按照施工设计的规范要求来抽检钢筋的搭接长度、焊接质量、纵向接头布置等项目,确保其能符合规范要求;在制作钢筋的现场中,需严格按照设计的图纸的要求进行加工,绑扎结固好钢筋的交叉点,必要时可以使用电弧焊设备来焊接钢筋。对垫块位置和数量进行合理的布置安排,确保钢筋的正确位置,并在混凝土进行浇筑之前,需要对其进行检查,确认无误之后才可以进行下一步。

3. 制作和安装模板

合理选取具有较大刚度和强度、较好的整体稳定性和平整度、良好顺直度的5cm厚度的普通钢板,对模板的尺寸进行严格控制。为了确保在安装和使用模板的过程中钢板不会发生变形问题和施工安全问题,需要验算好钢板的刚度、稳定性和安全性。

在安装模板之前,首先是需要进行除锈抛光处理好模板之后,为了确保不会有灰尘粘在模板上,保证模板表面的光洁,需要将适量的清洁机油均匀地涂抹在模板的表面上。在安装模板的过程中,需要对模板的拼缝、线性、几何尺寸进行严格的控制,并更换掉一些具有不平整拼缝,比较容易导致混凝土出现漏浆的模板。

模板的制作主要是采取定型的钢模,为了确保制作出的模板具有能够符合设计的规范要求的尺寸和平整度,因此需要选取专业的加工模板的工厂进行制作模板。制作模板除了需要考虑到轻便耐用之外,还需要确保模板具有足够的刚度。在出厂模板之前,可以事先根据拼接成形后的效果,准确对模板进行编号和分类。

在进行安装模板之前,首先是需要对模板进行除锈处理,一般是使用洗衣粉和汽油对模进行清洗,然后进行抛光处理,并将一层脱模剂均匀地涂抹在模板的表面上;内外的组合式护栏都是需要使用5cm厚度的定型钢模板,为了确保模板不会发生变形、表面能够光滑以及能对系统进行支撑稳固,需要确保钢模板具有足够的刚度,这样可以便于安装;确保护栏模板具有足够的强度和刚度,因此在进行使用之前,需要对其进行拼装试验,只有确保符合设计的规范要求后才可以使用;在使用护栏模板之前,首先是需要对其进行全面的抛光处理,禁止使用一部分已经经过抛光处理之后,表面仍然具有较多的麻面的旧模板。

首先需要将模板运到施工现场,对其进行一块一块地平铺;在对模板进行安装之前,需要沿着基准线的位置放置好外侧的模板,接着再对内侧的模板进行安装。为了确保两边的模板都能够和限位钢筋紧靠在一起,需要在内侧的模板上安装上拉杆并将拉杆拉紧。可以使用双面胶来黏结模板的拼缝,使用螺栓来连接相邻的模板,接缝需要确保能够严密,缝隙不会超过2mm。在支设模板时,为了确保模板的垂直度能够符合设计的规范要求,可以使用垂球进行检查模板的竖直度。在完成支设模板之后,可以使用垂球和钢尺对其进行适当的调整,检查每孔的拉线,确保整体线形能够顺畅;当测量组精确放样之后,可以使用墨准确弹出护栏的位置。墙式护栏需要沿着护栏的边侧砌出一条具有5cm宽度和5cm高度的砂浆带,为了确保砂浆带的强度能够合格,可以在支模的前2d将砂浆带砌好;在对限位钢筋进行焊接时,为了更好地确定护栏底部的宽度进行,可以使用u12(接头经过高应力反复压拉12次后的残余变形,后文u20同理)的钢筋将其加工成为限位钢筋,点焊在护栏的预埋钢筋底部,一头需要紧靠在护栏外的边缘线上,每1m设置1根;可以使用双面胶带粘贴好模板的接缝处,相邻模板的接缝错台需要控制在1mm以内;将膨胀螺栓打入靠近护栏的箱梁顶面上,为了避免在浇注混凝土的过程中护栏模会向中间和外侧进行偏移,可以使用方木和木模将模板顶紧。在完成体系的转换、确保混凝土的强度能够达到设计的要求之后,就可以进行防撞墙的施工。支立模板过程一般是使用无支架施工,利用防撞墙预埋钢筋和预制的T梁施工时预埋的模板对钢筋进行加固支立整个防撞墙的模板,并将u20的拉筋设置在模板的底板和最上端的位置。

在完成模板安装作业后,需要组织各班组对模板的安装质量进行检查,确认其质量满足施工需求后,方可着手展开后续的护栏浇筑与安装作业。

4. 浇注混凝土

由于钢筋混凝土护栏墙身厚度一般在20~50cm之间,高度一般为95cm,因此,混凝土浇筑时容易出现蜂窝麻面的质量缺陷。为解决这一问题,一些项目会采用增大坍落度及采用插入式振捣棒配合附着式振捣棒的方式进行控制,虽然取得了一定效果,但在蜂窝麻面得到控制的同时,护栏线形又有所不美观,原因是护栏模板体积小、重量轻,附着式振捣器工作时容易造成模板移位。

当混凝土搅拌运输车开到施工的现场之后,需要将料斗倒入到模内。由于墙式护栏具有一定的弧度,在进行浇筑的过程中会出现较多的气泡,因此对分层进行浇注混凝土时,需要确保每一层不超过30cm,在完成对第一层的浇筑之后,可以采取插入式振捣均匀密实,直到混凝土的下沉现象停止,不会有气泡冒出,表面较为平坦,出现泛浆。接着就可以对第二次进行浇筑,直到三次浇筑完成。

通过实践发现,混凝土水灰比控制在0.55以内,坍落度控制在100~150mm之间,碎石最大粒径不得超过栏身最小边尺寸的四分之一和钢筋最小净距的四分之三,混凝土不得出现离析和泌水现象,浇筑厚度不得超过30cm,并采用插入式振捣器进行振捣,每一振点的振捣延续时间宜为20~30s,以混凝土停止下沉、不出现气泡、表面呈现浮浆为度等方法控制后,护栏外观质量提升更为明显。另外,在混凝土开盘前,要对与之施工有关的材料、机械、供电等主要生产要素进行检查,要确保施工连续,杜绝出现施工"冷缝",影响外观质量。

混凝土强度是护栏施工质量的根本,必须确保其满足设计及规范要求。采用以下方式进行强度控制,效果较为明显:

在混凝土施工期间,应定期或不定期抽取混凝土所用原材料,按照批准的配合比进行试拌,通过检查试拌混凝土的工作性与配合比试验时的工作进行比较,如工作性发生较大变化,基本可以判定原材料质量性能已经发生变化,对混凝土强度将会产生影响,应进行下一步试验,以确定原材料质量是否合格。该方法能在很大程度上杜绝不合格混凝土产生。

混凝土浇筑过程中,按照规定频率在浇筑现场抽样试验,重点是7d抗压强度检验,通过7d抗压强度抽检数据与配合比试验时的试验数据进行比较,如出现异常,应暂停混凝土施工,查明原因再继续施工,以减少因强度不合格造成的返工损失。在很多项目混凝土施工中,由于只重视28d龄期强度检测,28d后发现混凝土强度不合格时,已经完成了大量混凝土施工,因此造成了大量返工损失。

混凝土浇筑完成后,采用回弹检测法对实体强度进行普查,发现异常,通过钻芯检测确认。

5. 拆除模板

在完成了混凝土浇筑作业后,便需要着手对防撞护栏模板进行拆除作业。一般来说,模板的拆除需要根据工程项目的实际情况决定。施工人员需要根据混凝土的强度以及施工现场的气候温度综合考虑拆模时间。一般来说,在混凝土初凝后的12h左右,便可进行拆模作业。在完成拆模作业后,需要对混凝土表面进行检查,如若混凝土表面存在小气泡,则需要工作人员使用白水泥对小气泡处进行修整。在防撞护栏拆模之后,需要对其混凝土部分进行洒水养护,并维持一周时间,使用专门的透水土工布,覆盖于混凝土表面,一方面控制混凝土的内外温差,另一方面为混凝土提供湿润的环境。如若施工现场的气温较高,则需要增加洒水频率,确保混凝土表面呈现湿润状态,以保障混凝土的浇筑质量。

6. 养生

在完成对混凝土的拆模和修饰之后,就可以进行覆盖养生,一般是采取喷洒养护剂的方式,与此同时还需要将养生膜或新型的混凝土节水养生膜覆盖在其上。养生期需要进行14~21d作业,对于一些有添加粉煤灰的,也需要进行28d以上的养护,如果碰上低温气候可以适当延长养生期。

# 第五章

# 管理固安,安全管理系统化

## 第一节 施工安全管理

### 一、安全管理创新

1. 工友之家——无线答题系统

综合场站无线网络连接采用类似高速铁路车站无线连接的方式,人员须先进行 5 道安全问题回答,全部正确后方可接入。此举改变传统"填鸭式"安全教育,工人被动接受为主动思考,主动学习,在日常安全教育的基础上加强安全知识灌输,激发安全意识,有效加强工人对安全知识的学习。工友之家——无线答题系统如图 5.1-1 所示。

图 5.1-1 工友之家——无线答题系统

## 2. BIM + VR 安全体验

BIM + VR 安全体验包含 28 小项安全体验,涵盖高处坠落、触电、物体打击、机械伤害及坍塌等五大伤害。结合实体安全体验区,增强工人安全体验,提高安全意识。BIM + VR 安全体验如图 5.1-2 所示。

图 5.1-2　BIM + VR 安全体验

## 3. 车辆识别管理系统及门禁系统

为对施工现场进出车辆实行有效有序管理,项目部对综合场站出入口安装车辆识别管理系统,实现进出车辆自动化管理。钢筋加工场、钢栈桥安装门禁系统,实现现场劳务人员有序管理,同时确保现场实现安全生产,防止无关人员进出施工区域。车辆识别管理系统及门禁系统如图 5.1-3 所示。

图 5.1-3　车辆识别管理系统及门禁系统

项目部实行专业工程师安全轮岗制度,每月对施工现场专业工程师进行考核,对施工现场安全意识不高的专业工程师,到安全部进行为期不低于两周的轮岗。项目统一编制安全操作规程口袋书,现场管理人员人手一册,随身携带,随时查阅相关操作规程,及时正确整改安全隐患。安全操作规程口袋书如图 5.1-4 所示。

图 5.1-4　安全操作规程口袋书

## 二、改扩建的安全环保管理

自项目开工筹备以来,京台高速公路泰枣段泰安一标段项目部在施工生产中高度重视安全生产,坚持"安全第一、预防为主、综合治理",坚决落实集团总裁提出的"三基、四化、十二到位"管理要求,以防范化解重大安全环保风险为重点,深入开展各项专项整治活动,全面排查并消除各类安全环保风险、隐患,坚守安全环保管理底线、红线,加强安全标准化建设。安全保证体系框图如图 5.1-5 所示。

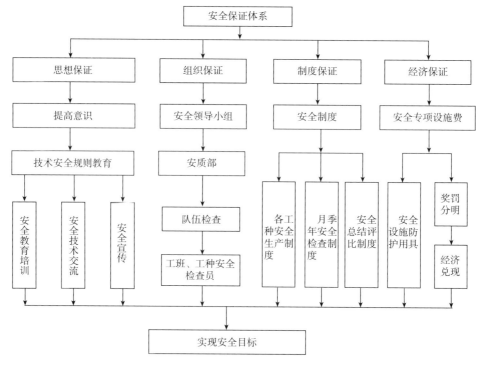

图 5.1-5　安全保证体系框图

### (一)项目安全生产特点及难点

**1. 高速公路"四改八"边通车边施工**

京台高速公路是山东省南北运输大通道的主轴,现状路线里程长、交通量大,同时山东省境内与本工程走向"平行"的高等级道路可作为主要分流路径的条件有限。因此,在施工期间基本保证双向四车道通行,交通组织复杂、难度大。制定切实有效的措施保证该既有公路的行车安全,减少对周围单位和居民的干扰,做到安全施工是本工程重中之重。

**2. 邻近、跨越原有道路施工安全风险较大**

既有路基、桥涵加宽改造施工是特点之一,如何保障社会车辆安全快速通行、施工通车区域分离互不影响是施工需要解决的重点课题。项目建设全过程需要多次转序,新旧道路、桥涵拼宽,旧路桥涵结构的拆除重建、换板等施工是施工的重难点也是安全工作的重难点,施工过程中道路无法完全封闭,如何确保施工过程中高速公路行车安全是一大难点。桥梁上部结构形式多样,有现浇连续梁、钢-混凝土叠合梁、钢-混凝土组合梁、预制箱梁、T梁、空心板梁、实心板梁等,施工组织难度大,且部分桥梁跨越高速公路,施工技术难度大,安全风险大。

**3. 水环保要求标准极高**

项目施工点多位于山东省泰安市岱岳区,当地化工厂空气污染比较严重,因此,地方环保管理单位对施工环保标准提升。山东省地方政府对环水保管理工作极为重视,但项目主线临近或跨越地方道路,与村镇距离较近,施工现场的扬尘、废水、废气及弃渣等极易对周边环境造成污染和破坏,环水保管理工作难度极大。

### (二)安全生产管理工作开展

**1. 建立安全生产责任制,严格落实施工生产"一岗双责"**

项目建立全员安全生产责任制,同时严格落实安全管理"一岗双责",针对项目施工实际情况,各施工点均在过程中划分管理责任区,管现场必须管安全,技术部、质检部、工程部、安全环保部等多个部门在现场管理过程中严格执行各自安全职责,对施工现场危险源进行告知,对每道施工工序进行有害因素辨识,对危险性较大工程进行旁站监督施工,确保项目施工生产安全风险分级管控和隐患排查治理体系有效运行。项目领导小组成立文件、全员安全生产责任书如图5.1-6所示。

**2. 落实教育培训,提升安全意识**

(1)安全教育,立足现场。

每日开展班前教育,每日对现场施工人员进行安全教育以及施工风险告知,轮值安全员每日对现场进行巡查,及时纠正现场三违现象。定期对作业人员开展安全教育培训,结合施工实际情况宣贯项目安全生产重点管控。现场班前教育、联合驻地办教育如图5.1-7所示。

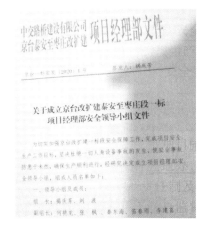

图 5.1-6　项目领导小组成立文件、全员安全生产责任书

图 5.1-7　现场班前教育、联合驻地办教育

(2)体验学习,教育有据。

为提高施工人员安全生产意识要求,使安全培训更具有贴近性,避免纯粹的口头教育,项目根据施工特点,在项目预制梁场生产区域建设安全体验馆。安全体验馆配备有物体打击、护栏倾倒、安全帽撞击体验、安全带体验、综合用电体验等项目,基本涵盖了所有存在安全风险的施工工序。除定期组织统一开展学习体验外,安全体验馆长期开放,鼓励项目工人通过亲身体验,掌握所需的安全知识、技能,进而规范其操作行为。综合安全体验如图 5.1-8 所示。

图 5.1-8　综合安全体验

(3) 教育多样，专业专项。

结合各类专项活动及施工生产进度进展情况，不定期针对不同的班组、工种、作业环境、季节性施工等进行施工教育培训，同时结合实际情况邀请相关行业专家开展学习及专项培训（图5.1-9），确保项目安全教育培训既能覆盖到面，又能覆盖到危险性较大的特殊点。起重设备指挥人员培训取证如图5.1-10所示。

图5.1-9　专家讲座培训

图5.1-10　起重设备指挥人员培训取证

3. 落实双控体系建设，积极开展预防、治理

项目部积极响应项目公司单位"双控体系"建设工作要求，摸索、学习风险分级管控及隐患排查治理项目级管理、管控工作经验。在现场施工中，项目部充分发挥现场管理人员及一线作业人员在安全隐患排查中的作用，每日排查、汇总施工现场风险、隐患，并将问题提交给相关责任人，能够立即处理的立即进行解决处理，不能立即处理的限期进行处理，直至确定消除隐患为止。每日隐患上报台账如图5.1-11所示。

4. 以人为本，营造安全氛围

项目自开工以来，始终坚持努力营造具备安全环保文化氛围的工作环境，始终秉承"以人为本、情系员工"的理念，以"安全环保咨询""夏日送清凉""安全环保知识竞赛"等系列活动的开展为抓手，努力把严肃的安全管理转化成一种温馨关怀的安全氛围，现场随处可见的安全环保警示标语及各类活动，时刻熏陶现场人员的思想和行为，时刻警示一线工作人员。夏日送清凉如图5.1-12所示，安全宣传咨询日如图5.1-13所示，安全知识竞赛如图5.1-14所示。

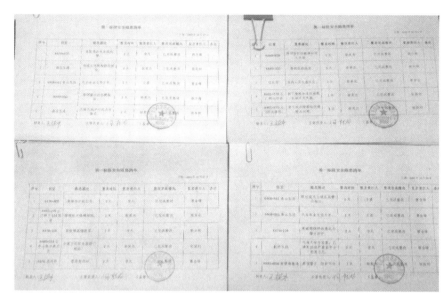

图 5.1-11　每日隐患上报台账

图 5.1-12　夏日送清凉

图 5.1-13　安全宣传咨询日

图 5.1-14　安全知识竞赛

5. 应急救援体系建设

项目部编制并审定了综合应急预案、专项应急预案及现场应急处置方案,确保项目应急预案体系能覆盖施工中的所有可能事故,根据项目实际情况由项目部职工组成兼职应急救援队伍,并定期进行应急能力培训,同时对现场作业参与人员普及应急救援知识,促进班组及现场管理人员处置现场突发事件的能力和自我保护能力普遍提升。项目部定期根据项目实际工作开展情况组织应急救援演练,在有操作的流程中提升相关人员的应急意识。消防安全应急演练如图 5.1-15 所示,防高空坠落及触电应急演练如图 5.1-16 所示。

图 5.1-15　消防安全应急演练

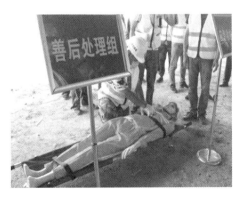 

图 5.1-16　防高空坠落及触电应急演练

## 6. 施工安全防护标准化

项目积极推进安全防护标准化建设工作,并持续改进,不断提升施工现场安全防护水平和施工人员安全意识,有效遏制了安全生产事故的发生。项目部结合实际情况采用定型护栏加支架钢管结合安全网的方式规范现场标准化防护,定型护栏具有易组装、醒目、美观等优点,可以设置在高度不高、深度不深的临边进行防护,有效减少了支架钢管结合安全网方式所需的大量人工。同时,在线下交叉道口及高速公路临边区域,临边防护采用水马加安全网的方式,有效隔离通车、施工区域,确保施工、通车互不影响,避免了施工的影响扩散。墩柱盖梁施工标准化、基坑防护标准化如图5.1-17所示,钻孔桩孔口防护、场站进出口道路如图5.1-18所示,场站沉淀池标准化、场站标志牌标准化如图5.1-19所示,交叉道口标准化、路基施工标准化如图5.1-20所示。

图5.1-17 墩柱盖梁施工标准化、基坑防护标准化

图5.1-18 钻孔桩孔口防护、场站进出口道路

图5.1-19 场站沉淀池标准化、场站标志牌标准化

图 5.1-20　交叉道口标准化、路基施工标准化

### 7. 改扩建施工安全保通标准化

京台高速公路泰枣段改扩建为山东省重点工程项目,由于区域内的其他高速公路网项目还未建成,不具备辅助通道、替代通道的可能,若采取中断交通、全封闭施工的方法,将使现有的交通只能依靠与工程平行的南北 G104 通行,巨大的交通压力将导致南北 G104 道路交通的阻塞和瘫痪,从而引致区域对外交通的不畅,给正在大规模建设的经济区在经济社会效益方面带来较大的不利影响。因此,在高速公路的改扩建施工中,必须以不阻断现有高速公路的交通作为施工期交通组织的最基本原则。高速公路改扩建不可避免地会对其上的正常交通带来较长时期的持续干扰,目前尚无任何能够彻底解决改扩建通行干扰的交通组织措施。

为做好京台高速公路泰枣段改扩建项目安全施工,高速公路改扩建工程的交通组织设计在以保障不中断主线交通、保障行车安全为最根本条件的基础上尽可能减缓或缩短施工对通行带来的干扰。在高速公路改扩建期间,为保障路上施工区的工作人员和施工设备的安全,避免因车速快、驾驶人稍有不慎对在人员和设备的安全带来的威胁和隐患,必须对改扩建路段的交通进行合理的"限速"。在实际施工时,按照高速公路交警的相关要求,改扩建作业区通行严格执行限速的交通管制措施,不同的施工时段、施工路段采取不同的限速方案,第一次转序后施工路段限速 80km/h,在施工难度大的桥梁半幅通行、互通及匝道道路,双向双车道通行限速 60km/h。

项目施工中结合实际情况严格遵照交通组织方案控制性原则:源头疏导、多级分流;客车优先;进出有序、控制流量;节点突出、中心城市为主、枢纽互通为主;分时分段、通行车道数最大化;交通组织工程控制原则:广泛宣传、争取理解;计划在先、预案备之;目标明确、分期落实;施工变化、动态调整。

周边路网整治策略是实施区域诱导分流,保证项目顺利实施。施工期间,由于交通资源有限,区域内道路服务供应比较紧张,尤其是施工点区域,所以项目制定以交通需求为指导的总体控制方案。同时加强道路资源的合理利用,运用动态管理思想对交通组织进行优化。

对节假日交通量进行估计,提前制定预案,并对可能出现的突发事件进行预测和预防。另外,根据节假日交通高峰期交通流量特点合理设置施工进度工期,减少因施工造成的拥堵。在施工区域,根据实际情况增加和完善相关交通标志、标识。充分利用高速公路上的信息指示牌、路标、广播等设施引导交通。改扩建施工区域的施工限速、分流、变道等措施要严格按照规范进行设置。

施工期间由于道路通行能力降低，交通处于不稳定状态，一些比较小的干扰和交通事故都会发生交通堵塞。另外改扩建工程施工期间，存在节假日交通高峰期，交通疏导压力特别大。应根据交通管制工作的需要，建立应急工作机制和应急预案。在交通分流、合流的敏感位置、行车道压缩较严重的路段、分流线路交通压力较大路段，配备足够的管理人员24h值班，确保道路施工期间道路交通安全。由于改扩建工程施工期间对施工造成影响的某些因素尚不明朗，而施工场地及周边路网情况也在不断变化。因此，交通组织在施工阶段需实行动态设计，根据施工阶段和影响因素对实施方案进行动态的细化调整及完善。

高速公路改扩建工程中，针对施工作业人员尤其要强调：在高速公路上进行施工、养护的所有作业人员和管理人员必须统一穿着反光背心；施工作业交通管制人员必须认真履行工作职责，确保施工作业安全、顺利进行；严禁施工作业人员和管理人员超越交通管制区活动，更不得在通行车道上逗留、行走、横穿；作业人员和管理人员必须服从交警人员的管理、监督、检查和指导；对施工人员进行安全教育并进行安全考试，考试合格后方可上岗施工，同时进行安全技术交底。

高速公路改扩建工程中，针对施工车辆尤其要强调：施工车辆（机械）必须保证车况良好，不得带病上路作业，不得从事施工作业以外的其他运输活动，更不得违法载人；施工车辆必须遵守道路交通法律法规，服从交警的管理；严禁驶出施工（养护）作业管制区或在施工作业管制区外横穿和逆行；施工作业车辆或机械上道路行驶时，不得将砂石、泥土、杂物等带入公路。

高速公路改扩建工程中尤其要强调：服从交警、交通执法等部门的相关要求和现场管理，按批准的时间、范围施工作业。在交警、交通执法部门监督下，严格按施工要求设置施工交通标志和其他安全设施；施工结束后，应及时恢复道路交通标志，清除所有障碍物，拆除施工标志，恢复正常交通；加强与公路交警和交通执法人员以及安全办等的联系，听取公路交警和交通执法人员等管理关于安全管理的建议和意见，以便及时纠正安全隐患，确保公路交通安全和施工安全。每月10日、20日、30日召开安全行驶协调会，用于解决车辆在行驶过程中已经存在和根据现有状况需要完善的部分。道路两侧安装隔离栅如图5.1-21所示，便道出入口及交叉路口如图5.1-22所示，改扩建施工变道口设置如图5.1-23所示。

图5.1-21 道路两侧安装隔离栅

图 5.1-22　便道出入口及交叉路口

图 5.1-23　改扩建施工变道口设置

## 第二节　安全管理体系

项目深入贯彻落实上级安全生产工作要求和指示,按照"安全第一、预防为主、综合治理"的安全生产方针,遵守"一岗双责,党政同责,失职追责,齐抓共管的安全管理"原则,围绕一个核心,落实"五个到位,提升三个能力,达成两个目标的安全管理"思路,健全完善项目安全生产管理体系和全员安全生产责任制,积极落实了安全生产风险防控和隐患排查治理百日实施方案,持续开展安全风险防控和隐患排查治理工作,抓落实、补短板、排隐患、堵漏洞。经过项目全体人员严格安全管理,未发生一般及以上生产安全责任事故;未发生一般及以上职业病危害责任事故。

### 一、扎实推进安全体系建设,狠抓安全责任落实

安全工作是一项艰巨而又复杂的系统工程,离不开安全体系的强力支撑,项目建立健全并逐渐完善了项目的安全体系建设,逐步建立起较为科学、规范、细致的安全生产保障体系,对项目的安全工作起到了较好的保证和促进作用。在新型冠状病毒疫情防控、复工复产、防灾减灾

的关键时段,项目成立了以项目经理、支部书记为组长的安全生产领导小组,建立了专职安全管理机构,健全了以落实项目主要负责人安全责任为重点的安全生产责任体系,强化项目安全主体责任落实,牢牢守住安全生产体系;编制了规范化的安全制度体系资料,如项目安全生产管理制度、各类疫情防控、生产安全风险、防灾减灾应急预案等,明确了安全生产方针和原则,建立健全了安全生产责任制和考核奖惩,开展了项目桥梁互通施工安全风险评估和风险源辨识、评价工作等,确保安全生产职责、"一岗双责"能得到落实,同时安全管理人员、重点岗位人员、班组长和一线从业人员都能严格履行自身职责,严格遵守岗位安全操作规程,形成"层层负责、人人有责"的安全生产工作体系。

项目严格危大工程安全管理,执行"方案先行,交底保障,作业许可"的安全模式,推行危险较大分部分项工程领导带班旁站制度和关键岗位24h值班制度,划定值守关键区域,狠抓关键工序、危大工程事前管理和过程管控,推行两票管理制度,强化抓落实、补短板、排隐患、堵漏洞,全力防范化解各类重大风险,坚决遏制生产安全责任事故。

## 二、推行应急管理,切实做好各类防灾减灾工作

项目根据新型冠状病毒疫情、雷电暴雨大风天气频发、城区改扩建工程涉路施工多的现状,有针对性地制定了应急防控应急预案,并对项目既有专项应急预案、现场应急处置预案进行修订,同时对各区域施工管理人员进行培训教育,积极储备各类疫情防控物资,检查现有的应急物资储备情况,及时补充损坏、缺失的应急物资,确保生产过程中可能出现的各类紧急事件能够第一时间得到处置,最大限度地消除疫情、安全、灾害事件对项目的影响,减少人员伤亡及财产损失。有针对性地组织开展桌面演练及现场应急演练,保证突发事件发生后能采取行之有效的应对措施进行处置,切实保障项目生产任务安全顺利完成。项目按照既定演练计划组织开展了消防应急救援演练一次、交通事故应急演练一次、转序后道路交通事故应急演练一次、消防应急处置一次,提升了全员应急安全知识和紧急情况自救互救的处置能力。

项目明确每周安全管理重点,定期组织开展周、月安全生产例会,集中解决项目安全生产管理难题,同时,定期组织开展专项安全检查、月度综合安全检查,在检查过程中坚决做到了"五防":防止敷衍了事、防走马观花、防有始无终、防时紧时松、防放任自流置之不理。

## 三、加强安全教育,建设平安班组

项目以新员工入场三级岗前安全教育培训为抓手,建立员工教育培训档案,分工种、分季节深入开展各类安全教育培训和交底告知工作,强化全员安全意识,学习安全知识。各工班每日组织开展班前班后讲话和轮值交底,每日将影像资料上传至项目安全管理微信群,全员监督共同落实,养成班前班后讲安全的良好习惯。

根据改扩建"边施工、边通车"的特点,结合《项目桥梁互通总体和专项风险评估》的风险辨识情况,项目组织工程技术人员对全建设周期开展了风险源辨识、评价工作,结合重大风险源制定风险管控方案,施行风险动态安全管理,严格风险分级管控和隐患排查治理,推行双重预防监控机制和危大作业领导带班制度,同时根据风险分级情况,严格危大工程安全管理,执行"方案先行,交底保障,作业许可"的安全模式,推行危险较大分部分项工程领导带班旁站制

度和关键岗位24h值班制度,划定值守关键区域,狠抓关键工序、危大工程事前管理和过程管控,全力防范化解各类重大风险,坚决遏制生产安全责任事故。

### 四、加强标准化建设,全面提升安全管理

为了强化项目安全生产基础工作的长效制度,提升人员安全素质、提高装备设施水平、改善作业环境、强化岗位责任落实,在原有"围绕一个核心,落实五个到位,提升三个能力,达成两个目标"的管理思路上积极推进切实可行的六个标准化建设,进一步规范了从业人员的安全行为,提高了机械化和信息化水平,促进了现场各类隐患的排查治理,有效防范和遏制了事故的发生,保障了项目的安全生产。

严格临时用电标准化安全管理,按照"三级配电,逐级回路保护"和"一机一闸一箱一漏"的原则规范临时用电线路布设,采用线路架空穿管敷设、地埋、电缆线槽等安全管理措施,杜绝线路私拉乱接现象。推行高处作业标准化安全管理,高处作业采用厂家定型"盖梁通道和高墩作业平台",形成360°全封闭安全操作平台,人员上下高墩采用"框架式安全爬梯"和"带护圈钢直梯",确保人员上下安全可靠。

严格涉路工程施工标准化安全管理,涉路工程施工严格按照《公路养护安全作业规程》制定交通疏导管制方案,强化人员培训,严格措施落实,锥形桶、标志牌、反光板等采用定型沙袋固定,杜绝导行设施移位,施工围挡采用"冲孔防风板",保证道路通行视野开阔,增加围挡防风抗倾倒能力。同时,涉路施工采用智慧锥桶预警精灵,做到施工与高德地图导航联动,形成涉路施工主动化交通组织管理。严格基坑施工标准化安全管理,基坑防护采用"红白钢管+定型基坑围栏"代替传统的安全密目网防护,一次投入到位,重复利用率较高。

强化特种设备标准化安全管理,项目成立专门设备管理部门,指定专职特种设备安全管理人员,建立特种设备安全管理体系及相关特种设备安全管理制度,在项目现有特种设备门式起重机上配置自动液压夹轨器、红外线防撞器等安全装置,同时,项目将根据标准化要求在门式起重机上装设门式起重机人脸识别系统,强化特种设备安全管理。推行培训教育标准化,创新原有安全教育培训新模式。

培训教育不到位是建筑施工最大的安全隐患,有效的安全培训是提高全员安全素质和实现安全生产的重要手段,因此,项目在采用传统的劳务队伍作业人员培训教育模式上加以引申,引进了虚拟现实(Virtual Reality,VR)体验馆、多媒体培训教育功能箱,创新了安全教育模式,推动整个项目树立"我要安全、我会安全"的安全意识,规范"我能安全、我保安全"的安全行为,提高项目的安全文化氛围,从而最大程度地提高项目的安全管理水平。

## 第三节 安全生产责任

工程项目安全生产工作必须坚持"管业务必须管安全""管生产必须管安全""谁主管谁负责"的原则,坚持"预防为主、关口前移、超前预控、动态管理、持续改进"的原则,坚持"全员参与、全面覆盖、全过程管理"的原则。工程项目应成立由建设单位牵头,监理、施工等单位负责

人共同参与的工程项目安全生产委员会,规范、指导、协调工程参建单位的安全生产行为。明确安全分管领导,并设置安全生产管理部门,配备至少1名专职安全管理人员。

各权属单位分管安全生产工作的领导应为领导班子成员。除单位分管安全生产工作的负责人、安全总监外,新进安全生产管理人员要求年龄在40周岁以下,有两年及以上工程项目管理经验(取得注册安全工程师等资格的人员优先选用),专职(或兼职)安全管理人员应保持相对固定。各项目公司(项目办)分管安全生产工作的负责人、安全管理部门负责人发生变动的,应于变动后5个工作日内向公司报备。

公司及各权属单位安全生产管理人员的岗位工资比同职级其他岗位管理人员高5%。取得注册安全工程师、注册消防工程师等资格的专职安全生产管理人员的岗位工资比同职级其他岗位管理人员高10%。建设、监理、施工单位应制定安全生产目标,开展安全生产管理策划,并以文件形式发布。建设、监理、施工单位应分别成立安全生产领导小组,设置安全生产管理机构,明确其成员及职责,并以文件形式发布。建设、监理、施工单位应建立安全生产责任制度,明确各部门、各岗位安全生产职责、考核标准等内容,并按年度进行考核,实施奖惩。

## 一、安全生产目标

建设、监理、施工单位均应制定安全生产目标。安全生产目标应包括事故类、管理类两类指标。

事故类指标:事故起数、死亡(人数)率、亿元投资事故率、亿元投资死亡率、事故直接经济损失等;鼓励设定工程项目"零伤亡"目标。

管理类指标:"平安工地"优秀项目、品质工程、科技创新奖项等。

建设单位应在招标文件及施工合同中载明工程项目安全生产目标。监理、施工单位应根据工程项目安全生产目标制定安全生产目标。工程项目开工前,建设、监理、施工单位应以文件形式发布工程项目(合同段)安全生产目标。

## 二、安全生产管理策划

建设单位项目负责人应在监理、施工单位进场前根据工程项目安全生产目标主持编制工程项目安全生产管理策划方案。工程项目安全生产管理策划方案是工程项目开展安全生产工作的指导性文件,主要内容应包括工程概况、工程项目安全生产目标、工程项目主要安全风险分析、工程项目安全生产工作的设想与安排等。建设单位编制的策划方案应以文件形式印发监理、施工单位执行。

监理单位总监理工程师应根据工程项目安全生产管理策划方案和有关文件,明确监理计划中的安全监理内容,以文件形式报建设单位批准。施工单位应根据工程项目安全生产管理策划方案,细化施工组织设计中的安全技术措施,在开工前组织编制合同段安全生产管理策划方案。方案应包括工程概况、工程安全生产目标、工程安全风险分析、工程安全管理工作计划、工程安全技术控制要点等。方案应以文件形式报监理单位审查,批复后抄送建设单位。建设、监理、施工单位应根据工程项目安全生产目标和安全生产管理策划方案,制订年度安全生产工作计划和相关的专项工作方案,并按年度对各部门安全生产管理工作完成情况进行考核,实施奖惩。

## 三、安全生产组织机构

### (一) 工程项目安全生产委员会

工程项目安全生产委员会主任由项目公司(项目办)负责人担任,副主任由建设单位分管安全生产的负责人、监理单位总监理工程师担任,成员由各参建单位负责人组成。安全生产委员会下设办公室,办公室主任由建设单位分管安全生产的负责人兼任。工程项目安全生产委员会应在开工前成立,由建设单位以文件形式发布。

### (二) 建设单位安全生产组织结构

建设单位应成立安全生产领导小组,组长由项目公司(项目办)项目负责人担任;副组长由分管安全生产的负责人和其他分管负责人担任,成员由建设单位部门负责人组成。安全生产领导小组下设办公室,办公室主任由分管安全生产的负责人担任,副主任由安全管理部门负责人担任,成员由其他部门负责人及各部门专、兼职安全生产管理人员组成。建设单位安全生产领导小组应在开工前成立,以文件形式发布。建设单位安全生产领导小组组长或副组长发生变更时,应以文件形式及时调整。

### (三) 监理单位安全生产组织机构

监理单位应成立安全生产领导小组,组长由总监理工程师担任,副组长由分管安全生产的副总监理工程师和其他分管负责人担任。安全生产领导小组下设办公室,办公室主任由分管安全生产的副总监理工程师担任,成员由各部门负责人、总监办安全监理工程师、驻地监理工程师、总监办各专业监理工程师组成。

监理单位安全生产领导小组应在开工前成立,以文件形式发布,并报建设单位备案。备案时应提交机构成员的基本信息表,包括但不限于姓名、单位、职务、职称、联系电话、所承担的安全生产责任等。监理单位安全生产领导小组组长或副组长发生变更时,应以文件形式及时调整,并报建设单位审查。

### (四) 施工单位安全生产组织机构

施工单位应成立安全生产领导小组,组长由项目经理担任,副组长由安全总监或分管安全生产副经理、总工程师担任,成员由分管其他业务副经理组成。安全生产领导小组下设办公室,办公室主任由安全总监或分管安全生产的副经理担任,副主任由安全管理、工程技术、设备物资部门负责人担任,成员由其他部门负责人及各部门专兼职安全生产管理人员组成。施工单位安全生产领导小组应在开工前成立,以文件形式发布,并报监理单位审查,审查时应提交机构成员的基本信息表,包括但不限于姓名、单位、职务、职称、联系电话、所承担的安全生产责任等,批复后抄送建设单位。施工单位安全生产领导小组组长或副组长发生变更时,应以文件形式及时调整,并报监理单位审查,批复后抄送建设单位。

## 四、安全生产责任

### (一)建设单位安全生产责任

建设单位应依法开展工程项目开工前安全生产条件核查,按规定组织总体风险评估和安全生产检查,推进工程项目安全生产标准化建设,按照合同约定督促参建单位落实安全生产责任。建设单位不得对勘察、设计、监理、施工、运营、材料供应、试验检测、安全服务等单位提出不符合安全生产法律、法规和工程建设强制性标准规定的要求。不得违反或者擅自简化基本建设程序。不得随意压缩工期。工期确需调整的,应当对影响安全的风险进行论证和评估,经合同双方协商一致,提出相应的施工组织措施和安全保障措施。建设单位在编制工程概算时,应当确定建设工程安全作业环境及安全施工措施所需费用。建设单位不得明示或暗示施工单位购买、租赁、使用不符合安全施工要求的安全防护用具、机械设备、施工机具及配件、消防设施和器材。

建设单位应依法将工程项目发包给具有相应资质等级的单位;工程项目施工招标文件及施工合同中应当载明项目安全管理目标、安全生产职责、安全生产条件、安全生产信用情况及专职安全生产管理人员配备的标准等要求。建设单位在办理施工许可证或申领施工许可证时,应提供工程项目有关安全施工措施的相关资料。建设单位应开展工程项目安全生产检查,督促施工单位落实施工合同中约定的安全生产标准和条件,按规定开展"平安工地"建设评价工作。

建设单位应与施工单位签订安全生产合同,并在合同中约定各自的安全生产管理责任。建设单位项目负责人应与各分管负责人,按年度签订安全生产责任书;各分管负责人应与所分管部门负责人签订安全生产责任书;各部门负责人应与各岗位员工签订岗位安全生产责任书。安全生产责任书应载明责任部门(岗位)的安全生产目标、安全生产职责、奖罚等内容。建设单位应按年度开展安全生产责任制考核,实施奖惩。

### (二)勘察、设计单位安全生产责任

勘察单位应按照法律、法规、规章、工程建设强制性标准和合同文件进行实地勘察,针对不良地质、特殊性岩土、有毒有害气体等不良环境或者其他可能引发工程生产安全事故的情形,还应加以说明,并提出防治建议。勘察单位提交的勘查文件必须真实、准确,满足工程安全生产的需要;勘察单位及勘察人员对其勘察结论负责。勘察单位在勘察作业时,应当严格执行操作规程,采取措施保证各类管线、设施和周边建筑物、构筑物的安全。

设计单位应当按照法律、法规、规章、工程建设强制性标准和合同文件进行设计,防止因设计不合理导致生产安全事故发生。设计单位应当考虑施工安全操作和防护的需要,对涉及施工安全的重点部位和环节在设计文件中加以注明,并提出指导意见;依据设计风险评估结论,对存在极高安全风险等级的工程部位还应增加专项设计,并组织专家论证。针对采用新结构、新工艺、新材料的工程和特殊结构工程,设计单位应当在设计文件中提出保障施工作业人员安全和预防生产安全事故的措施和建议。设计单位和设计人员应当对其设计负责,按合同要求做好安全技术交底和现场服务。

### (三) 监理单位安全生产责任

监理单位应按照法律、法规、规章、工程建设强制标准和合同文件进行监理,对工程安全生产承担监理责任。监理单位应当编制监理计划和安全监理细则,明确监理人员的岗位职责、监理内容和方法等。对危险性较大工程应当加强巡视检查。

监理单位应审查施工组织设计中的安全技术措施或专项施工方案是否符合工程建设强制性标准,同时审查应急预案、桥梁和隧道等施工安全风险评估报告。危险性较大工程专项施工方案中需专家论证、审查的,监理单位还应检查施工单位组织专家论证、审查的情况。监理单位应检查施工单位安全生产责任制、安全生产规章制度的建立和落实情况,以及重大危险源安全管理和生产安全事故隐患排查治理情况;还应核查施工单位项目经理、专职安全生产管理人员和特种作业人员的资质证书,以及施工机械设备和设施的安全许可验收手续。

监理单位应检查施工单位危险性较大工程专项施工方案的实施情况,发现未按专项施工方案实施时,应签发监理指令单,要求施工单位整改。监理单位在实施监理过程中,发现存在事故隐患的,应要求施工单位整改,情节严重的,应要求施工单位停止施工,并及时报告建设单位。施工单位拒不整改或不停止施工的,监理单位应及时向有关监管部门报告。监理单位应当填写安全监理日志和监理月报,并由专人负责建立安全监理台账,及时记录安全专项检查和巡查情况、旁站中涉及的施工安全管理情况、存在安全生产问题、监理指令及施工单位整改情况等。监理单位总监理工程师应与各分管负责人按年度签订安全生产责任书;各分管负责人应与所分管部门负责人签订安全生产责任书;各部门负责人、驻地监理工程师应与各岗位员工签订安全生产责任书。安全生产责任书应载明责任部门(岗位)的安全生产目标、安全生产职责、奖罚等内容。监理单位应按年度开展安全生产责任制考核,实施奖惩。

### (四) 施工单位安全生产责任

施工单位应按照法律、法规、规章、工程建设强制性标准和合同文件组织施工,保障项目施工安全生产条件,对施工现场的安全生产负主体责任。项目经理依法对项目施工安全全面负责。施工单位应当设置独立的安全生产管理机构,配备专职安全生产管理人员。施工单位对列入工程概算的安全生产费用,应当用于施工安全防护用具及设施的采购和更新、安全施工措施的落实、安全生产条件的改善,不得挪作他用。施工单位应当根据安全风险辨识、评估结果确定不同风险等级的安全管理要求,合理布设施工作业区;在风险较高的区域应设置警戒区和风险告知牌。施工单位应当在施工现场出入口或者沿线各交叉道口、起重机械施工区域、拌和站、临时用电设施、爆破物及有害危险气体和液体存放处等场所,以及孔洞口、隧道口、基坑边沿、脚手架边沿、码头边沿、桥梁边沿等危险部位,设置明显的符合国家标准的安全警示标志及必要的安全防护设施。

施工单位应当根据不同施工阶段、周围环境及季节、气候的变化,在施工现场采取相应的施工安全保障措施。施工现场暂时停止施工的,施工单位应做好现场防护。施工单位对因建设工程施工可能造成损害的毗邻建筑物、构筑物和地下管线等,应当采取专项防护措施。施工单位采购、租赁的安全防护用具、机械设备、施工机具及配件,应当具有生产(制造)许可证、产品合格证,并在进入施工现场前进行查验。施工现场的安全防护用具、机械设备、施工机具及配件必须由专人管理,定期检查、维修和保养,建立相应的资料档案,并按照国家有关规定及时报废。施工单位在使用特种设备时应当取得特种设备使用登记证,建立特种设备安全技术档案,登记标志应当置于该特种设备的显著位置。

施工单位应当在翻模、滑(爬)模等自升式架设设施、自行设计、组装或改装的施工挂(吊)篮、移动模架等设施投入使用前,组织有关单位验收,或委托具有资质的检验检测机构进行验收,验收合格、经试运行后方可使用。施工单位应建立消防安全责任制度,明确消防安全责任人,制定用火、用电、使用易燃易爆材料等各项消防安全管理制度和操作规程,设置消防通道、消防水源,并配备相应的消防设施和灭火器材。施工单位与从业人员签订的劳动合同,应当载明有关保障从业人员劳动安全、防止职业危害等事项,书面告知危险岗位的操作规程。施工单位应当向作业人员提供符合标准且必需的劳动防护用品,并监督、教育从业人员按规则佩戴、使用。施工单位应建立安全教育培训制度,对管理人员和作业人员进行安全教育培训。未经教育培训或考核不合格的人员不得上岗作业。

施工单位的垂直运输机械作业人员、施工船舶作业人员、爆破作业人员、安装拆卸工、起重信号工、电工、焊工等国家规定的特种作业人员,必须按照国家规定经过专门的安全作业培训,并取得特种作业操作资格证书后,方可上岗作业。施工单位应当在施工组织设计中编制安全技术措施和施工现场临时用电方案,对危险性较大工程应当编制专项施工方案,并附具安全验算结果,经施工企业技术负责人、监理工程师审查同意签字后实施,由专职安全生产管理人员进行现场监督。各项工程施工前,施工单位应将有关安全施工的技术要求向施工作业班组、作业人员作出详细说明,并由双方签字确认。

施工单位应当按规定开展事故隐患排查治理,建立全员参与的工作机制,完善隐患排查登记、治理销号等全过程记录,未完成治理的事故隐患应当对从业人员进行通报,重大事故隐患还应按规定上报和挂牌治理。项目实施总承包的,总承包单位对施工现场安全生产负总责。总承包单位依法将建设工程分包给其他单位的,应在分包合同中明确各自的安全生产权利义务,总承包单位对分包工程的安全生产承担连带责任。施工单位应为全部施工作业人员投保安全生产责任保险和人身意外伤害保险。施工单位应针对项目特点制定生产安全事故应急预案、现场处置方案,定期组织演练。发生事故时,施工单位应立即启动应急预案,采取措施减少人员伤亡和事故损失,并按有关规定及时、如实地向建设单位、监理单位和事故发生地县级以上人民政府安全生产监督管理部门和负有安全生产监督管理职责的有关部门报告。施工单位应与专业分包单位、劳务合作单位签订安全生产合同,并在合同中约定各自的安全生产职责。各专业分包单位、劳务合作单位应与全部作业人员签订安全生产承诺书。施工单位项目经理应按年度与项目安全总监、副经理、总工程师签订安全生产责任书;项目安全总监、副经理、总工程师应与所分管部门负责人签订安全生产责任书;各部门负责人应与各岗位员工签订安全生产责任书。安全生产责任书应载明责任部门(岗位)的安全生产目标、安全生产职责、奖罚等内容。施工单位应按年度开展安全生产责任制考核,实施奖惩。

## 第四节 安全生产管理制度

建设、监理、施工单位应在开工前识别适用的安全生产法律、行政法规、部门规章、地方性法规、地方规章和相关标准、规范性文件，并建立清单，每半年更新一次。建设、监理、施工单位应制定安全生产管理制度，以文件形式印发。

### 一、建设单位安全生产管理制度

建设单位应在招标前制定工程项目安全生产管理制度，印发建设单位各部门。包括但不限于以下制度：全员安全生产责任制及考核奖惩制度，安全生产会议制度，安全生产机构设置与人员配备制度，安全风险辨识、评估与风险分级管控制度，安全生产费用管理制度，安全生产培训教育制度，安全生产检查制度，生产安全事故隐患排查治理制度，生产安全事故管理制度，安全生产内业资料管理制度，"平安工地"建设评价管理制度（表5.4-1）。

建设单位安全生产管理制度　　表5.4-1

| 序号 | 制度 | 主要内容 |
| --- | --- | --- |
| 1 | 全员安全生产责任制及考核奖惩制度 | 应明确全员安全生产责任、考核标准、考核实施及奖惩等内容 |
| 2 | 安全生产会议制度 | 应明确会议频次、内容、参会人员、会议决定事项跟踪等内容 |
| 3 | 安全生产机构设置与人员配备制度 | 应明确机构设置、人员配备标准、人员资质要求等内容 |
| 4 | 安全风险辨识、评估与风险分级管控 | 应明确风险（危险）源辨识与评估、管理与控制、风险告知、风险分级管控、重大危险源管理等内容 |
| 5 | 安全生产费用管理制度 | 应明确费用提取、使用范围、计量支付方式、审批流程、使用监督、变更、台账记录等内容 |
| 6 | 安全生产教育培训制度 | 应明确教育培训的职责分工培训对象、内容、学时、频次、效果评价、台账记录等内容 |
| 7 | 安全生产检查制度 | 应明确检查的类别、方式、内容、频次、整改流程、结果应用等内容 |
| 8 | 生产安全事故隐患排查治理制度 | 应明确隐患督促整改的职责分工、管理流程等内容 |
| 9 | 生产安全事故管理制度 | 应明确事故的报告、应急救援、统计分析、内部调查和责任追究等内容 |
| 10 | 安全生产内业资料管理制度 | 应明确内业资料的归档类别归档内容、归档责任部门等内容 |
| 11 | "平安工地"建设评价管理制度 | 应明确"平安工地"建设评价（含开工前安全生产条件核查）的职责分工、实施步骤、评价标准、结果运用、台账记录等内容 |

建设单位应在招标前制定工程项目施工安全标准。标准应明确建设、监理、施工单位安全生产管理工作内容、程序、标准、要求和安全技术相关要求等。标准应印发送至建设单位各部门，并作为招标文件和施工合同的附件。标准应包括但不限于以下内容：建设、监理、施工单位

安全生产条件、安全生产责任、安全生产机构设置与人员配备、安全生产会议、安全风险辨识评估与分级管控、生产安全事故隐患排查治理、安全生产费用管理、人员与设备管理、安全生产教育培训、安全生产技术管理、安全生产检查、生产安全事故管理、安全生产应急预案编制、安全生产内业资料管理、"平安工地"建设评价、安全生产奖惩、施工安全防护和安全技术要点等。

## 二、监理单位安全生产管理制度

监理单位应依据建设单位制定的工程项目施工安全标准,在施工单位进场前制定安全监理制度,印发送至监理单位各部门及各驻地办、监理合同段,并以文件形式报建设单位审查。包括但不限于以下制度:全员安全生产责任制及考核奖惩制度,安全生产会议制度,安全生产费用审查制度,特种作业人员、特种设备核查监督制度,安全生产培训教育制度,危险性较大工程监理制度,安全生产检查制度,生产安全事故隐患督促整改制度,生产安全事故报告制度,安全生产内业资料管理制度,"平安工地"建设评价制度。制度应明确各阶段安全监理的内容、程序与职责分工等(表5.4-2)。

监理单位安全生产管理制度　　　　表5.4-2

| 序号 | 制度名称 | 主要内容 |
| --- | --- | --- |
| 1 | 全员安全生产责任制及考核奖惩制度 | 应明确全员安全生产责任、考核标准、考核实施及奖惩等内容 |
| 2 | 安全生产会议制度 | 应明确会议频次、内容、参会人员、会议决定事项跟踪等内容 |
| 3 | 安全生产费用审查制度 | 应明确费用计量审查的职责分工、审查程序、审查要求、台账记录等内容 |
| 4 | 特种作业人员、特种设备核查监督制度 | 应明确施工单位特种作业人员、特种设备进场报审(验)流程和资料清单、核查程序、日常监督等内容 |
| 5 | 安全生产教育培训制度 | 应明确教育培训的职责分工,培训对象、内容、学时、频次、效果评价、台账记录等内容 |
| 6 | 危险性较大工程监理制度 | 应明确危险性较大工程监理的职责分工、方案审查程序、方案实施过程监督、台账记录等内容 |
| 7 | 安全生产检查制度 | 应明确检查的类别、方式、内容、频次、整改流程、结果应用等内容 |
| 8 | 生产安全事故隐患督促整改制度 | 应明确隐患督促整改的职责分工、管理流程等内容 |
| 9 | 生产安全事故报告制度 | 应明确事故报告的职责分工、报送程序、时限等内容 |
| 10 | 安全生产内业资料管理制度 | 应明确内业资料的归档类别、归档内容、归档部门等内容 |
| 11 | "平安工地"建设评价制度 | 应明确对施工单位开展安全生产条件核查和"平安工地"建设评价的职责分工、核查(复核)程序、核查(复核)标准、复核结果报送、台账记录等内容 |

## 三、施工单位安全生产管理制度

施工单位应依据建设单位工程项目施工安全标准,在开工前制定安全生产管理制度,印发送至施工单位各部门、专业分包单位和劳务合作单位,并以文件形式报监理单位审查,同意后报建设单位备案。包括但不限于以下制度：全员安全生产责任制及考核奖惩制度，安全生产会议制度，安全风险辨识、评估与分级管控制度，安全生产费用管理制度，劳动用工实名登记制度，劳动防护用品配备和管理制度，特种作业人员管理制度，施工机械设备安全管理制度，施工单位项目主要负责人带班制度，安全生产教育培训管理制度，"平安班组"建设制度，危险性较大工程管理制度，施工安全技术交底制度，生产安全事故隐患排查治理制度（表5.4-3）。

施工单位安全生产管理制度　　　　　表5.4-3

| 序号 | 制度名称 | 主要内容 |
| --- | --- | --- |
| 1 | 全员安全生产责任制及考核奖惩制度 | 考核全标准、应明确全员安全生产责任、考核实施及奖惩等内容 |
| 2 | 安全生产会议制度 | 应明确会议频次、内容、参会人员、会议决定事项跟踪等内容 |
| 3 | 安全风险辨识、评估与分级管控制度 | 应明确风险（危险）源辨识与评估、管理与控制、风险告知、重大危险源管理等内容 |
| 4 | 安全生产费用管理制度 | 应明确费用计划（清单）编制、费用支取申报程序、台账记录等内容 |
| 5 | 劳动用工实名登记制度 | 应明确用工登记编码规则、登记信息、登记程序、信息化和动态管理工作要求等内容 |
| 6 | 劳动防护用品配备和管理制度 | 应明确劳动防护用品的配备标准用品的采购、验收、发放登记、使用要求、使用监督等内容 |
| 7 | 特种作业人员管理制度 | 应明确特种作业人员的进场考核、岗前培训、继续教育、人员登记台账等内容 |
| 8 | 施工机械设备安全管理制度 | 应明确机械设备管理的职责分工设备的安装、验收、使用、检查、保养维修管理要求、台账记录等内容 |
| 9 | 施工单位项目主要负责人带班制度 | 应明确项目主要负责人带班计划、带班内容、带班管理程序、台账记录等内容 |
| 10 | 安全生产教育培训管理制度 | 应明确培训教育的职责分工培训对象、内容、学时、频次、效果评价、台账记录等内容 |
| 11 | "平安班组"建设制度 | 应明确"平安班组"建设的职责分工、实施要求、检查评价、奖惩、台账记录等内容 |
| 12 | 危险性较大工程管理制度 | 应明确危险性较大工程的清单制定、专项施工方案的编制审批、专项方案的实施、台账记录等内容 |
| 13 | 施工安全技术交底制度 | 应明确交底的通知书编制、交底实施、过程监督、台账记录等内容 |
| 14 | 生产安全事故隐患排查治理制度 | 应明确隐患的排查方式频次、治理程序、治理要求、重大事故隐患的清单建立、排查治理等内容 |

## 四、安全生产管理制度编制与实施要求

安全生产管理制度应具有"时间、地点、人物、工作内容、工作流程"五要素,明确管理责任主体、管理内容、管理程序等内容。安全生产管理制度中的工作程序应明确清晰,并与安全生产责任体系和岗位职责相对应。安全生产管理制度应符合法律法规和部门规章等,并及时进行更新。

安全生产制度发布后,建设、监理、施工单位应通过会议、培训、实操、演练、设置宣传栏等方式组织从业人员进行安全生产制度、操作规程的学习与培训。建设、监理、施工单位应每年对安全生产制度和操作规程的落实情况进行评估,形成评估报告,针对存在问题,持续改进,确保制度内容完整、可操作性强。

# 第五节 安全风险评估与管控

工程项目安全风险评估与预控应坚持"预防为主,关口前移,超前预控、全过程管理"的原则。工程项目安全风险评估费用在工程项目安全生产费用中列支。

## 一、工程可行性研究、设计阶段

### (一)风险评估

建设单位应依据《公路项目安全性评价规范》(JTG 805—2015),在工程可行性研究阶段、初步设计阶段、施工图设计阶段开展工程项目安全性评价。设计单位应依据《公路桥梁和隧道工程设计安全风险评估指南(试行)》,在初步设计阶段开展公路桥梁和隧道工程设计安全风险评估,并按要求提交风险评估报告。建设单位应组织专家对评估报告进行评审。根据评审结果,由设计单位对初步设计方案进行修改和完善。当评估结论为极高风险时,设计单位应对初步设计方案进行重新论证。

### (二)风险预控

建设单位应在初步设计阶段委托地质勘察咨询单位,对全线的地质地貌情况进行调查并提交地质地貌咨询报告,作为初步设计的依据。设计单位应按照法律、法规、规章、工程建设强制性标准和合同文件进行设计,防止因设计不合理导致生产安全事故发生。设计单位应考虑施工安全操作和防护的需要,在设计文件中对涉及施工安全的重点部位和环节加以注明,并提出指导意见。

设计单位应依据初步设计阶段桥隧安全风险评估结论,在设计文件中对存在极高安全风险等级的工程部位增加专项设计,并组织专家论证。对采用新结构、新工艺、新材料的工程和特殊结构工程,设计单位应在设计文件中提出保障施工作业人员安全和预防生产安全事故的措施和建议。设计单位和设计人员应对其设计负责,按合同要求做好设计交底和现场服务。

## 二、招标阶段

建设单位应在招标文件及施工合同中载明工程项目安全生产目标、各自的安全生产管理责任、施工单位安全生产条件、安全生产信用情况及专职安全生产管理人员配备标准等要求。建设单位应在招标文件及施工合同中设置安全奖，按一定比例列入合同总价中，用于各阶段的安全评比及评价奖励。建设单位应将工程项目施工安全标准写入招标文件和监理合同、施工合同，作为监理、施工单位的安全生产行为准则。

## 三、施工准备阶段

### （一）风险辨识与评估

施工单位应建立安全风险（危险）辨识、评估与管控制度，及时排查和管控安全风险。工程开工前，施工单位总工程师应组织工程技术、质量、安全、设备物资等部门人员，按照有关标准和规范，全方位、全过程辨识施工工艺、设备及设施、作业环境、人员行为和管理体系等方面存在的安全风险，并对辨识出的安全风险进行科学评估，确定安全风险等级，形成风险（危险）源清单和重大风险（危险）源清单化。其中，对重大风险（危险）源应制定明确的安全措施、应急措施，填写登记表，汇总造册，报监理单位审查后抄送建设单位。风险辨识与评估工作完成后，施工单位应依据安全风险类别和等级，绘制安全风险空间分布图。施工单位应及时关注风险（危险）源变化情况每年至少开展一次全面的安全风险（危险）辨识与评估，动态评估、调整风险等级和管控措施。

### （二）桥隧、路堑高边坡风险评估施

符合《公路桥梁和隧道工程施工安全风险评估指南（试行）》《高速公路路堑高边坡工程施工安全风险评估指南（试行）》规定的工程项目，建设、监理、施工单位应按规定开展施工安全风险评估。施工单位应在工程开工前向监理单位上报施工安全风险评估计划，监理单位应对施工单位施工安全风险评估工作完成情况进行汇总，填写施工安全风险评估完成情况汇总表，并报建设单位备案。

施工安全风险评估项目范围、方法、步骤、报告、动态监管及其他工作要求应参照《公路桥梁和隧道工程施工安全风险评估指南（试行）》《高速公路路堑高边坡工程施工安全风险评估指南（试行）》执行。桥梁和隧道工程施工安全风险评估工作一般应由施工单位负责实施。当评估项目含有多个合同段时，总体风险评估应由建设单位牵头组织，专项风险评估应由施工单位负责。总体风险评估、专项风险评估均应在工程开工前完成。风险评估报告经监理单位审查，同意后抄送建设单位。路堑高边坡工程施工安全总体风险评估应由建设单位负责组织，专项风险评估应由施工单位负责组织。总体风险评估应在工程开工前完成，专项风险评估应在评估单元施工前完成。施工单位风险评估报告经监理单位审查，同意后抄送建设单位。

施工单位桥隧、路堑高边坡专项风险等级达到Ⅳ级（极高风险）时，建设单位应组织专家论证。对无有效防护措施的极高风险的施工作业活动（施工区段），不得施工。施工单位应将桥隧、路堑高边坡风险评估结果纳入合同段风险（危险）源清单。对桥隧、路堑高边坡专项风

险评估为Ⅲ级及以上的施工作业活动(施工区段),应纳入合同段重大风险(危险)源清单,进行重点管控。

### (三) 开工前安全生产条件核查

工程项目开工前,建设单位应对监理单位进行安全生产条件核查。核查的主要内容包括:安全监理管理制度报批情况、安全组织机构、管理机构报批情况、安全监理人员到位和持证情况、监理计划、安全监理细则报批情况。工程项目开工前,监理单位应对施工单位进行安全生产条件核查。核查的主要内容包括安全生产管理制度及操作规程报批情况、安全组织机构、管理机构报批情况、安全管理人员到位和持证情况、施工组织设计中安全技术措施和施工现场临时用电方案编制审批情况、危险性较大工程专项施工方案编制计划报批情况、安全生产费用清单报批情况。建设单位应对施工单位安全生产条件进行抽查。

分项工程开工前,监理单位应对施工单位开展分项工程安全生产条件核查,提出核查意见。分项工程安全生产条件核查的主要内容包括:专项施工方案编制审批情况、特种作业人员持证情况、特种设备检测情况、其他机械设备验收情况、施工作业人员岗位教育培训情况、安全技术交底情况、施工现场安全生产措施落实情况、临时用电设置情况、劳动防护用品配备情况。监理单位对施工单位开展危险性较大的分项工程安全生产条件核查合格后,方可签发分项工程开工报告。

## 四、施工阶段

### (一) 风险告知

施工单位应制作岗位安全风险告知卡或岗位安全知识手册,将安全风险、可能引发事故隐患类别、事故后果、管控措施、应急措施及报告方式等内容告知从业人员和进入风险(危险)源工作区域的外来人员,指导、督促其做好安全防范。

施工单位应对进入重大风险(危险)源区域的从业人员开展应急逃生和应急处置等内容的教育培训,并组织应急演练。施工单位应当在重大风险(危险)源所在场所设置明显的安全警示标志和安全风险告知牌,标明重大风险(危险)源危险特性、可能发生的事件后果、安全防范和应急措施。

### (二) 风险预控

施工单位应根据风险(危险)源评估结论,完善施工组织设计和专项施工方案。对评估确定的重大风险(危险)源,应制定有关的安全措施和应急措施,报监理单位审查,同意后抄送建设单位。施工单位应对风险(危险)源进行动态监管,及时掌握安全风险状态和变化趋势。对经评估确定的重大风险(危险)源,施工单位应按照"一源一档"的要求,建立专项管理台账,定期进行分析、评估、预警、预控,把安全风险控制在可防、可控的范围内。施工单位应结合工程实际,采取以下措施管控施工安全风险:

(1)调整施工方案,主要包括合理调整施工顺序、改进施工工艺;

(2)完善施工安全生产措施,主要包括安全技术措施(包括监测预警、对不安全场所进行安全隔离或加强防护、设立警告标志、人工警戒等)、安全替代措施(以机器换人措施等)、应急

救援措施(制定预案,做好应急准备等);

(3)强化安全管理措施,主要包括加强作业人员安全教育培训、安全巡查检查等措施。

工程开工后,监理单位应督查施工单位风险(危险)源控制措施的落实情况,并予以记录。

## 第六节 风险分级管控及隐患排查治理"双体系"建设

### 一、"双体系"建设准备工作

组织各参建单位成立风险分级管控及隐患排查治理"双体系"(简称"双体系")建设领导小组,布置任务与分工。同时利用各种形式进行深入的宣传发动,使人人了解"双体系"建设的有关内容。教育培训,系统学习体系文件,即:双体系建设的通则、细则和指南、双体系过程管控等。

组织全员进行培训,采用集中培训的形式,对全体员工讲解"两个体系"建设的重要性,系统学习两个体系建设的内容,通过学习使全体员工熟悉什么是风险点,什么是危险源以及风险点危险源辨识的方法;怎么进行风险管控及隐患排查。编制"两个体系"建设实施方案,准备各种材料、文件及表格。

### 二、风险分级管控实施阶段

(一)编制体系制度

编制符合自身特点的风险分级管控与隐患排查治理制度,依据通则和细则要求,构建两个制度,形成开展双体系工作的"技术标准"。

(二)确定风险点、辨别危险源

根据统计和识别的作业活动、设备设施等对风险点进行确定,形成作业活动(或设备设施)风险点清单,然后辨识危险源。全员参与,自下而上,由各岗位、班组逐级识别确定本岗位、班组的风险点。

(三)形成风险点、危险源清单

岗位、班组辨识形成风险点危险源清单后,由领导小组指定专门人员进行整理,形成风险点、危险源清单。

(四)成立评价小组

通过工作危害分析(JHA+LEC)和安全检查表分析(SCL+LEC)对辨识出的危险源进行风险评价,建立危险源辨识、风险评价信息表。

(五)制定管控措施

从工程技术措施、管理措施、培训教育措施、个体防护措施、应急处置措施五个方面制定具体管控措施。

### （六）建立管控清单

针对风险评价结果和在制度中自行确立的分级控制原则，进行分级控制层级划分。按照建设单位、监理单位和施工单位层次进行分级（各施工单位结合自身实际细化风险管控层级）。建立明确的风险分级管控清单并下发。

### （七）安全风险告知

在醒目位置和重点区域分别设置安全风险公告栏，制作岗位安全风险告知卡，标明主要安全风险、可能引发事故隐患类别、事故后果、管控措施、应急措施及报告方式等内容。根据风险分级管控清单将设备设施、作业活动及工艺操作过程中存在的风险及应采取的措施通过培训方式告知各岗位人员及相关方，使其掌握规避风险的措施并落实到位。

## 三、隐患排查治理实施阶段

### （一）编制隐患排查清单

根据风险控制措施和项目实际情况，编制隐患排查清单，实现隐患排查标准明晰，解决以往隐患排查粗放的缺陷。

### （二）实施隐患排查

各职能部门、各单位按照隐患排查清单开展隐患排查，并组织相关部门按照风险控制措施进行一次系统的隐患排查，建立起隐患排查记录台账。

### （三）按照隐患治理流程实施隐患治理

按照制度确定的整改通知、整改反馈、整改验收等程序对隐患进行治理，建立台账。

## 第七节　人员与机械设备安全管理

施工单位是施工现场作业人员与机械设备安全管理的责任主体，应制定劳务用工登记、机械设备管理制度并组织实施。监理单位应做好人员和机械设备的准入核查和过程监督。施工单位应积极应用信息化手段，开展劳务用工实名登记和机械设备使用管理。

## 一、施工现场人员标识

建设、监理、施工单位人员应根据岗位分工，佩戴不同颜色安全帽。其中建设单位人员的安全帽为白色，监理单位人员的安全帽为蓝色，施工单位管理人员的安全帽为红色，特种作业人员的安全帽为蓝色，施工作业人员的安全帽为黄色，专职安全员安全帽颜色为橙色。施工单位专兼职安全生产管理人员（包括班组安全协管员）应佩戴红色"安全员"袖标，尺寸为40cm×14cm，穿戴安全员反光马甲，配备执法记录仪。

## 二、施工作业人员管理

### (一)劳动用工实名制

施工单位应建立劳动用工实名登记制度,按照编码规则对所有进场人员进行实名登记,确保登记信息真实完整,并积极推行信息化管理方式,对施工作业人员的基本身份信息、培训和技能状况、从业经历、考勤记录、诚信信息、工资结算及支付等情况实行实名动态管理。

### (二)保险

施工单位应依法参加工伤保险,为所有施工作业人员缴纳保险费。施工单位应为施工作业人员购买人身意外伤害保险。如安全生产责任保险的保障范围已涵盖人身意外伤害保险的保障范围,可不再重复购买。鼓励施工单位投保安全生产责任保险,将施工作业人员全部纳入安全生产责任保险保障范围。

### (三)职业健康

#### 1. 劳动防护

施工作业人员进场前,施工单位应与其签订安全生产承诺书。施工单位应为施工作业人员配备符合标准且必需的劳动防护用品,并教育作业人员正确佩戴和使用。施工单位采购或租用的劳动防护用品必须有生产许可证、产品合格证,并按规定检测和更新。监理、施工单位应对劳动防护用品使用情况进行不定期巡视检查,发现作业人员不按规定使用劳动防护用品的,应责令其立即停止作业并督促整改。

#### 2. 职业病防治

施工单位应对现场职业健康环境进行评估,辨识可能造成职业病危害的作业活动范围,制定有效的防治措施,预防和控制职业病的发生和发展。施工单位应按照规定及时、如实地向当地主管部门申报辨识出来的职业危害因素,依法接受其监督。施工单位应告知作业人员操作岗位存在的职业病危害因素、已采取的防治措施及应急救治措施,组织可能受影响的作业人员进行必要的健康检查。施工单位应在存在职业危害因素的作业现场设置警示标识和警示说明,警示说明应载明职业危害因素的种类、后果、预防和应急救治措施。

## 三、特种作业人员管理

施工单位应汇总施工现场特种作业人员的相关资格证书,并建立特种作业人员台账。做好到岗、离岗记录,及时更新人员台账。特种作业人员进场前,施工单位应编制特种作业人员基本信息表(附特种作业人员操作证、身份证、近期照片以及网上真实性查询结果全截图原件和复印件),报监理单位核查,通过后方可进场作业。监理单位为二级管理机构的,可由驻地办进行核查并定期将有关资料报总监办备案。监理单位应对施工现场特种作业人员的作业情况进行不定期巡视检查,发现人证不一或无证上岗的,应责令其立即停止作业,清退出场。

## 四、一般机械设备管理

施工单位应建立机械设备管理制度和机械设备管理台账,做好使用、检查、维护、保养等记录。监理、施工单位应对施工现场机械设备的使用、检查、保养、维护等情况进行不定期巡查,检查机械设备管理制度的落实情况。一般机械设备操作员应持操作培训合格证上岗。监理单位应与进场前施工单位应组织验收,机械合格后方可进场。

## 五、特种设备管理

特种设备的安装与拆除应委托具有专业资质的单位。特种设备使用前,施工单位应填写特种设备基本信息表[附"四证":特种设备出厂合格证、检验合格证(包括检验报告)、使用登记证以及特种设备操作人员证书],报监理单位核查,通过后方可使用。监理单位为二级管理机构的,可由驻地办进行核查并定期将有关资料报总监办备案。施工单位应按照"一机一档"的要求,建立特种设备动态管理台账。台账应包括下列内容:特种设备的设计文件、制造单位、产品质量合格证明、使用维护说明等文件以及安装技术文件和资料;特种设备定期检验和定期自行检查的记录;特种设备的日常使用状况记录;特种设备及其安全附件、安全保护装置、测量调控装置及有关附属仪器仪表的日常维护保养记录;特种设备运行故障和事故记录。

监理单位应对施工现场特种设备使用情况进行不定期巡视检查,发现证件不全或存在重大事故隐患的,应责令清退出场。特种设备装、拆前应报监理单位批准并验收后方可执行,并落实人员现场监督。

## 第八节 安全培训与文化建设

建设、监理、施工单位应当根据现行法律法规、行业规范等,针对高速公路建设劳动密集、劳动作业人员流动性强以及"三违"现象突出等特点,建立安全教育培训制度,完善安全教育培训条件,按要求对从业人员进行安全教育培训。建设、监理、施工单位应转变传统观念,改变传统教育培训方式,推动安全教育培训向信息化、可视化、集成化等方向发展,将"说教灌输型"教育培训模式向"体验型、实作型"模式转变。建设、监理、施工单位应负责人员安全教育培训工作。各单位主要负责人应当根据法律法规,组织建立安全教育培训制度,保障安全教育培训经费,组织制定年度安全教育培训计划,并组织实施。建设、监理、施工单位应在岗位安全生产职责中明确各部门、岗位在安全教育培训工作中的职责,并在安全教育培训制度、培训计划中具体体现。建设、监理、施工单位负责教育培训工作的部门应当会同安全生产管理部门组织安全教育培训,并建立健全教育培训档案。建设、监理、施工单位各部门应根据分工,配合做好有关教育培训工作,并负责整理部门教育培训档案。

建设、监理、施工单位人员应当接受安全教育培训,熟悉有关法律法规、行业标准,熟悉安全生产规章制度和安全操作规程,掌握本岗位的安全操作技能,了解事故应急处置措施,知悉自身在安全生产方面的权利和义务。应当接受安全教育培训的人员包括安全生产主要负责人、安全生产管理人员、工程技术人员、特种作业人员、其他管理人员和作业人员。未经安全教育培训或考核不合格的从业人员,不得上岗作业。

建设、监理、施工单位原则上不得占用从业人员休息时间安排安全教育培训,且应当支付工资和必要的费用,确保从业人员有效配合完成安全教育培训课时,达到安全教育培训的目的。鼓励施工单位建立安全体验馆和制作工序模型,开展场景模拟、安全体验及工序安全要点体验实作等新型安全教育培训。鼓励施工单位依托"互联网"和"物联网"技术,开展网络安全教育培训。鼓励施工单位委托社会专业安全教育培训机构开展安全教育培训。

## 一、安全教育培训对象与要求

### (一)安全生产主要负责人安全教育培训要求

安全生产主要负责人应按规定持有安全生产培训合格证书,并按时参加继续教育,确保证件持续有效。安全生产主要负责人初次安全教育培训时间不得少于32学时,每年再培训时间不得少于12学时。建设、监理、施工单位安全生产主要负责人应掌握的基本安全知识见表5.8-1。

安全生产主要负责人应掌握的基本安全知识　　　　表5.8-1

| 内容 | 安全生产主要负责人 | | | 安全生产管理人员 | | |
| --- | --- | --- | --- | --- | --- | --- |
| | 建设单位 | 监理单位 | 施工单位 | 建设单位 | 监理单位 | 施工单位 |
| 《中华人民共和国安全生产法》 | √ | √ | √ | √ | √ | √ |
| 《建设工程安全生产管理条例》 | √ | √ | √ | √ | √ | √ |
| 《公路水运工程安全生产监督管理办法》 | √ | √ | √ | √ | √ | √ |
| 《公路工程施工安全技术规范》 | 基本规定 | √ | √ | | √ | √ |
| 《公路工程施工监理规范》 | | √ | | 一般规定 | √ | |
| 自身岗位安全生产职责 | √ | √ | √ | √ | √ | √ |
| 《生产安全事故报告和调查处理条例》 | √ | √ | √ | √ | √ | √ |

### (二)安全生产管理人员安全教育培训要求

建设、监理、施工单位安全生产管理人员应持有本标准所规定证书。安全生产管理人员应按规定参加继续教育,确保证件持续有效。安全生产管理人员初次安全教育培训时间不得少于32学时,每年再培训时间不得少于12学时。建设、监理、施工单位安全生产管理人员至少应每年参加1次外部专业培训,应掌握的基本安全知识见《安全生产主要负责人应掌握的基本安全知识表》。

### (三)特种作业人员安全教育培训要求

特种作业人员必须按照国家有关规定接受专门的安全教育培训,经考核合格取得相应资格证书后,方可上岗作业。特种作业人员的范围和培训考核管理,参照《特种作业人员安全技术培训考核管理规定》执行。

### (四) 工程技术人员安全教育培训要求

建设单位至少应每半年组织1次针对工程技术人员的安全教育培训,包括但不限于以下内容:国家、行业安全生产法律法规、规范、标准等;上级有关文件、合同条款、安全生产管理制度、岗位安全生产职责;施工现场常见隐患及治理措施;典型险情或事故案例剖析;安全生产管理办法。总监办至少应每季度组织1次针对工程技术人员的安全教育培训,主要培训内容同建设单位培训要求。二级监理单位驻地办或根据现场安全生产管理实际,至少应每两个月组织1次针对驻地办监理人员的安全教育培训,包括但不限于以下内容:建设单位及上级有关安全生产指的新文件和新制度;与所监管项目有关的施工方案;岗位风险及应急处置措施;重大节日及大风、雷暴雨、冰冻等特殊天气的安全监理注意事项、典型险情或事故案例剖析。

施工单位项目经理应当在项目正式开工前,组织总工程师、项目副经理、工程技术人员进行安全教育培训,主要包括但不限于以下内容:合同中的有关条款;项目总体情况;项目安全管理重难点及管理措施;重要施工方案;施工技术规范及安全质量管理要求。施工单位至少应每月组织1次针对工程技术安人员的安全教育培训,包括但不限于以下内容:总结本月项目安全生产工作存在的工作问题,部署下月安全生产工作;通报本月项目发生的险情、事故情况;各工序风险因素、变化情况及管理措施;建设单位、上级单位有关安全生产方面的要求;公路建设工程施工技术规范及安全质量管理要求。对工程技术人员的安全教育培训可通过课件宣讲、体验检查、交流探讨会、现场参观等形式开展。

### (五) 其他从业人员的岗前安全培训要求

其他从业人员应参加组织的岗前安全教育培训,新入职员工的岗前安全教育培训不少于24学时,且考核合格后方可上岗作业。调整、离岗半年后重新上岗的员工应按新员工的安全教育培训要求执行。施工单位在采用新技术、新工艺、新设备、新材料、新产品时,应按新员工的安全教育培训要求对作业人员进行相应的教育培训。其他从业人员中管理及后勤岗位员工的岗前安全教育培训内容见表5.8-2。

管理及后勤岗位员工的岗前安全教育培训内容　　　　表5.8-2

| 单位内容 | 建设单位 | 监理单位 | 施工单位 |
|---|---|---|---|
| 学习国家有关安全生产法律法规行业规范、强制性安全标准 | √ | | |
| 安全生产规章制度 | √ | √ | √ |
| 安全生产状况、工作环境及危险因素、事故案例分析 | | | √ |
| 所从事岗位的安全生产职责、操作规程、所从事岗位存在的安全风险,预防事故和职业危害的措施以及相关事故的应急处理措施 | | | √ |
| 观摩安全体验馆,学习急救技能、安全设备设施及个人防护用品的使用和维护 | √ | √ | √ |
| 上级相关安全文件要求、相关的监理合同和施工合同 | √ | √ | √ |
| 学习其他需要培训的内容,针对所培训内容组织闭卷考试 | √ | √ | √ |

其他从业人员中,一线作业人员必须接受岗前分级安全教育培训。施工单位组织的岗前安全教育培训,包括但不限于以下内容:安全生产情况;安全管理组织机构、管理模式,安全生产基础理论;安全生产规章制度和劳动纪律;从业人员安全生产权利和义务;岗位职业危害因素及防治措施,劳动防护用品的作用及正确穿戴使用方法,现场存在的各类危害因素及对应防治措施;项目风险告知、重大风险(危险)源及防控措施;有关事故案例。劳务合作单位及班组组织的岗前安全教育培训,包括但不限于以下内容:所作业分部分项工程的安全生产概况、工作环境和危害因素;所从事工种的安全生产职责、操作规程及强制性标准;岗位之间的工作衔接配合的安全与职业卫生注意事项;作业程序及工艺流程;应遵守的劳动纪律;生产安全事故案例。

### (六)全员日常安全教育培训要求

建设单位应每年至少组织全员进行1次不少于2学时的安全教育培训。教育培训应包括但不限于以下内容:国家有关安全生产的新规定、上级有关安全生产的文件、新制(修)订的安全管理制度、生产安全事故案例、应急知识。

建设单位在工程项目开工前,应组织监理、施工单位相关人员进行安全合同条款宣贯及涉及管线(高压线、石油天然气管道等)施工的安全技术交底。建设单位至少应每年组织监理、施工单位的工程技术人员进行1次不少于4学时的安全教育培训。

教育培训对象包括:施工单位安全生产主要负责人、总工程师、专兼职安全生产管理人员、工程技术部负责人等;监理单位安全生产主要负责人、安全监理工程师、驻地监理工程师等。教育培训应包括但不限于以下内容:国家有关安全生产的新规定、上级有关安全生产文件规定;合同相关条款及建设单位新制(修)订的安全管理制度;本项目当前安全生产状况和管控要求;生产安全事故案例;《公路工程施工安全技术规范》等技术规范;安全生产标准化、"平安工地"建设要求和安全技术要点。

施工现场出现险情或发生生产安全事故后,建设单位应及时召开险情或事故分析会,对监理、施工单位相关人员进行专门的安全生产教育。监理、施工单位主要负责人应组织相关部门开展专门的安全生产教育培训。监理单位至少应每半年组织全员进行1次不少于2学时的安全教育培训,由总监理工程师负责组织实施。教育培训应包括但不限于以下内容:国家有关安全生产法律法规的新规定;安全监理要点、现场常见隐患及治理措施;典型险情或事故案例剖析;应急知识;安全生产标准化、国内外先进经验交流等。施工单位应当利用周、月度、季度、年度安全例会或召开专门安全生产会议对全体员工开展经常性的安全教育培训,切实增强全员的安全意识。同时结合重大传统节日及大风、雷暴雨、冰冻等特殊天气季节,有针对性地开展安全教育培训。

施工单位应开展周安全例会、班前危险预知等形式的安全教育培训。周安全例会由施工单位或专业分包、施劳务合作单位负责人组织开展,各单位管理人员参加,周安全例会应包括但不限于以下内容:上周存在的违章现象及奖罚情况,本周安全工作及注意事项;施工工序有关安全管理要求;各工序风险因素、变化情况及预防措施;个人劳动防护及现场安全防护有关要求;上级单位有关安全管理要求;事故案例解析等;每班的班前危险预知由班组长组织,详细分析当天工作内容存在的风险内容,一般不少于5min。

### (七)见习生、实习生、外来人员安全教育培训要求

见习生、实习生应按照一般作业人员的要求开展安全教育培训工作,并建立教育培训档

案。对外来检查、参观、指导工作的人员,必须有施工单位管理人员陪同,并进行简短的风险告知,正确佩戴劳动防护用品后方可进入施工现场。

## 二、教育培训要求

建设、监理、施工单位建立的安全生产检查制度应明确安全教育培训检查标准、检查频率等内容,定期进行检查评价。各参建单位可以采用档案查阅、现场抽查询问等方式检查安全教育培训的落实情况。新员工岗前教育培训考核合格后,各单位应发放教育培训标识卡(可生成文本类型二维码打印,手机直接扫描查询验证),贴于安全帽尾端。建设单位应督促监理、施工单位建立安全教育培训制度,制定年度安全教育培训计划,并纳入安全生产检查内容。

监理单位应在开工前检查施工单位是否制定安全教育培训制度和年度安全教育培训计划,每季度对施工单位安全教育培训工作进行1次专项检查。驻地办应每月检查所有新进场工人的岗前安全教育培训落实情况,抽查施工单位周安全例会和班前危险预知落实情况,并记录在案,每月报总监办备案。

建设、监理、施工单位应当建立安全教育培训档案,所有安全教育培训行为均应形成专门的记录,记录资料要求内容翔实,签字齐全,应提供开始、过程、结束三个时刻的影像资料,且有影像设备自动生成的时间。档案管理部门应建立方便查阅的台账,确保档案有序归档。

## 三、安全文化建设

建设、监理、施工单位应通过全面推行安全标准化,建设安全文化,培养从业人员安全意识、安全责任、安全行为,形成安全行为习惯。建设、监理、施工单位应设立安全文化走廊、安全视角、黑板报、宣传栏等员工安全文化阵地,每季度至少更新一次内容。建设、监理、施工单位应建立奖励机制,公布举报电话,发动从业人员发现、报告生产安全事故隐患。对从业人员发现的事故隐患,应及时处理和反馈。

施工单位应编制岗位安全风险告知卡或岗位安全知识手册,发放至每一名从业人员。建设、监理、施工单位应采取奖励、意见征集等方式,听取从业人员对单位安全生产工作的建议,提高从业人员参与安全生产工作的积极性。建设、监理、施工单位应对在安全生产工作中取得显著成绩的集体和个人给予表彰、奖励,并发放奖金。

# 第九节 安全技术管理

## 一、施工组织设计中的安全技术措施

安全技术措施作为施工单位项目施工组织(总)设计的重要内容,应符合相关法律法规的要求。监理单位在审查施工组织设计时,应重点审查安全技术措施内容是否符合强制性标准的要求,同意后方可签发开工令,并抄送建设单位。

安全技术措施主要应包含以下内容:安全生产目标;安全生产组织体系、责任体系以及安全生产条件;符合有关安全要求的施工现场布置图及说明;符合国家有关规定的安全防护用具、机械设备、施工机具等清单;危险性较大工程、施工现场重大风险(危险)源清单及初步控制措施;施工现场消防措施;项目安全技术控制要点;施工作业人员安全教育培训计划、安全技术交底计划;安全生产费用使用计划;生产事故综合应急预案(附专项应急预案和现场处置方案清单)。

## 二、危险性较大工程专项施工方案

### (一)危险性较大工程范围

危险性较大工程是指在施工过程中存在的、可能导致作业人员群死群伤或造成重大财产损失、作业环境破坏或其他损失的工程。

施工单位应当根据风险评估结论,在提交开工报告前,向建设、监理单位提供本合同段危险性较大工程清单。建设单位应组织监理、施工、设计等单位对工程项目的危险性较大工程清单进行审核确认,并进行动态管理。危险性较大工程和超过一定规模危险性较大工程范围参照《公路工程施工安全技术规范》附录A。

### (二)危险性较大工程专项施工方案的编制

危险性较大工程专项施工方案是指在公路工程建设中,施工单位在编制施工组织设计的基础上,针对危险性较大工程,以分部分项工程为单元,依据有关工程建设标准、规范和规程,单独编制的质量安全技术措施文件。

施工单位应按照施工组织安排,及时编制专项施工方案。专项施工方案应由施工单位总工程师组织本合同段技术、质量、安全、设备物资等部门的专业技术人员编制;专业分包工程的专项施工方案应由专业分包单位组织相关人员编制。

专项施工方案主要包括以下内容:

工程概况:危险性较大工程概况、水文地质条件、施工平面布置、施工要求和技术保证条件;

编制依据:相关法律、法规、标准、规范及图纸(国标图集)、施工组织设计等;

施工计划:包括施工进度计划、材料与设备计划、劳动力计划(包括专职安全生产管理人员、特种作业人员等);

施工工艺技术:主要施工技术方案、施工方法、工艺流程、技术参数、工序检查验收环节等;

风险(危险)源管理:风险(危险)源辨识、分析与评估;

施工安全保证措施:组织保障(质量、安全生产组织机构及职责分工)、技术措施、监测监控措施、检查措施、专项施工方案安全教育培训和技术交底措施等;

文明施工、环境保护措施;

应急预案:生产安全事故现场处置方案,存在专项风险等级在Ⅲ级(高度风险)及以上的施工作业活动(施工区段)的,分类编制相应专项应急预案;

相关结构安全验算书及相关图纸;

其他需要说明的内容。

### (三) 专项施工方案审批

已编制的专项施工方案应由施工单位总工程师组织本合同段技术、质量、安全、设备物资等部门的专业技术人员进行内审。对于超过一定规模的危险性较大工程专项施工方案，施工单位编制完成后应委托具有设计资质的单位进行复核，通过后应组织专家论证审查。专家论证审查的主要内容如下：专项施工方案内容是否完整，安全控制措施是否具体、可行；危险因素辨识分析是否合理，全面；专项施工方案计算书和验算依据是否符合有关标准规范；安全施工的基本条件是否具备程，是否符合现场实际情况等。

专家组应由5名及以上具有高工级及以上职称、符合相关专业要求的专家组成，其中工程技术类不少于3人，安全管理类不少于1人，同一单位不得多于2人。涉及公路、铁路、海事、交警、安监等相关部门的，应邀请相关部门人员参加论证会。负责方案编制的施工单位及施工企业相关人员不得以专家身份参加专家论证会。专项施工方案经论证审查后，专家组应提交论证审查报告，对论证审查方案提出明确的意见，并在论证审查报告上签字，对论证审查意见负责。该报告是专项施工方案修改完善的指导意见，应作为专项施工方案的附件。

专项施工方案经论证审查需做重大修改的，施工单位应按照论证报告进行修改，并重新组织专家进行论证、审查。专项施工方案内审合格或按照论证审查报告完善后，报施工企业技术负责人审核，签字同意后报监理单位进行审批，总监理工程师审核签字同意后方可实施。施工单位应严格按照专项施工方案组织施工，不得擅自修改、调整专项施工方案。因设计、结构、外部环境等因素发生变化需修改的，修改后的专项施工方案应重新按审核程序办理。对于超过一定规模的危险性较大工程的专项施工方案，修改后应重新组织专家论证、审查。

### (四) 专项施工方案实施

专项施工方案实施前，施工单位应向相关现场管理人员和作业人员进行安全技术交底和风险告知。施工单位应在危险性较大工程的施工现场设置安全风险告知牌，告知现场安全风险。告知内容应包括风险(危险)源、安全生产要求、应急措施等。

由专职安全生产管理人员负责设立现场安全风险告知牌，并根据现场作业内容变化及时更新告知内容。专项施工方案实施时，应落实项目负责人轮流带班生产制度。施工单位应指定专人对专项施工方案实施情况进行现场监督和监测。施工单位总工程师应定期巡查专项施工方案的实施情况。对于按规定需要验收的危险性较大工程，施工、监理单位应组织有关人员进行验收。验收合格，经施工单位总工程师及监理单位总监理工程师签字同意后，方可进入下一道工序。监理单位应对专项施工方案进行全过程监理；对施工单位未按规定编制、论证、审查专项施工方案或落实安全生产条件的，监理单位应责令施工单位进行整改，整改完成后方可签发该工程(含分部分项工程)的开工报告。施工单位拒不整改的，监理单位应及时向建设单位报告。监理单位在日常的安全管理中发现专项施工方案落实不到位的，应责令施工单位整改并立即采取有效的安全防护措施；发现有危及人身安全的紧急情况，应立即组织作业人员撤离危险区域；对不按专项施工方案实施的，应责令整改，施工单位拒不整改的，应及时向建设单位报告。

发生险情或事故的,施工单位应停止作业,及时启动应急响应程序,落实应急措施,防止事态恶化;险情解除或事故处理后,应对施工现场进行清理,全面核查安全生产条件,经有关部门同意后,方可恢复施工。监理单位应将危险性较大工程列入监理计划和安全监理细则,并针对工程特点、周边环境和施工工艺等,制定安全监理工作流程、方法和措施。

### 三、监理计划、安全监理细则

监理单位应在合同规定的期限内,根据工程项目安全生产管理策划方案和有关文件编制监理计划。如无约定,监理计划一般应在监理合同签订之日起一个月内、召开第一次工地会议之前完成。监理计划应由总监理工程师主持编制,经监理企业技术负责人审核后,以文件形式报建设单位批准。当工程监理实施情况发生重大变化时,监理计划应及时修订。

监理计划包括下列主要安全监理内容:①安全监理工作依据、内容、目标;②安全监理机构的组织形式,监理人员安全岗位职责、安全监理人员和设备的配备和进退场计划;③安全监理工作制度、监理程序和工作用表;④安全监理工作方案。管理计划应包含初步认定的危险性较大工程一览表,初步认定的需复核安全许可或验收手续的大中型施工机械设备和安全设施一览表,初步选定采用新材料、新技术、新工艺及特殊结构工程,防止生产安全事故的监督控制措施等内容,应明确安全巡视和验收等具体计划要求。

监理单位应根据经批准的监理计划,在危险性较大工程开工前编制安全监理细则。安全监理细则应由驻地监理工程师主持编制,并报总监理工程师审批。监理过程中,安全监理细则应根据工程实际变化情况进行补充、修改。安全监理细则应包括下列主要内容:①危险性较大工程的内容、特点和施工现场环境状况;②安全监理工作流程;③安全监理的检查和控制要点;④安全监理工作方法和措施;⑤安全巡视和验收等计划。

### 四、专项控制工序安全验收

#### (一)专项控制工序定义

施工栈桥及平台、现浇支架、爬模及滑模工程、挂篮施工、架桥机、塔式起重机等需进行重点安全控制的施工工序,称为专控工序,应纳入安全验收范畴,按照工序验收程序完成施工单位自检及监理单位复检工作。

#### (二)验收范围及使用表格

专项控制工序验收范围见表5.9-1。

专项控制工序验收范围　　　　　　　表5.9-1

| 序号 | 验收项目 | 验收工序 | 使用表格 |
| --- | --- | --- | --- |
| 1 | 施工栈桥及平台 | 施工栈桥及平台施工 | 施工栈桥及平台安全验收表 |
| 2 | 现浇支架 | 支架基础施工、支架搭设及预压 | 现浇支架基础安全验收表<br>现浇支架(满堂式)搭设安全验收表<br>现浇支架(少支架式)搭设安全验收表 |

续上表

| 序号 | 验收项目 | 验收工序 | 使用表格 |
|---|---|---|---|
| 3 | 爬模及滑模工程 | 爬模、滑模安装及提升施工 | 整体提升模板(滑模、爬模)安装安全验收表<br>整体提升模板(滑模、爬模)提升前安全验收表<br>整体提升模板(滑模、爬模)提升后安全验收表 |
| 4 | 挂篮施工 | 挂篮安装、前移施工 | 挂篮拼装安全验收表<br>挂篮前移到位安全验收表 |
| 5 | 架桥机 | 架桥机安装及过孔施工 | 架桥机安全验收表 |
| 6 | 塔式起重机 | 塔式起重机基础施工 | 塔式起重机固定基础安全验收表 |

### (三)验收程序

施工过程中,施工单位总工程师应组织技术、设备物资部门对专控工序进行自检和监控,确保施工工序满足规定的技术、安全要求。每道专控工序完成后,施工单位应向专业监理工程师提交相应的自检资料,申请现场验收,经专业监理工程师验收合格后方可进入下一道工序;验收不合格的,不允许进入下道工序。专业监理工程师应要求施工单位限期整改,同时做好记录工作,整改完成并验收合格后方可进入下一道工序。监理工程师审查危险性较大工程交工申请时,应同时检查专控工序的安全验收资料,无安全验收资料的,不得签发交工证书,相关工程不得计量。

## 五、安全技术交底

### (一)安全技术交底

施工单位应建立安全技术交底制度,明确交底通知书编制、交底实施、过程监督、台账记录等。施工单位应编制安全技术交底文件(安全技术交底通知书)。施工技术、安全交底必须在相应工程内容施工前分级进行。第一级:施工单位项目部总工、安全总监向项目各部门负责人及全体技术人员、安全人员进行交底。第二级:施工单位项目部技术部门负责人或各分部分项工程主管工程师向现场技术人员和现场班组长进行交底。第三级:班组长和现场技术员负责向班组全体作业人员进行技术交底。安全技术交底文件应由施工单位总工程师组织工程技术、机械设备、安全生产等专业技术人员编制。安全技术交底文件要有针对性和可操作性,应根据工程特点、施工环境、施工工艺和程序、工法、机械设备、安全防护条件以及施工作业人员的安全意识和文明素质等工、料、机、环、法的不同特点采取客观、可行的方式进行编制。

安全技术交底应包括下列主要内容:①工程施工作业特点、风险(危险)源和危险因素分析;②工程安全技术要点、主要防护设施设置及现场施工安全注意事项;③施工作业人员应遵守的安全操作规程和规范;④职业健康和环保要求;⑤施工作业人员发现事故隐患应采取的措施和发生事故后应及时采取的躲避和急救措施。

施工单位安全技术交底应按以下流程进行:当工程危险性较大或技术较复杂时,应分级交底。分部分项工程开工前,由施工单位总工程师(交底文件编制人)向参与施工的技术、管理人员以及班组长进行交底,再由施工技术人员或班组长向施工作业人员进行交底;当工程规模较小或施工技术较简单时,可由施工单位总工程师(交底文件编制人)直接向参与施工的技术、管理人员和作业人员进行交底。班组班前会布置生产任务时,班组长应向本班作业人员强调当天作业的安全要求。

安全技术交底应采用书面交底方式,交底双方应在交底记录上签字,不得代签,并保留相关的声像或影像资料作为辅助证明材料存档。出现现场施工方法及作业环境改变、作业队伍更换、停工周期较长等情况,应重新进行交底。危险性较大作业的安全技术交底应邀请监理单位派员参与。施工单位专职安全生产管理人员应全过程参与并监督安全技术交底工作。必要时,以现场模拟施工过程的方式进行安全技术交底。

### (二) 班前危险预知

施工班组每班的班前应开展"班前5min"危险预知活动,时间不限但是告知内容应尽量齐全。班前危险预知的主要内容是从人、机、料、法、环五个方面对照作业现场进行分析,说明当天作业内容和工作区域中可能存在的危险,工作中的安全防范措施和注意事项,施工现场发生危险或事故后的紧急避险和应急救助知识,手指口述当日施工过程中的安全作业要点、现场安全防护及应急处置要点、个人防护用品穿戴使用检查标准。班前危险预知应采用讲解、提问、答疑等的方式进行,采用视频、照片或书面签字确认等形式进行记录。现场施工员应对班前危险预知活动进行现场指导、监督。

## 六、反向交底

反向交底是指施工班组长或班组成员向现场技术员反馈三级交底内容,以确保施工班组全面理解交底内容。

### (一) 交底分级要求

班组长必须进行反向交底,班组成员视情况随机选择2~3名进行反向交底。

### (二) 反向交底具体内容

具体内容应包括分部分项工程的施工工序等,包括作业标准、施工规范及验收标准,工程质量要求;施工工艺流程及施工先后顺序;施工工艺细则、操作要点及质量标准;质量问题预防及注意事项;施工技术措施和安全技术措施;重大危险源、出现紧急情况下的应急救援措施、紧急逃生措施等。

### (三) 反向交底方式

反向交底可以书面的形式或现场讲解方式进行。施工班组向现场技术人员现场讲解交底内容时,现场监理必须在场,监督交底落实情况,并留存相关纸质和影像资料。施工班组以书面形式进行反向交底后,应由接受交底的施工现场技术人员和监理人员履行签字手续。

### (四) 监督管理

各监理单位协同各项目部做好反向交底任务,监理单位监督反向交底落实情况,切忌将反向交底流于形式。建设单位将不定时抽查,并根据相关规定进行处罚。

## 七、安全科技与信息化应用

鼓励施工单位使用先进的、安全性能可靠的新技术、新工艺、新设备和新材料,优先选购安全、高效、节能的先进设备,提升工程本质安全水平。鼓励施工单位实行危险作业"机械化换人、自动化减人",提高机械化作业程度。

鼓励建设、监理、施工单位应用具有移动终端功能的安全管理系统,开展日常安全管理和风险(危险)源监控、隐患排查治理工作,提高管控效力。鼓励施工单位应用信息化技术手段,开展劳动用工实名制管理,开展安全技能培训,推动一线施工作业人员职业化发展。鼓励施工单位推行安全防护设备设施工具化、定型化、装配化,有效保证施工安全。施工单位应在预制场、钢筋加工棚、拌和站安装现场视频监控系统。鼓励施工单位在梁板架设、挂篮施工、现浇施工、水上施工现场使用具有安全监控、量测、预警功能的技术设备,强化安全风险预控。

# 第六章

# 环境保护，推进环境全面安全化

山东省地方政府对环水保管理工作极为重视，但项目主线临近或跨越地方道路，与村镇距离较近，施工现场的扬尘、废水、废气及弃渣等极易对周边环境造成污染和破坏，环水保管理工作难度极大。

## 第一节 项目环保考核指标及分解

### 一、环保管理制度

为了做好本工程环境保护等各项工作，实现创优目标，建立适合本项目的环保保证体系。组织开展环保管理活动，确立项目环保管控目标，组织编制实施性方案。贯彻执行国家方针、政策、法规，坚持全面环保管理，推进各项环保活动正常开展，确保项目环保管理水平稳定提高，不断争创环保示范工程。

从措施保证方面，对施工准备阶段、施工阶段、竣工阶段制定各项环保保证措施。从制度保证方面，建立环保责任制、环保教育培训制度、"五节一环保"实施管理制度、环保技术交底制度、环保评价制度等。

从组织保证方面，对工程项目进行资源合理配置，保证环保体系在工程项目上的有效运行。项目部成立以项目经理为组长，以项目总工、项目生产经理及安全总监为副组长，以各部门负责人为成员的环保领导小组。为实现环保要求，创建环保工地，项目部建立健全了环保组织机构与管理体系，如图6.1-1和图6.1-2所示。

### 二、环保创优总体目标

严格落实环保各项控制措施，施工现场扬尘、噪声、污水、废弃物排放等控制指标符合国家和山东省环保控制标准。施工现场自然环保满足国家和山东省环保法律、法规要求。提高全体施工人员环保意识，保持环境管理体系的有效运行。逐步减少自然资源消耗，维护生态环境，促进社会、经济、生态可持续发展。杜绝火灾、爆炸、有毒有害物质泄漏等污染事故。依据"五节一环保"要求，结合工程质量、工程成本、安全管理和文明施工标准，落实环保各项控制措施，实现环保目标。

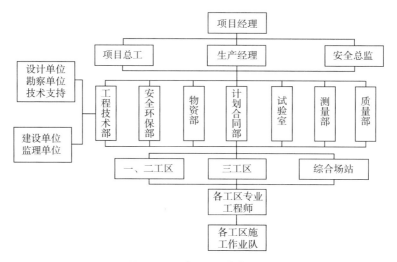

图 6.1-1 环保组织机构管理图

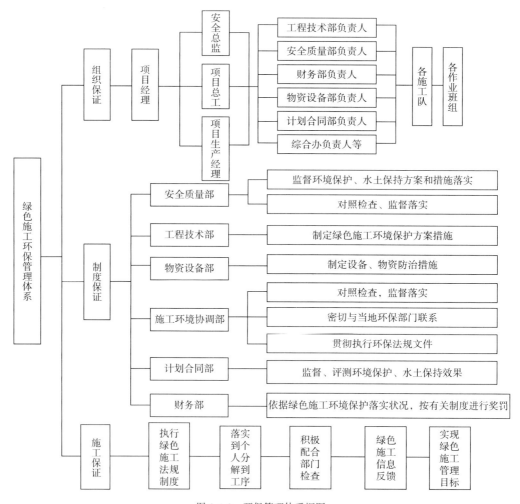

图 6.1-2 环保管理体系框图

## 三、环保考核指标分解

### (一)环保指标

施工现场环保标识标牌设置覆盖率100%;施工用水避免过度抽取地下水;进出场车辆及机械设备废气排放符合国家年检要求;喷雾、洒水、遮盖等抑尘措施落实程度100%;固体废弃物分类收集集中堆放,建筑垃圾回收利用率达到50%;有毒有害废物分类率达到100%;噪声符合《建筑施工场界环境噪声排放标准》规定,夜间≤55dB,昼间≤70dB;现场设置隔音设施,设立噪声监测点监控噪声;污水pH值在6~9之间,排放达到《污水综合排放标准》(DB31/T 199—2009)环保要求;夜间焊接作业采取挡光措施覆盖率100%,光污染控制达到环保要求。

### (二)节能与能源利用指标

用电目标为0.030tce/万元产值,相当于74.2kW·h/万元产值;办公、生活和施工现场节能照明灯具覆盖率100%;节能环保高效型施工设备机具采用率95%,实现"能源利用效率最大化";合理安排施工工序和施工进度,尽量减少夜间作业和冬季施工的时间;临建厂房建设合理利用自然采光、通风等自然条件。

### (三)节地与土地资源保护指标

生活区、办公区布置紧凑合理,占地面积有效利用率大于90%;施工现场临时道路布置应与原有及永久道路兼顾考虑,充分利用拟建道路为施工服务,导行后既有高速公路利用率100%;拌和站及钢筋加工场材料存放整齐、规划合理,施工用地无浪费现象。临时用地使用完成后,需要原地貌复原用地复垦率100%;钢筋加工采用集约化生产配送,梁板等预制构件集中加工,减小临时用地面积。

### (四)节水与水资源利用指标

万元产值目标耗水量控制在$7m^3$以内,非传统用水占总用水量的40%以上;施工现场办公区、生活区用水节水器具配置率达到100%,对生活用水、工程用水建立台账分别计量;混凝土预制构件自动喷淋养护装置采用率100%;坚决杜绝用水管网、器具渗漏现象;基坑降水存储利用率达80%。

### (五)节材与材料资源利用指标

**钢材**:使用量约为31736t,若按定额允许损耗率2.5%计算,则损耗量达到793.4t;将损耗率控制在1.5%,则损耗量是476.04t,目标减少损耗量将达到317.36t。

**混凝土**:桥涵结构物施工用量为$248576m^3$,通过配合比优化,增加矿粉与粉煤灰用量,减少水泥用量20%;模板、围挡等周转材料目标损耗率控制在5%以内,重复使用率大于95%;临建设施采用可拆迁、可回收材料,回收率70%。

就地取材小于500km以内的占总用量的90%;办公用纸分类摆放,纸张两面使用,废纸回收率90%;模板、脚手架周转利用率达到90%,承插盘扣式脚手架利用覆盖率达到95%。

### (六)人力资源节约与保护指标

建立人力资源节约和保护管理制度,环保策划文件中涵盖人力资源节约与保护的内容,施工现场人员实行实名制管理。现场食堂有卫生许可证,炊事员持有效健康证明,关键岗位人员应持证上岗,针对空气污染程度,采取相应措施;严重污染时,应停止施工。

## 第二节 环保组织管理

### 一、项目组织机构

为了做好本工程环保等各项工作,实现创优目标,建立适合本项目的环保保证体系。组织开展环保管理活动,确立项目环保管控目标,组织编制实施性方案。贯彻执行国家方针、政策、法规,坚持全面环保管理,推进各项环保活动正常开展,确保项目环保管理水平稳定提高,不断争创环保示范工程。

### 二、主要人员环保岗位职责

#### (一)领导小组职责

认真贯彻落实《中华人民共和国环境保护法》,贯彻《山东省交通运输建设工程施工扬尘防治导则》,以及行项目公司管部门关于保护环境、控制扬尘污染的有关规定,将控制扬尘污染落实到整个施工过程中。

编制专项方案,落实控制措施和经费协调,建立和健全施工扬尘控制各项管理规章制度。加强宣传,组织广大职工进行环保意识及控制扬尘污染知识的学习,增强全员意识,促进本项目部防扬尘污染工作的全面开展。

加强现场施工扬尘污染的控制,增强防范设施,规范施工行为,杜绝一切产生扬尘的污染源。推行科学管理,改善施工工艺,利用可行性、合理化的施工材料、设施、工具等来控制扬尘的产生,将施工扬尘问题作为技术攻关项目,实施重点控制。搞好横向联系,主动接受环保以及上级部门的检查指导,听取群众意见,不断探索,使施工扬尘控制工作有条不紊地开展。

#### (二)组长职责

负责全面管理,与有关部门的协调,定期组织检查。

#### (三)副组长职责

负责做好扬尘治理的落实、安排、指挥等各项管理工作。组织定期检查、全员扬尘治理工作的教育,配合做好现场宣传工作。

#### (四)小组成员各工区负责人职责

负责扬尘治理的日常监督检查工作、检查通报的起草、扬尘预防治理培训宣讲。负责对现场扬尘治理情况进行监督、扬尘治理措施的制定、扬尘预防治理培训参加人员的组织。负责项目扬尘污染防治物资准备,确保现场材料存放规范,租赁周转材料及时退租。负责扬尘治理的相关资料的收集与整理、扬尘治理的宣传、培训工作会场安排、资料收集整理。

## 第三节 环保实施措施

为践行环保,积极倡导环保理念,在保证质量、安全等要求前提下,通过科学管理与新技术推广应用,实现"五节一环保";项目部组织制定了环保宣传措施、"五节一环保"实施措施、环保评价措施等一系列控制措施,保障环保目标实现。

### 一、环保宣传

为提高全体施工人员绿色环保意识,施工过程中积极倡导环保理念,项目部将以环保宣传标语、环保公示牌、节约标识牌、环保宣传画等形式宣传环保理念(表6.3-1)。

环保宣传策划　　　　　　　　　　　　　　　　　　表6.3-1

| 序号 | 宣传方法 | 图示 | 要求 | 部位或对象 |
| --- | --- | --- | --- | --- |
| 1 | 环保标语横幅 | (1)推行绿色建造　创建和谐环境 <br>(2)倡导绿色施工　建设生态文明<br>(3)节能降耗减排增效　保护环境利国利民<br>(4)绿色施工　持续发展　功在当代　利在千秋 | (1)颜色为中建蓝底,白色字;<br>(2)标语尺寸与现场CI标语统一;<br>(3)办公驻地悬挂数量不少于4条 | (1)项目部驻地围墙;<br>(2)综合场站围墙;<br>(3)施工范围内高速公路两边护栏位置,每2km对立设置1条 |
| 2 | 环保公示牌 | 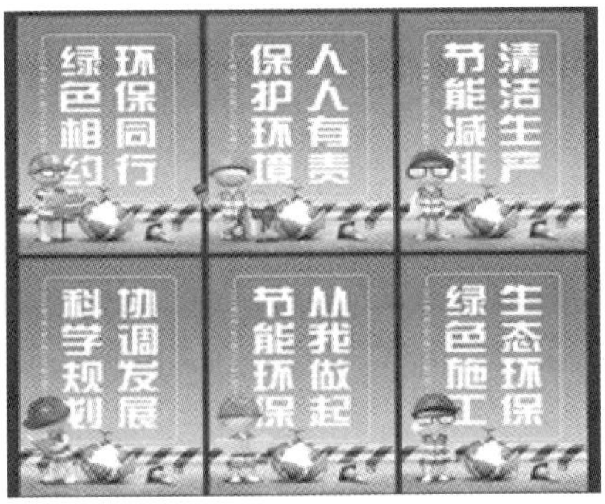 环保公示牌图示 | (1)图板材质为KT板,尺寸为0.8m×1.2m;<br>(2)填写内容为项目环保目标、措施等 | (1)项目部驻地、综合场站门口等醒目位置;<br>(2)施工现场与施工图牌并列放置 |

续上表

| 序号 | 宣传方法 | 图示 | 要求 | 部位或对象 |
|---|---|---|---|---|
| 3 | 节约标识牌 | (1)请节约用电  | (1)材质为塑料贴纸；<br>(2)尺寸:10cm×20cm | 办公区、生活区、加工区彩板房墙面 |
| | | (2)节约用水  | (1)材质为塑料贴纸；<br>(2)尺寸:10cm×20cm | (1)办公区卫生间、餐厅、盥洗室；<br>(2)生活区洗漱池两侧、彩板房外墙、卫生间、餐厅、洗漱间、淋浴室 |
| | | (3)注意节约材料  | (1)PVC硬板印制；<br>(2)尺寸:15cm×30cm | 材料加工区 |
| 4 | 环保宣传画 | 环保持续发展牌、节能与能源利用牌、节材与材料利用牌、节水与水资源利用牌、节地与施工用地保护牌、环保牌 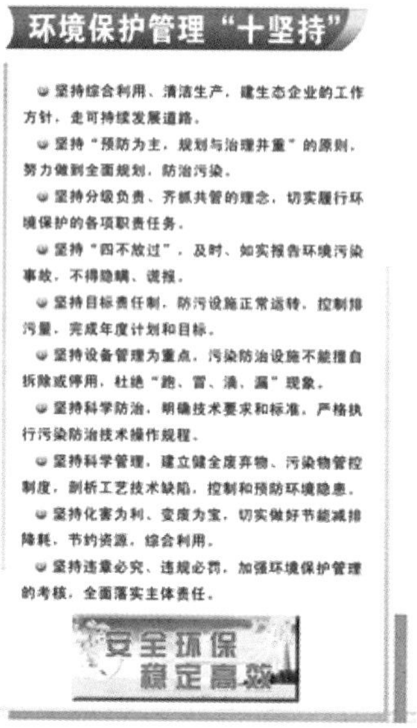 | (1)宣传图牌六块1组,缺一不可；<br>(2)尺寸:40cm×60cm；<br>(3)材质KT板；<br>(4)内容为环保目标、实施措施 | 办公区、生活区、施工现场(人中桥、2km路基为一段)各一组 |

## 二、环保措施

环保措施见表 6.3-2 ~ 表 6.3-6。

扬 尘 控 制　　　　　　　　　　　　　　表 6.3-2

| 序号 | 环保措施 | 施工措施说明 | 图示 |
|---|---|---|---|
| 1 | 综合场站门口设置车辆冲洗设施（洗轮机等） | （1）进出综合场站车辆实施登记制度，必须经过冲洗后出场；<br>（2）安排专人进行检查和冲洗 |  |
| 2 | 路基、桥涵施工便道雾化喷洒水防扬尘技术 | 施工现场便道，每天由洒水车对道路进行雾化喷水降尘；节约用水量 |  |
| 3 | 施工现场围挡隔绝防尘 | （1）本围挡为蓝铁皮围挡，角钢制作骨架，适用于施工区域外围围挡；<br>（2）每块蓝铁皮围挡尺寸为宽×高＝1m×2m，三块为一组，用角钢固定焊制；<br>（3）可防止施工区域受风力影像造成扬尘污染；<br>（4）施工区域与外界隔绝，保障施工安全；<br>（5）可多次周转使用 |  |
| 4 | 路基等施工车辆使用自带环保盖车辆或用防尘网防尘 | （1）施工便道路口设置减速带，保证车辆颠簸后出工地；<br>（2）运输渣土和垃圾的车辆必须覆盖 |   |

续上表

| 序号 | 环保措施 | 施工措施说明 | 图示 |
|---|---|---|---|
| 5 | 施工作业时喷雾机降尘 | 改扩建段结构物拆除、土石方、浆砌片石圬工拆除、路面切割、破碎铣刨等作业时,采用喷雾机等抑尘措施 |   |

噪声控制措施　　　　　　　　　　表6.3-3

| 序号 | 环保措施 | 施工措施说明 | 图示 |
|---|---|---|---|
| 1 | 车辆禁止鸣喇叭;加装消声器 | 施工现场车辆限速和禁止鸣喇叭;排气总管加装消声器 |  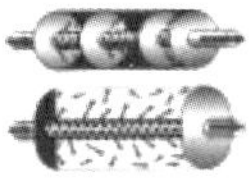  |
| 2 | 噪声防护罩、噪声隔离板 | (1)加工场区、大型机械施工区等区域设置临时噪声屏障,加装噪声隔离板,封闭噪声控制传播;<br>(2)对于机械设备加装噪声防护罩,并且禁止在夜间使用,控制噪声发声源;<br>(3)设置监测点对噪声进行监测 |     |

光污染控制措施  表6.3-4

| 序号 | 环保措施 | 施工措施说明 | 图示 |
|---|---|---|---|
| 1 | 办公室窗户设置窗帘 | 现场所有办公室设置窗帘,减少场外对室内的光照 |  |
| 2 | 室外灯具遮光罩 | 综合场站设置大型带有遮光罩的照明灯,随施工需要不同随时调整灯罩反光角度,保证强光线不射出工地外。施工工作面设置的灯照射方向始终朝向工地内侧 |  |

水污染控制措施  表6.3-5

| 序号 | 环保措施 | 施工措施说明 | 图示 |
|---|---|---|---|
| 1 | 污水排放三级沉淀 | 施工现场与综合场站设置三级沉淀池,雨水、施工产生的污水经过三级沉淀后存储,供应现场预制梁养护、道路雾化防尘、洗车池用水等,防止污水直接排放,造成的水污染;设置自动喷淋养生系统,配合循环水利用,提高用水效率 |  |
| 2 | 食堂隔油池 | 食堂设置隔油池,防止油污与杂物堆积,长期积累堵塞管道,保护环境;食堂出水管处筑砌1m×0.8m×0.5m水池,设置进水口;横向0.55m处设置宽2cm厚隔油板,端头20cm处开。10cm×10cm过水孔,水池另一侧设置出水孔 |  |

续上表

| 序号 | 环保措施 | 施工措施说明 | 图示 |
|---|---|---|---|
| 3 | 污水PH监测仪 | 污水排放口落实专人进行监测；pH值控制在6~9之间 | 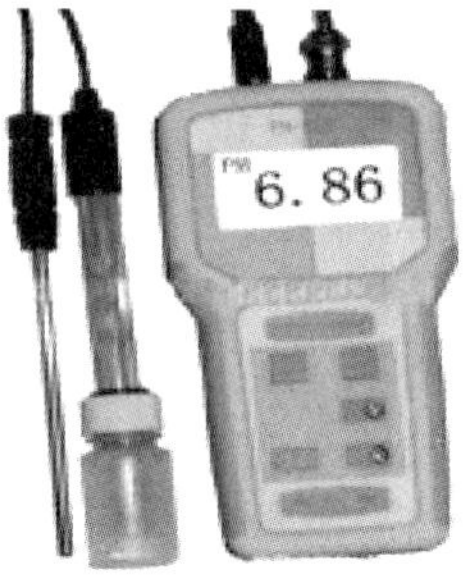 |

**固体废弃物、建筑垃圾控制及回收利用措施**　　　　表6.3-6

| 序号 | 环保措施 | 施工措施说明 | 图示 |
|---|---|---|---|
| 1 | 建筑垃圾回收利用 | 红线范围内征迁厂房、民房等建筑物拆除时，剩余大量建筑垃圾，通过回收处理，去除有机质，作为施工便道、场区填筑等材料，并优化设计，可作为部分路基填筑材料使用 |  |
| 2 | 垃圾分类箱 | 生活区、办公区设置垃圾分类回收箱，收集至现场封闭式垃圾池集中管理 |  |
| 3 | 封闭式垃圾池 | 项目自行砌筑，施工垃圾、生活垃圾分类封闭管理，保护环境；平整硬化地面砌筑3m高围墙，拐角处为圆形，方便清理；正面设置带锁铁门并标识分类 |  |

## 三、资源利用措施

### (一) 节材与材料资源利用措施

根据设计要求、施工进度、库存情况等合理安排材料的采购、进场时间和批次,材料运输装卸方法得当,防止和减少运输损耗;根据现场施工情况就近卸载,避免和减少二次搬运距离;现场材料堆放有序,储存措施得当,管理落实到位。

施工中采取技术和管理措施提高模板、木材、钢材、脚手架、防护栏杆等材料周转次数,优化施工工序,合理安排施工计划,提高材料利用效率。节材与材料资源利用措施见表 6.3-7。

节材与材料资源利用措施　　　　　　表 6.3-7

| 序号 | 环保措施 | 施工措施说明 | 图示 | 备注 |
|---|---|---|---|---|
| 1 | 钢筋余料二次利用 | 钢筋加工场钢筋余料使用可周转式钢材废料池分类存放,根据施工需要再加工,用于桥涵、路基施工 |  | 钢材节约 |
| 2 | 大直径钢筋直螺纹机械连接技术 | 本工程直径 20mm 以上钢筋连接采用直螺纹连接技术,避免使用冷接接接方式,节省绑扎搭接长度,减少搭接钢筋用量 |  | 钢材节约 |
| 3 | 钢筋集中数控加工技术 | 钢筋集中加工场采用数控钢筋弯曲机、钢筋笼滚焊机等自动化生产机械,提高了生产效率与成品合格率,降低了能源消耗 |  | 钢材节约 |

续上表

| 序号 | 环保措施 | 施工措施说明 | 图示 | 备注 |
|---|---|---|---|---|
| 4 | 可周转邻边防护结构 | 临边基坑防护采用定型化防护栏杆 |  | 钢材节约 |
| 5 | 定型化可周转加工棚、防护棚 | 采用定型化可周转材料加工棚、配电箱防护棚、材料防护棚等 |  | 钢材等节约 |
| 6 | 集中预拌砂浆技术 | 砌筑砂浆采用预拌砂浆,减少现场材料浪费同时,保证砂浆质量,控制扬尘、噪声污染 |  | 材料节约 |
| 7 | 盘扣式支撑架 | 结构稳定可靠,整体承载力高,组装拆卸效率快;相同荷载承载力情况下节省钢材用量,且基本无损耗 | 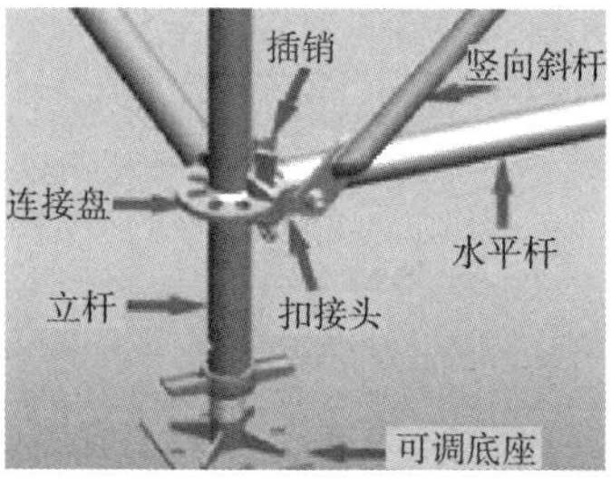 | 钢材节约 |

续上表

| 序号 | 环保措施 | 施工措施说明 | 图示 | 备注 |
|---|---|---|---|---|
| 8 | 构建化PVC绿色围墙利用 | PVC（聚氯乙烯）板材充当面板，镀锌钢管作为支架加固，重量轻、耐腐蚀，安装拆除速度快，可循环利用；单块尺寸宽×高×厚＝0.9m×2m×1.5cm |  | 钢材等节约 |
| 9 | 纸张回收利用 | 纸张打印采用双面打印，废弃纸张回收 |  | 纸张节约 |
| 10 | 先张法精轧螺纹钢利用技术 | 采用精轧螺纹钢筋配以相应的锚具和连接器代替部分钢绞线进行张拉和放张，较好地解决了浪费钢绞线这一问题。同时精轧螺纹钢筋可多次重复使用，可节约大量钢绞线，达到节约成本目的 |  | 节约材料 |

### （二）节水与水资源利用措施

节水与水资源利用措施见表6.3-8。

节水与水资源利用措施　　　　　　　　表6.3-8

| 序号 | 环保措施 | 施工措施说明 | 图示 | 备注 |
|---|---|---|---|---|
| 1 | 洗车槽循环水再利用 | 综合场站洗车台建立三级沉淀池，沉淀后的水经过水泵泵送至蓄水池，用于出场车辆洗车用水 |  | 水资源节约 |

续上表

| 序号 | 环保措施 | 施工措施说明 | 图示 | 备注 |
|---|---|---|---|---|
| 2 | 混凝土养护节水技术 | 混凝土养护使用薄膜覆盖养护替代传统洒水养护，薄膜覆盖养护，用薄膜把混凝土表面敞露的部分全部严密地覆盖起来，保证混凝土在不失水的情况下得到充足养护 |  | 水资源节约 |
| 3 | 临建设施雨水收集利用系统 | 临建设施设计施工时，充分利用自然地势坡度，布设排水管线汇集于三级沉淀池过滤后泵送至蓄水池，供洗车、降尘使用 |  | 水资源回收利用 |
| 4 | 预制梁场自动喷淋养生系统 | 将供水管线布设于台座内，与外部喷淋设备相结合，组成梁板自动喷淋养生，养生实现自动化，喷淋时间可控，节省人力养生效果好 |  | 水资源节约 |

### （三）节能与能源利用措施

节能与能源利用措施见表6.3-9。

节能与能源利用措施　　表6.3-9

| 序号 | 环保措施 | 施工措施说明 | 图示 | 备注 |
|---|---|---|---|---|
| 1 | 采用LED（发光二极管）照明灯具 | 施工现场、工人生活区以及办公区全部安装LED灯照明 |  | 电能节约 |

续上表

| 序号 | 环保措施 | 施工措施说明 | 图示 | 备注 |
|---|---|---|---|---|
| 2 | 限电器在临电中应用 | 生活区宿舍安装限电器,控制用电功率,防止违规使用大功率用电器;既节约用电又保障安全 | 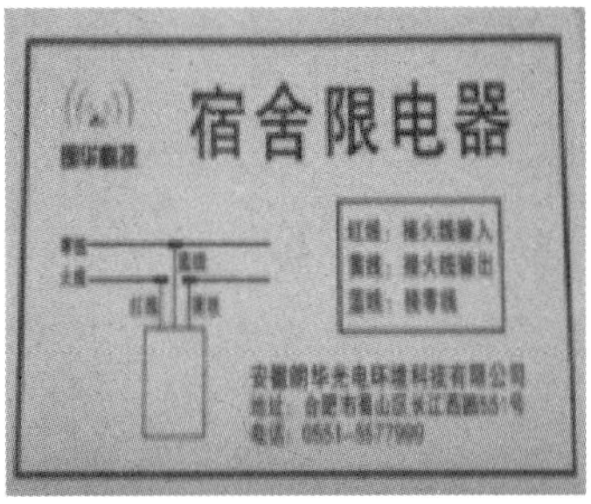 | 电能节约 |
| 3 | 太阳能路灯 | 在施工道路安装太阳能路灯 |  | 新能源利用 |
| 4 | 楼梯间洗手间等区域采用声光双控开关控制照明 | 通过声光双控开关,实现电能节约 |  | 电能节约 |
| 5 | 太阳能生活热水应用技术 | 利用集热器收集太阳能热量,通过与热媒介换热将水加热;采用真空管太阳能热水器,以电加热辅助 |  | 新能源利用 |
| 6 | 太阳能发电交通标志牌 | (1)运用太阳能发电,不消耗惯例能源,彻底节约能源;<br>(2)装置方便,无须额外铺设电缆 |  | 电能节约 |

## 四、信息管理与大数据应用

借助公司智慧工地信息化平台,建成一套综合性信息化智能管理系统。系统集约各类管理模块,将智能自动喷淋系统、视频监控系统、台座管理系统及进度管理系统融合在一起,并通过中控室实时查询现场生产情况。智慧工地应用管理系统如图6.3-1所示。

图6.3-1　智慧工地应用管理系统

综合场站设置智慧建造大数据监控中心,积极将智慧建造与绿色智慧建造相结合,综合运用BIM、物联网、大数据、移动通信、云计算、智能设备等技术,对建筑施工全过程中各项数据进行采集、智能分析处理、智能预警,提升了人、料、机管理效率,有效推动项目绿色智慧建造发展。项目看板——综合看板如图6.3-2所示。现场进料记录如图6.3-3所示。

图6.3-2　项目看板——综合看板

图 6.3-3　现场进料记录

# 第四节　环保技术措施

## 一、环保技术措施

### (一) 工地新型降噪技术

工地新型降噪技术采用从源头、传播过程中安装新的隔音、降音装置,最大限度减少噪声对周围环境的污染。可通过以下措施降噪:

车辆消声器:其中排列着很多金属隔音盘,废气排出通过消声器作用可显著降噪;

噪声隔离板:施工区域采用隔离板封闭施工,修建临时隔音屏障,具有良好吸音降噪效果,隔音板价格低、防水美观、安装方便,使用完成后可重复利用;

增加植树率:对于条件适合的综合场站区域,周围增加树木种植率,人工设置自然防声林,做到人与自然和谐生产。

### (二)综合场站绿化永临结合技术

综合场站绿化以种植苗木为主,苗木种植种类与施工设计图纸环保景观分册中苗木种植类型一致。综合场站部分场地采用临时铺设草坪进行绿化。实施效果:绿化采用永临结合方式极大程度美化了施工现场环境,也节约了后期工程完工复垦绿化成本。

### (三)风速、扬尘及噪声组合监测设备

综合场站设置集风速、温度、噪声及扬尘于一体的总悬浮微粒(Total Suspended Particulates,TSP)环境监测设备。将TSP环境监测设备与自动喷雾降尘系统联动,实现智能化喷雾降尘,现场颗粒物PM2.5的限值控制在$75\mu g/m^3$(日均,二级),超过限值时综合监测设备自动开启喷淋系统进行降尘。

### (四)可移动焊烟净化器

移动式焊烟净化器是适用于局部焊接烟尘处理的一种节能、环保、经济型焊烟净化器,可选用不同型号的活动臂管和排气风机,使其在不同的工作地点移动更方便、更灵活。移动式焊烟净化器移动灵活平稳,烟尘捕获率高,操作简单,后续维修费用低。

### (五)液态粉煤灰应用

施工现场结构物台背回填采用液态粉煤灰进行回填施工。液态粉煤灰在经过良好的搅拌之后,会有很好的流动性,可以完美填充桥后台背的空隙当中,而且能够消除回填过程中因为机械和人工夯实不足带来的隐患,提高工程的施工质量。使用粉煤灰作为台背回填混合材料能够减少土地的开挖量,而且能够解决粉煤灰堆积的占地问题,并减少了粉煤灰所造成的扬尘污染,在保证了经济效益的同时,还保证了社会效益,有效地促进了节能减排,让项目施工更加环保。

## 二、节材与材料资源利用技术措施

### (一)现场产生废渣再利用技术

原结构物拆除构造、圬工结构碎石、碎砖等采用碎石机等机械进行破碎粉碎,可用在铺筑临时施工道路的基层。

### (二)盘扣式支撑架技术

用于桥梁墩柱、现浇结构施工;结构稳定安全,搭设拆卸效率高,支撑架损耗率低;可多次周转使用。

### (三)可周转构件化聚氯乙烯(PVC)绿色围墙应用技术

采用PVC板材充当面板,镀锌方管等充当支架制作而成,具有质量轻、易加工、阻燃耐用等优点,用于施工区域及办公区域围墙;可多次周转使用,综合成本最低,节约资源等。

### (四)钢筋数控集中加工技术

采用数控钢筋弯曲机、钢筋数控弯曲中心、钢筋笼滚焊机等先进生产机械,钢筋加工采用

集约化工厂化加工,钢筋尺寸误差小、成品率高、生产效率高。钢筋余料经过合理规划再利用,提高材料利用。

### (五)装配式预制台座技术

该装配式预制台座从施工到投入使用时间段,约24h时间即可投入使用,传统混凝土预制台座需要经过台座钢筋骨架施工、埋设预埋件、焊接槽钢、立模浇筑、铺设底模等工序,施工较烦琐,施工周期长。

装配式预制台座采用工字钢和低模钢板制成,这些都可以进行回收利用,大大节约了成本,减少浪费和对环境的破坏。

### (六)定型组合钢模板应用

组合钢模板的各个部件的强度比较高,经久耐用,可以实现快速的周转。在使用的过程中,若能够及时维修或者妥善保管维护,就可以成为一种永久的工具。相比传统木模板,极大程度上节约了成本。

### (七)精轧螺纹钢代替钢绞线

在公路先张法预制梁板施工中,先张法的整体张拉和同时放张施工工艺经常造成钢绞线在张拉台座端头大量浪费。采用精轧螺纹钢筋配以相应的锚具和连接器代替部分钢绞线进行张拉和放张,较好地解决了浪费钢绞线这一问题。同时精轧螺纹钢筋可多次重复使用,可节约大量钢绞线,达到节约成本目的。

### (八)定型化可周转式护栏及防护棚

现场配电箱及临边采用定型化可周转式护栏,一次投入多次周转使用,安全防护效果好,可多次周转使用,节约钢材。相对于传统护栏,定型化可周转式护栏安装简单且拆卸容易,节约工时及人工。

## 三、节水与水资源利用技术措施

### (一)洗车槽循环水再利用技术

在洗轮机附近设置循环沉淀水池,将洗车用水、雨水等经过三级沉淀池过滤后,循环再利用。具体位置参考平面布置图。

### (二)预制梁场自动喷淋养生技术

梁场建设初期在台座中预埋通水管道,台座端头设立控制阀门,建立养生用水收集沟、三级沉淀池与水源控制中心;使养生水源供应、喷淋时长控制、喷淋养生区域控制、养生用水收集回收利用成为一体,养生效果好,节约人力物力,节约水源。

## 四、节能与能源利用技术措施

### (一)太阳能光伏发电系统、太阳能生活热水应用技术

项目采用36V太阳能设备光伏发电,供应生活照明用电等;采用真空管太阳能热水器,以

电加热辅助,供应生活热水应用。

### (二) 太阳能路灯节能环保技术

在综合场站主道路安装太阳能路灯照明,合理利用太阳能,节约电能。根据项目特点,全线线下、线上交通导行需设置大量夜间警示灯,由于高速公路战线较长,现场临时用电及其不方便,为保证使用效果,全线采用太阳能电池板警示灯,大大提高了施工效率,降低了施工成本。

## 五、节地与施工用地保护技术措施

### (一) 集约型多功能综合场站

工艺流程:场站选址→场站精细规划→标准化建设→精细化管理。

实施效果:节约了施工临时用地、降低了管理成本、提高了各功能场区协同施工效率,为项目顺利实施提供了有力保障。

### (二) 其他节地技术措施

生活区、办公区布置紧凑合理,占地面积有效利用率达到90%;施工现场临时道路布置应与原有及永久道路兼顾考虑,充分利用拟建道路为施工服务,导行后既有高速公路利用率为100%;拌和站及钢筋加工场材料存放整齐、规划合理,施工用地无浪费现象;钢筋加工采用集约化生产配送,梁板等预制构件集中加工,减少临时用地面积。

## 第五节 环保管理制度

坚持"可持续发展"环保理念,规范和强化京台高速公路项目环保管理,夯实环保基础,提高京台高速公路项目环保管理能力,预防各类环境污染事故的发生,促进环保生产顺利进行,实现"五节一环保"目标。

## 一、环保教育培训制度

环保教育培训制度旨在进一步提高全体施工人员环保意识,普及环保法律法规知识,提高环保管理水平。全体人员必须按照要求参加项目部组织的各类环保学习和教育培训活动,并认真做好学习记录。每次培训会议做好会议记录,保存影像资料。

### (一) 教育培训内容

环保教育培训内容主要有环保法律法规教育、环保技术措施实施培训和典型环保案例学习推广。环保思想理念教育包括思想认识教育和环保法律法规教育;环保技术措施培训包括施工生产环保技术指导和环保措施实施落实;典型环保案例学习推广是结合本项目部或外单位已实行的环保案例进行学习,对环保新技术、新应用进行推广落实。

1. 环保法律法规教育

主要学习内容有:《中华人民共和国环保法》《中华人民共和国大气污染防治法》等国家法律法规学习;《山东省环保条例》《山东省实施中华人民共和国固体废物污染环境防治法》《泰安市扬尘污染综合防治实施方案的通知办法》等省市级环保法律法规学习;《环保管理手册》《环保标准化管理》等公司环保规章制度学习。

2. 环保技术措施实施培训

主要学习内容有:项目环保目标、"五节一环保"实施措施、环保新技术等。

3. 典型环保案例学习推广

主要学习内容有:中国建筑环保案例、全国环保示范工程等。

(二)教育培训组织形式

1. 定期培训形式

每月定期组织项目管理人员、施工队伍学习环保法规、《环保管理手册》、环保实施措施、环保新技术等;每月至少组织1次。

2. 经常性培训形式

对全体人员进行广泛的经常性环保教育,根据现场施工进度,组织针对性教育活动,以现场观摩会、演示文稿(PPT)演示、BIM演示等形式,使环保教育贯穿施工全过程。

3. 岗前环保教育培训

新进场施工人员及管理人员上岗之前,必须进行岗前环保理念教育和培训。提高环保意识,了解环保法律法规要求,规范施工行为。

4. 种作业环保教育培训

对环保危害危险性较大的特种作业人员,电气、焊接、机械操作人员等工种的人员,要进行专门的环保技术知识培训,合格后才能准许施工。在新工艺、新技术、新设备使用前,对参加操作的岗位职工和有关人员按新的环保要求等内容进行教育和培训。

## 二、环保检查制度

(一)环保检查主要内容

检查施工机械设备、施工材料存储使用情况是否符合环保要求,有无违章指挥、违章操作、违反环保规章制度的行为;重点检查易对环保造成危害的施工行为,施工工序是否按照环保技术交底进行,环保设施设备维护保养及使用情况;检查"五节一环保"环保技术措施、实施措施落实情况。

(二)环保检查方式

日常检查:以安全质量部为主,组织每日对本项目的施工现场环保进行巡查。周检查:由项目总工或生产经理牵头组织,各部门及相关人员参加,每周对施工现场进行检查。月度检查:由项目经理或项目总工、生产经理牵头组织,每月对现场环保进行一次综合性大检查。专项检查:根据环保设备、设施的使用周期,新技术和材料的特殊要求进行。安全质量部为主要组织部门,由相关职能部门和技术人员实施。

### (三)环保整改

在环保检查中,及时对查出的问题或隐患提出整改意见和措施,并按"三定一落实"(定人、定时、定措施、复查确认落实)原则进行整改。对于重大环保隐患,要立案并指定专人负责整改,报告上级主管部门和领导,不能及时整改的必须先采取紧急措施进行控制,防止发生意外。

检查人员应向被检查单位、部门或施工队下达《环保隐患整改通知书》等形式的检查报告通知,由受检方签字确认,并按照提出整改要求及时进行整改回复;环保问题整改后,要经安全质量部检查验收合格后恢复施工。

## 三、环保制度

落实施工现场环保宣传,现场施工标牌包括环保内容。在醒目位置设环保标识。项目部认真贯彻文物保护法律法规,制定施工现场文物保护措施,并制定应急预案。食堂具有卫生许可证,有熟食留样,炊事员持有效健康证明上岗。食堂设置隔油池,污水排放等符合环保要求。保护场地四周原有地下水形态,减少抽取地下水。基坑降水存储使用,节约水源。危险品、化学品存放处及污物排放采取有效隔离措施,以免泄漏对环境造成污染。

扬尘控制:现场建立洒水清扫制度,配备洒水设备,并有专人负责;对裸露地面、集中堆放的土方采取抑尘措施,现场直接裸露土体表面和集中堆放的土方采用临时绿化、喷浆和隔尘布遮盖等抑尘措施;运送土方、渣土等易产生扬尘的车辆采取封闭或遮盖措施;现场进出口设冲洗池和吸湿垫,进出现场车辆保持清洁;易飞扬和细颗粒建筑材料封闭存放,余料及时回收;易产生扬尘的施工作业采取遮挡、抑尘等措施。

废气排放控制:进出场车辆及机械设备废气排放符合国家年检要求;不使用煤作为现场生活的燃料;电焊烟气的排放符合现行国家标准《大气污染物综合排放标准》的规定;不在现场燃烧木质等废料。

固体废弃物处置:固体废弃物分类收集,集中堆放;废电池、废墨盒等有毒有害的废弃物封闭回收,不与其他废弃物混放。有毒有害废物分类率达到100%,垃圾桶分可与不可回收利用两类,定位摆放,定期清运;建筑垃圾回收利用率应达到30%。碎石和土石方类等废弃物用作地基和路基填埋材料。污水排放控制措施:现场道路和材料堆放场周边设排水沟;工程污水和试验室养护用水经处理后排入市政污水管道;工程污水采取去泥沙、除油污、分解有机物、沉淀过滤、酸碱中和等针对性的处理方式,达标排放;现场厕所、洗手间设置化粪池;工地厨房设隔油池,定期清理。

污染控制措施:夜间钢筋对焊和电焊作业时,采取挡光措施,钢结构焊接设置遮光棚;工地设置大型照明灯具时,有防止强光线外泄的措施。噪声控制措施:采用先进机械、低噪声设备进行施工,定期保养维护;产生噪声的机械设备,尽量远离施工现场办公区、生活区和周边住宅区;混凝土输送泵、电锯房等设有吸音降噪屏或其他降噪措施;夜间施工噪声声强值符合国家有关规定。现场围挡连续设置,不得有缺口、残破、断裂,墙体材料可采用彩色金属板式围墙等可重复使用的材料。

## 四、资源利用制度

### (一)节材与材料资源利用制度

施工选用绿色、环保材料;临建设施采用可拆迁、可回收材料。利用粉煤灰、矿渣、外加剂等新材料,降低混凝土及砂浆中的水泥用量。建立机械保养维修制度,编制机械设备维修保养计划,定期对机械进行维修保养,并做好维修保养记录。采用盘扣式脚手架等管件合一的脚手架和支撑体系,安全耐用、损耗率低,提高施工效率;采用工具式模板和新型模板材料,如铝合金、塑料、玻璃钢和其他可再生材质的大模板和钢框镶边模板。材料运输方法科学,缩短材料运输距离,运输损耗率低。资源再生利用方面,施工废弃物回收利用率达到50%;现场办公用纸分类摆放,纸张两面使用,废纸回收;废弃物线材(木材等)接长合理使用。临建设施充分利用既有建筑物、市政设施和周边道路,提高既有资源利用率。

### (二)节水与水资源利用制度

签订标段合同时,将节水指标纳入合同条款。施工前,对工程项目参建各方的节水指标,以合同的形式进行明确,便于节水的控制和水资源的充分利用,并保留计量考核记录。施工现场办公区、生活区的生活用水采用节水器具,节水器具配置率达到100%,节约生活用水。管网和用水器具无渗漏。施工中采用先进的节水施工工艺,混凝土养护采用滴灌养生、自动喷淋养生等节水措施。冲洗现场机具、设备、车辆用水,设立三级沉淀池,提高水资源循环利用率。基坑施工中的工程降水储存使用,用于混凝土养护等施工中,节约用水。

### (三)节能与能源利用制度

对施工现场的生产、生活、办公和主要耗能施工设备设有节能的控制指标,对主要耗能施工设备定期进行耗能计量核算。使用国家、行业推荐的节能、高效、环保的施工设备和机具。不使用国家、行业、地方政府明令淘汰的施工设备、机具和产品。临时用电设施方面,施工采用节能型设备,根据当地气候和自然资源条件,合理利用太阳能或其他可再生能源。选用能源利用效率高的机械设备,定期监控重点耗能设备的能源利用情况,并有记录。建立设备技术档案,定期进行设备维护、保养。施工临时设施结合日照和风向等自然条件,合理采用自然采光、通风和外窗遮阳设施。采用能耗少的施工工艺,合理安排施工工序和施工进度,尽量减少夜间作业和冬季施工的时间。

### (四)建筑垃圾再生利用制度

项目建筑面积大,材料、机械等投入大,各种建材、周转材料使用量大,为减少对现场对各种材料造成的浪费,制定以下制度,各分区及各栋号应遵照执行:

现场钢筋下料必须根据图纸及国家规范完善钢筋下料单,钢筋加工按照料单,对钢筋原材进行合理裁剪;现场钢筋加工所剩边角料,进行分类整理堆放,对长度20cm以上的进行回收利用,用于线条植筋、构造柱拉筋、砌体拉结筋等。对无法重新利用的短钢筋,必须整理堆放在废料池内,由项目部统一进行处理。现场提交模板材料计划必须根据现场实际情况按需提交。墙柱模板配模完成后,模板安装和拆除时应注意对模板的保护,减少模板的破损,增加模板周转次数。现场加工的圆柱定型模板,使用完后,应予以完整保存,以备下次施工时使用。

混凝土现场混凝土浇筑时,应根据图纸计算好方量,再向搅拌站报量,减少混凝土的浪费。混凝土运输、卸车时遗撒在路面的散料,应及时清理回收,均匀铺设于沙土地面之上。混凝土浇筑完成后,若混凝土未用完,将多余方量用于现场地面硬化,严禁随意倾倒。

安全网现场安全网必须按照方案要求绑扎牢固,做到满扎满绑。现场混凝土浇筑时,严禁将混凝土在外架上随意倾倒,造成安全网的污染现场材料周转必须使用悬挑卸料平台进行周转,严禁随意破坏安全网,平台使用完成后,周边安全网应及时进行恢复。所有被替换的安全网集中交外架班组处进行集中存放,由项目部统一进行处理。

现场各搅拌站使用的水泥包装袋必须收集整理后交材料部,由项目部集中进行处理。现场水泥包装袋必须在下午下班前,集中交材料部门,严禁私自带出施工现场。现场使用的防水涂料、油漆等包装桶,其他材料塑料或纸质包装,在材料使用完后,所有外包装必须交到材料部门,由项目部统一进行处理。现场管理人员的安全帽、卷尺等物资,各管理人员必须妥善保管。安全帽、卷尺、雨衣等破损以后,严禁随意丢弃,必须到材料部进行以旧换新。分发到各管理人员的物资,若有丢失,须到材料部门缴纳保证金方能重新领取,重新领取后物资可继续按照以旧换新制度进行更换,若再有丢失,原押金不予退还,重新领取保证金翻倍。

## 五、污染管理制度

### (一)扬尘污染管理制度

施工现场主要道路应根据用途进行硬化处理,土方应集中堆放。裸露的场地和集中堆放的土方应采取覆盖、固化或绿化等措施。施工现场大门口应设置冲洗车辆设施,在出口处应有防潮设施,以免车辆带泥、带水上路,污染城市环境。施工现场易飞扬、细颗粒散体材料,应密闭存放。遇有四级以上大风天气,不得进行土方回填、转运以及其他可能产生扬尘污染的施工。

施工现场办公区和生活区每天清扫并洒水,确保场地清洁、美化、不引起尘土飞扬。施工现场材料存放区、加工区及大模板存放场地应平整坚实,一般情况下用碎石或粗砂填实,亦可硬化地面。建筑拆除工程施工时应采取有效的降尘措施,梁板灰尘用吸尘器清理。规划市区范围内的施工现场,所有在建工程,应当使用预拌混凝土和商品砂浆。未采用商品建材的一定要有防尘措施。施工现场进行机械剔凿作业时,作业面局部应遮挡、掩盖或采取水淋等降尘措施。临时道路施工铣刨作业时,应采用冲洗等措施,控制扬尘污染。无机料拌和,应采用预拌进场,碾压过程中要洒水降尘。施工现场应建立封闭式垃圾站。建筑物内施工垃圾的清运,必须采用相应容器或管道运输,严禁凌空抛掷。

### (二)有害气体排放管理制度

施工现场严禁焚烧各类废弃物。施工车辆、机械设备的尾气排放应符合国家和山东省规定的排放标准。建筑材料应有合格证明。对含有害物质的材料应进行复检,合格后方可使用。民用建筑工程室内装修严禁采用沥青、煤焦油类防腐、防潮处理剂。施工中所使用的阻燃剂、混凝土外加剂氨的释放量应符合国家标准。工地食堂采用液化石油气烧饭,严禁使用产生烟雾的可燃材料。

施工现场搅拌机前台、混凝土输送泵及运输车辆清洗处应当设置沉淀池。废水不得直接排入污水管网,可经二次沉淀后循环使用或用于洒水降尘。施工现场存放的油料和化学溶剂等物品应设有专门的库房,地面应做防渗漏处理。废弃的油料和化学溶剂应集中处理,不得随意倾倒。食堂应设隔油池,并应及时清理。施工现场设置的临时厕所化粪池应做抗渗处理。食堂、盥洗室、淋浴间的下水管线应设置过滤网,并应与市政污水管线连接,保证排水畅通。

### (三)噪声污染管理制度

施工现场应根据国家标准《建筑施工场界噪声排放标准》(GB 12523—2011)的要求制定降噪措施,并对施工现场场界噪声进行检测和记录,噪声排放不得超过国家标准。施工场地的强噪声设备宜设置在远离居民区的一侧,可采取对强噪声设备进行封闭等降低噪声措施。运输材料的车辆进入施工现场,严禁鸣喇叭。装卸材料应做到轻拿轻放。改进施工现场的机械设备装置,尽量使用噪声低、能耗小的先进设备,或增加防护装置,减少噪声污染。根据国家及地方的相关规定,对施工期间引起的噪声进行监控,每天记录监控结果,形成专项监控资料。

### (四)光污染管理制度

钢筋加工均采用集中加工制度,综合场站内建设钢筋集中加工大棚,主要构件焊接均采用场内集中焊接,运至现场使用。钢筋直径大于20mm的,钢筋连接均采用机械连接,降低现场钢筋焊接施工频率。应合理安排作业时间,尽量避免夜间施工。必要时的夜间施工,应合理调整灯光照射方向,在保证现场施工作业面有足够光照的条件下,减少对周围居民生活的干扰。在高处进行电焊作业时应采取遮挡措施,避免电弧光外泄。

### (五)施工固体废弃物管理制度

施工中应减少施工固体废弃物的产生。工程结束后,对施工中产生的固体废弃物必须全部清除。施工现场应设置封闭式垃圾站,施工垃圾、生活垃圾应分类存放,并按规定及时清运消纳。禁止高空抛物,施工层产生的建筑垃圾应采取垂直运输机械,用密封器具将垃圾封闭后运送到底层。

### (六)环境影响控制管理制度

工程开工前,建设单位应组织对施工场地所在地区的土壤环境现状进行调查,制定科学的保护或恢复措施,防止施工过程中造成土壤侵蚀、退化,减少施工活动对土壤环境的破坏和污染。建设项目涉及古树名木保护的,工程开工前,应由建设单位提供政府主管部门批准的文件,未经批准,不得施工。建设项目施工中涉及古树名木确需迁移,应按照古树名木移植的有关规定办理移植许可证和组织施工。对场地内无法移栽、必须原地保留的古树名木应划定保护区域,严格履行园林部门批准的保护方案,采取有效保护措施。施工单位在施工过程中一旦发现文物,应立即停止施工,保护现场并通报文物管理部门。建设项目场址内因特殊情况不能避开地上文物,应积极履行经文物行政主管部门审核批准的原址保护方案,确保其不受施工活动损害。对于因施工而破坏的植被、造成的裸土,必须及时采取有效措施,以避免土壤侵蚀、流失。如采取覆盖砂石、种植速生草种等措施。施工结束后,被破坏的原有植被场地必须恢复或进行合理绿化。

## 六、职业健康管理制度

施工现场应在易产生职业病危害的作业岗位和设备、场所设置警示标识或警示说明。定期对从事有毒有害作业人员进行职业健康培训和体检,指导操作人员正确使用职业病防护设备和个人劳动防护用品。为施工作业人员配备安全帽、安全带及与所从事工种相匹配的安全鞋、工作服等个人劳动防护用品。施工现场应采用低噪声设备,推广使用自动化、密闭化施工工艺,降低机械噪声。作业时,操作人员应戴耳塞进行听力保护。深井、管道施工、地下室防腐、防水作业等不能保证良好自然通风的作业区,应配备强制通风设施。操作人员在有毒有害气体作业场所应戴防毒面具或防护口罩。在粉尘作业场所,应采取喷淋等设施降低粉尘浓度,操作人员应佩戴防尘口罩;焊接作业时,操作人员应佩戴防护面罩、护目镜及手套等个人防护用品。高温作业时,施工现场应配备防暑降温用品,合理安排作息时间。

### (一)卫生防疫管理制度

施工现场员工膳食、饮水、休息场所应符合卫生标准。宿舍、食堂、浴室、厕所应有通风、照明设施,日常维护应有专人负责。食堂应有相关部门发放的有效卫生许可证,各类器具规范清洁。炊事员必须持有效健康证。厕所、卫生设施、排水沟及阴暗潮湿地带应定期消毒。生活区应设置密闭式容器,垃圾分类存放,定期灭蝇,及时清运。施工现场应设立医务室,配备保健药箱、常用药品及绷带、止血带、颈托、担架等急救器材。施工人员发生传染病、食物中毒、急性职业中毒时,应及时向发生地的卫生防疫部门和建设主管部门报告,并按照卫生防疫部门的有关规定进行处置。

### (二)食堂管理制度

为了保障员工的饮食安全卫生,提高食堂的服务质量,确保施工工作的正常进行,特制定本制度。

项目部食堂由项目后勤管理员负责管理,食堂承包期间由承包人具体负责。严格执行《中华人民共和国食品卫生法》,项目部食堂必须取得三证——卫生许可证、食品从业人员的健康证和培训合格证后方可经营,凡有传染病者,坚决予以辞退。食堂工作人员要讲究个人卫生,勤剪指甲,勤洗手,不留长发;每天必须穿戴工作服、工作帽、口罩等,禁止穿拖鞋、凉鞋上班,注意自身安全。进入食堂的各种原料要严把质量关。食堂所用的燃气瓶须是在规定年限内,且是正规厂家检测合格的瓶子,方能使用,下班前必须检查气瓶阀门是否关闭。每次餐后要全面清洁打扫饭厅里的桌面、凳子、地面等,且每顿饭后及时把食堂门口的泔水桶及其周围打扫干净,经常保持室内外地板、墙壁、灶台、案板、饭台、橱柜、餐具、容器清洁,用具摆放有序,防尘、防蝇、防鼠设施齐全,食堂内无鼠、无蝇,食堂周围无垃圾、无污染、无杂物。定时做好餐具消毒工作,防止交叉污染;餐具做到"一洗二清三消毒四保洁",食品实行主食与副食、生与熟、成品与半成品、食品与杂食隔离。生、熟食刀案及冷荤配餐用具必须分开专用,并有明显标志,且禁止出售有异味及过夜食物。按项目部作息时间准时开饭,没有特殊原因,不准提前或推迟开饭时间。加强对食品从业人员的教育,努力提高从业人员的政治、业务水平,树立爱岗敬业精神。就餐人员要遵守食堂秩序,排队取餐,节约粮食,讲卫生,爱护公物。破坏公物要赔偿,发现问题及时报修,防止热油锅、热汤锅、开水锅烫伤,以及电器击伤。做好安全防范工作,注意防火、防盗,非就餐人员不得进入食堂,非相关人员不得进入厨房。项目部后勤管理人员要不定期检查饭菜质量、厨房环境卫生情况、燃气正确使用情况、保证职工就餐环境舒适、干净、安全。严禁闲杂、生人进入食堂。公司每月都要对食堂管理、环境卫生、个人卫生、燃气正确使用等工作进行一次全面督导检查,总结经验,查找不足,改进工作。

### (三)现场卫生管理制度

工地生活卫生应纳入工地总体规划,设置醒目的卫生宣传标牌和责任区包干图,并设置卫生专职管理人员和保洁人员。生活区周围应设置连续紧密的围栏,并在保持稳定、整齐的同时,未经批准不得在围栏外堆放建筑材料、垃圾和晾晒衣物。工地现场无大面积积水,联络畅通,经常畅通,保持清洁。生活区、办公室周围放置一定数量的垃圾桶,并做到每天清洗。工地现场必须有良好的排水沟,经常保持沟底清、无垃圾、无泥浆、污水、废水外流或堵塞下水道和排水沟的现象。建筑垃圾应堆在指定的地点,生活垃圾应有专用容器存放,并及时清运。

### (四)作业条件及环境安全管理制度

施工现场必须采用封闭式硬质围挡,高度不得低于1.8m。施工现场应设置标志牌和企业标识,应有现场平面布置图和安全生产、消防保卫、环保、文明施工制度板、环保管理措施,公示突发事件应急处置流程图。对于拟建建筑距离较近的建筑物,应采取保护措施,确保建筑物、构筑物安全和地下管线安全。施工现场高大脚手架、塔式起重机等大型机械设备应与架空输电导线保持安全距离,高压线路应采用绝缘材料进行安全防护。施工期间应对建设工程周边临街人行道路、车辆出入口采取硬质安全防护措施,夜间应设置照明指示装置。施工现场出入口、施工起重机械、临时用电设施、脚手架、出入通道口、楼梯口、电梯井口、孔洞口、桥梁口、隧道口、基坑边沿、爆破物及有害危险气体和液体存放处等危险部位,应设置明显的安全警示标志。安全警示标志必须符合国家标准。在不同的施工阶段及施工季节、气候和周边环境发生变化时,施工现场应采取相应的安全技术措施,达到文明安全施工条件。

### (五)定期消毒制度

1. 加强组织领导,严格实行责任管理

每个分包单位必须配备一名专职卫生管理人员,具体负责施工现场的卫生防疫工作。项目经理是工程项目第一责任人,对卫生防疫工作负总责,对目标责任要进行层层分解,要分解到每一个部门、每一个岗位、每一个人。

2. 加强宣传教育,增强防护意识和能力

利用职工夜校、黑板报、宣传栏、班前会等形式向职工进行广泛的宣传教育。既要达到提高预防和识别的目的,又要消除恐惧心理,保持从业人员的思想稳定和正常的生产工作。

3. 做好施工现场卫生消毒工作

炊事用具的消毒。炊事用具使用前必须进行消毒。炊事消毒首选物理消毒方法。煮沸消毒 15~30min;亦可选用化学消毒方法。用有效氯含量为 250~500mg/L 的"84"消毒液浸泡 30min。消毒后清水冲洗、空干保存备用。

宿舍消毒。每周宿舍不少于一次消毒。对宿舍密闭后用 2% 过氧乙酸溶液,按 $8mL/m^3$ 的量进行溶胶喷雾消毒,1h 后即可开门窗通风。

厕所消毒。施工现场厕所应建立水冲式厕所,定期进行冲刷。消毒应按先上后下原则,依次进行消毒。喷雾消毒用有效氯 1000~2000mg/L 的"84"消毒剂喷雾。

4. 加强施工现场卫生管理

工地食堂要办理卫生许可证,炊事人员办理健康证。食堂应设置通风、排气和污水排放设施,严格生、熟食品的存放并设有标记。

职工宿舍要达到牢固、卫生等性能。严格实行宿舍卫生管理制度,实行单人单铺,严禁职工睡通铺。保持宿舍卫生、通风。认真做好防鼠、防蚊蝇工作。

设专人供应开水,加强饮用水保温桶管理,做到加盖加锁,不准喝生水,严禁共用一个器皿饮水。

要加强职工的劳动防护管理,重视对施工生产中粉尘和有毒危害的防治工作,按要求配备防尘、防毒用具,确保从业人员的身心健康。遵守国家的有关规定,合理安排职工的作息时间,做到劳逸结合,增强职工的身体抵抗力。

5. 洒水清扫制度

施工现场主要道路必须进行硬化处理。设专人负责保洁工作。配备相应的洒水设备,及时洒水清扫,减少扬尘污染。施工区、生活区要划分出卫生责任区,设定专人负责,并设置标志牌,标牌上注明责任人及管理范围。施工现场每天都要打扫,保持整洁干净,施工道路要时常洒水湿润,减少扬尘。洒水要均匀适量。清扫、洒水用水要优先使用回收可利用的水。对施工过程中产生的施工垃圾,必须及时清扫,运到指定存放处,做到活完脚下清。施工垃圾与生活垃圾要及时清运,清理装车时要洒水进行湿润。运输时要盖苫布,防止扬尘,并做到沿途不遗撒。大风天气必须对易产生飞沙扬尘的材料或部位进行覆盖或洒水湿润,减少扬尘

施工现场严禁烟火、禁止吸烟。进入现场必须佩戴安全帽,穿工作服,戴好防护用品,严禁穿高跟鞋、拖鞋、裙子、凉鞋。新进场工人必须先到安全部进行安全教育,考试合格后方可进场施工。凡从事现场清理工人,男性不超过 55 周岁,女性不超过 50 周岁。不准乱动现场各种开关,以免出现意外。

# 七、节约管理制度

## (一) 限额领料制度

为更有效地控制材料的领发,节约使用材料,及时掌握材料限额领用的执行情况,提高公司各单位物资成本控制水平,特制定以下制度。

1. 管理机构及职责

公司所属各项目部物资管理员负责本制度的实施,并将实施情况反馈给公司物资部。项目部其他管理人员须积极配合物资部实施本制度。公司物资供应部负责督促本制度的实施,并综合各项目部的反馈情况完善本制度。

2. 材料领用限额的制定

项目部物资管理员负责制定材料领用限额,技术工程师或专业工程师负责提供材料的需用量计划和施工进度计划,预算工程师负责提供预算中的材料消耗定额。项目部预算工程师根据国家相关规定,提供主要材料和辅助材料的消耗定额,作为制定材料消耗定额的主要依据。项目部技术人员或施工人员根据施工组织设计和施工进度计划等相关技术资料,编制年度和季度的物资需用量计划,作为总体材料消耗控制依据。同时,编制月份物资需用量计划,要求对各个施工部位各种材料的计划消耗量分项列出,作为具体部位材料消耗的基本依据。

项目部物资管理员根据技术部门需用量计划和经营部门提供的材料损耗定额比例,结合施工设计图纸和现场的实际使用情况,制定出合理的额定损耗百分比,再用公式:领用限额 = 计划用量×(1 + 额定损耗百分比),计算出具体分项部位各种材料的领用限额。由于各个部位的施工设计图纸和施工条件不同,经生产计划员、部位施工员和主管领导共同签字确定后,再交给仓库保管员,作为材料发放的依据。对于易损易耗及劳保用品等物资的领用限额,各项目部物资管理员可以根据实际需求和管理制度的要求,制定相关物资的发放标准,满足广大员工生活和生产的需求。

3. 材料限额发放制度

各项目部物资管理员、仓库保管员按照各种材料的领用限额进行材料发放。对于钢筋、水泥、砂石料、粉煤灰、外加剂等主要材料,仓库保管员应按照材料限额表中的领用限额,进行材料发放。其中,限额领料单作为数量控制和核算凭证,领料单作为记账凭证。对领发次数不多的材料,可将材料限额表和领料单结合使用,只使用领料单,不需要使用限额领料单。对超过限额的材料领用,必须由部位施工员说明原因,经主管领导审批后,方可领用。对于集中供料、自动计量的混凝土站,物资部门必须派专人统计各个部位或仓位的实际用量和料场出入库数量,与制定的领用限额进行比较。如果超过限额,必须及时查明原因,寻求解决超限额的措施,把物料消耗控制在限额内。对于集中设库控制发料的钢筋,应按照钢筋配料图纸采取最佳的配料方法进行下料,将下料损耗降至最低,且做好钢筋下料日记。领用出库的成品钢筋,须按照钢筋配料图纸进行发放,不允许超额发放。用料项目部对现场的材料,必须妥善保管。发生意外损耗时,应追究主要负责人责任,并向主管领导汇报,给予处罚。分项部位完工后,用料单位应及时与机电物资部联系,对多余材料办理退库手续。对于易损易耗及劳保用品等物资,仓库保管员按照各单位制定的发放标准发放。仓库保管员应做好发放记录,建立个人或部门发放台账,避免重发、漏发。

4. 材料限额消耗的成本核算

各项目部物资管理员负责对限额消耗的材料进行成本核算,将领用限额与实际消耗量进行对比,计算差额,并分析出现差额的原因。对出现较小差额的,应该继续按原来的管理执行;对出现较大差额的,一定要查明原因,及时发现各个管理环节上存在的问题,并向主管领导汇报,采取积极有力的措施进行整改。

### (二) 资源消耗统计制度

为了推动建设工程节材节能,提高资源利用率,项目部要求各部门加强资源管理,特建立资源消耗统计制度。

各部门设立能源管理责任人,监督、管理本部门的资源利用状况,及时发现、纠正浪费资源情况。参照项目环保管理目标,制定合理的用能、用水等定额。环保管理员应及时收集各项资源消耗数据,建立资源消耗统计表。项目部每半年进行一次资源消耗统计,检查资源消耗是否达到环保管理目标。

### (三) 节约能源管理制度

1. 落实节约管理工作

做好全体员工的学习、宣传教育工作。落实节约能源责任制。严格执行节约能源管理规定。经常性开展节约能源检查。

2. 节约能源的管理规定

公司办公区、生活区节约能源的控制。减少办公、生活区用电用水消耗,杜绝长明灯、自流水现象。严格控制办公用品及办公用纸消耗,建立严格的办公用品发放制度,杜绝浪费。充分利用可再生资源的回收利用,项目各部门办公废纸及旧报纸无使用价值后统一回收处理。使用电源的办公仪器,如计算机、复印机等做到使用时开机,未使用时应关机,杜绝空载现象,减少能源的消耗。自来水管道发生故障,应及时修理,防止滴、漏现象。项目员工在离开办公室时应及时关闭照明灯,切断所有用电器具电源,门卫在每晚巡视时应检查照明灯、电热水器是否关闭。

施工过程中注意能源节约,加强对施工队伍的管理,提高施工人员节约能源的意识。统一安排划施工人员的住宿区域,按照实际情况配备电表并限定电量。禁止在施工区内使用电炉等大功率电器。项目部在施工现场对生产、生活等使用能源情况进行监控,发现问题应及时进行整改,以减少浪费,降低消耗,节约成本。

## 第六节 现场安全防护与环保

### 一、安全生产管理体系

为实现安全要求,创建"平安工地",建立安全生产管理体系,如图6.6-1所示。

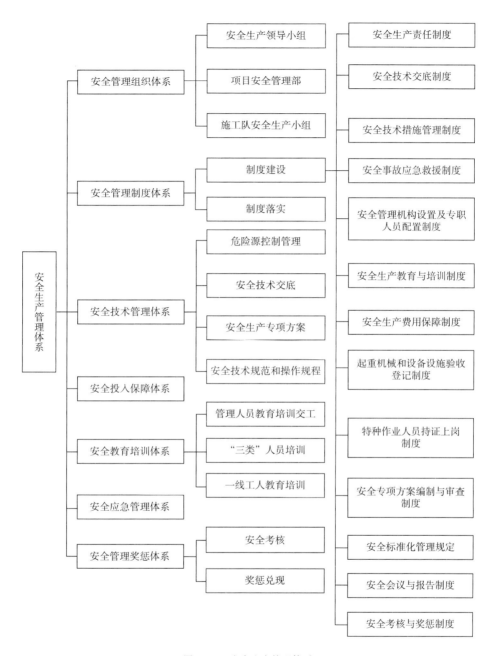

图 6.6-1　安全生产管理体系

## 二、安全领导小组

成立以项目经理为首的安全领导小组,项目经理为第一安全负责人,项目总工程师、项目各部门齐抓共管,安全工程师专管,工区专职安全员协管。领导小组办公室设在安质部,项目领导及主要管理人员电话24h开机。安全组织机构框图如图6.6-2所示。

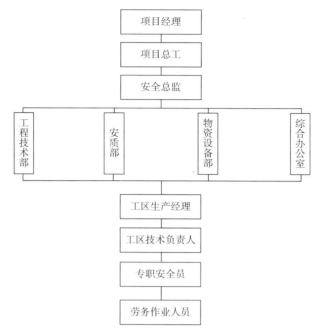

图 6.6-2 安全组织机构框图

# 三、现场安全防护措施

## (一)安全组织机构及安全管理制度

安全组织机构健全,人员到位。项目部成立安全领导小组,由项目经理任组长,项目总工及安全负责人任副组长。在各桥梁工程现场设专职安全员,工班设兼职安全员,并做到人员到位,上班要佩戴"安全员"袖标。健全安全教育制度。所有作业人员在进场时须进行安全教育,并严格执行每日班前安全教育制度,同时留存影像资料。各施工班组在单项工程开工前,要对担负施工的员工进行一次技术交底,明确交代安全注意事项,使员工做到心中有数。凡是从事特种作业(起重、登高架设作业、电焊、电工和机动车辆驾驶)人员,必须经过劳动培训,考试合格持证上岗。凡是进入施工区域的人员,必须按工种规定配发和正确穿戴安全防护用品。各类施工人员都熟悉本岗位的操作规程、规章制度和岗位责任制,无违章行为。

单位制定安全生产奖惩办法,明确各类人员的岗位责任制。现场有清晰、醒目的安全生产标语、口号、板报、墙报等宣传标志。施工场所设有安全标志,危险部位有安全警示牌,夜间设有红灯。严禁施工人员穿拖鞋、高跟鞋、易滑的硬底鞋上班和酒后上班及上班时嬉笑打闹。施工道路平整、排水畅通。机械设备停放有序,材料堆放整齐,标识清楚,并保证安全距离。组织相关人员做好危险源辨识工作,同时对重大危险源的防控,应及时上报公司、分公司并进行分级监控。

## (二)防漏电、防雷击的安全措施

临时用电必须符合交通运输部标准和项目所在地供电局的有关安全运行规程,施工用电设施设专人管理,并经培训合格持证上岗。低压架空线必须采用绝缘铜线或铝线,架空线必须设在专用电杆上,严禁架设在树干、脚手架上。电缆线沿地面敷设时,不得采用老化脱皮的电缆线,中间接头牢固可靠保持绝缘强度;过路处穿管保护,电源端设漏电保护装置。移动电气设备的供电线,使用橡胶套电缆。电缆线路采用"三相五线"接线方式,电气设备和电气线路必须绝缘良好。施工现场临时用电要定期进行检查,防雷保护、接地保护、变压器及绝缘强度,每季测定一次,固定用电场所每月检查一次,移动式电动设备、潮湿环境和水下电气设备每天检查一次。对检查不合格的线路、设备及时予以维修或更换,严禁带故障运行。

使用自备电源或与外电线路共用同一供电系统时,电气设备根据当地要求做保护接零或做保护接地,不得一部分设备做保护接零,另一部分设备做保护接地。手持电动工具和单机回路的照明开关箱内必须装设漏电保护器,照明灯具的金属壳必须做接零保护。各种型号的电动设备按使用说明书的规定接地或接零。传动部位按设计要求安装防护装置。维修、组装和拆卸电动设备时,断电挂牌,防止其他人私接电动开关发生伤亡事故。实行"一机一闸一漏"制,严禁"一闸多用"。现场的配电箱坚固、完整、严密,有门、有锁、有防雨装置,同一配电箱超过3个开关时,设总开关、熔断丝及热元件,按技术规定严格选用,禁止用铁丝、铝丝、铜丝等非专用熔丝代替。室内配电盘、配电柜要有绝缘垫,并安装漏电保护装置。变压器设接地保护装置,其接地电阻不大于$4\Omega$,变压器设护栏,设门加锁,专人负责,近旁悬挂"高压危险、请勿靠近"的警示牌。下雨期间禁止带电作业,禁止在打雷、打闪天气进行高空作业。严禁施工现场的临时用电电力系统利用大地做相线或零线。

(三) 高边坡防护施工安全措施

边坡防护作业,必须搭设牢固的脚手架。脚手架必须落地,严禁采用支挑悬空脚手架。砌石作业必须自上而下进行。片石改小,不得在脚手架上进行。护墙砌筑时,墙下严禁站人。抬运石块上架,跳板应牢固,并设防滑条。抹面、勾缝作业必须先上后下。严禁在坡面上行走,上下必须用爬梯,作业在脚手架上进行。架上作业时,架下不准有人操作或停留,不得上面砌筑、下面勾缝。边坡支护应紧跟开挖进度进行,以确保施工安全和边坡稳定。即挖完一层,必须进行相关防护后才能挖下一层。施工前,应认真检查支护作业区及周边边坡的稳定情况。排除危石及障碍物,确保在安全的状态下进行边坡支护施工。

边坡支护应在工作平台、脚手架上进行,工作平台、脚手架搭设必须牢固,并确保满足作业操作或承重荷载要求,承重连接部位应采用双扣件。在临空面应设置安全防护栏杆。在工作平台、脚手架上进行喷护作业,要严格执行其操作规程和高空作业的各项安全规定。作业人员在进行喷护作业时,必须正确佩戴劳保用品。作业人员必须佩戴安全帽和绑系安全带。绑挂安全带的绳索应牢固地拴在树干或插固的钢钎上,绳索应垂直。不得同一安全桩上拴2根及以上的安全绳或在一根绳上拴2人及以上。作业发现有事故隐患时,应立即采取措施,消除隐患,必要时停止工作,待安全措施到位后才能作业。

作业人员必须定期进行身体检查,诊断患有心脏病、贫血、高(低)血压、癫痫、恐高症其他不适宜从事高处作业的疾病,不得从事高处作业。高处作业,严禁违章赤脚作业、酒后作业。在脚手架操作平台上面作业时,脚手架应设置防止人员坠落的防护栏杆。脚手架上的架板必须铺满,且牢固固定在脚手架上。进入高边坡部位施工的机械,必须全面检查其技术性能,确保安全运行。

施工机械进入施工部位,必须检查行走路线,确认道路宽度、坡度、弯度、桥梁、涵洞等能满足安全条件后方可行进。施工机械工作时,严禁一切人员在回转半径内停留。配合机械作业进行清理、平整、修坡等人员,应在机械的回转半径外工作,如必须在回转半径内工作时,必须停止机械并制动好以后方可工作。机上机下人员随时取得联系。挖掘机工作位置要平坦,工作前履带要制动,回转时不得从汽车的驾驶室顶部通过,汽车未停稳不许装车。

机械在靠近边坡作业时,距边沿应保持必要的安全距离,确保轮胎(履带)压在坚实的基础上。大型设备进入工作面,必须保证道路有足够的承载力。装载机行走时,驾驶室两侧和铲斗内严禁站人。推土机在开山辟路时,要严格将其工作水平度控制在规范的规定以内。下坡时,严禁空挡滑行,必要时可放下刀片作为辅助制动。运输车辆必须确保方向、制动、信号等安全可靠。装渣高度不得高出车厢,要防止行进中掉石伤人。喷射机等带压力工作的设备,均安装压力表和安全阀,并确保其灵敏可靠。施工机械停止作业,必须停放在安全可靠、基础牢固的地方。斜坡上停车,必须用三角木等对车轮阻滑,严禁在大于15°的斜坡上停放,夜间有专人看管。施工设备要坚持班班检查,加强现场维护保养,严禁"带病"运行;禁止在斜坡上或危险地段进行设备的维修保养工作。机械运转中不得上、下人。施工机械(运输车辆)驾驶室内严禁超载,严禁人、物混载。

### (四)基坑安全防护措施

基坑周边设置防护栏,夜间安装指示灯;禁止向坑内扔、倒杂物,抛掷工具。严禁基坑边大量堆载,基坑周边严格按设计要求控制荷载,以免导致围护结构发生变形乃至破坏,造成事故。加强安全监控措施,必要时采取相应的应急措施,加以补救,从而确保基坑安全。

临边防护栏杆采用钢管栏杆,栏杆柱均采用 $\phi 48mm$ 钢管,以扣件固定。暂时不进行施工的基坑外围应全部封闭,待开始生产时由施工单位自行开设临时通道口。搭设完成必须经项目部有关人员验收后投入使用,否则做不合格处理。防护栏杆必须自上而下用安全立网封闭。所有护栏用红白油漆刷上醒目的警示色,钢管红白油漆间距为20cm,基坑一侧按刷坡设安全通道,并悬挂提示标志,护栏周围悬挂"禁止翻越""当心坠落"等禁止、警告标志。基坑周围应明确警示堆放的钢筋线材不得超越基坑边3m范围警戒线,基坑边警戒线内严禁堆放一切材料。

基坑施工过程中对地表水控制,以便进行排水措施调整,对地表滞水进行如下控制:沿基坑周边防护栏处设置一明排水沟,为了排除雨季的暴雨突然而来的明水,防止排水沟泄水不及,特在基坑一侧设一积水池,再通过污水泵及时将积水抽至排水系统,做到有组织排水,确保排水畅通。

坑边堆置材料包括沿挖土方边缘移动运输工具和机械不应离槽边过近,距坑槽上部边缘不少于2m,槽边1m以内不得堆土、堆料、停置机具。基坑周边严禁超堆荷载。

基坑施工作业人员上下必须设置专用通道,不得攀爬栏杆和自挖土台阶上下。考虑到基坑内作业空间有限,基坑上下通道依托基坑边坡设置,并优先选择高度较小的一侧,边坡覆盖彩条布或喷射混凝土护坡。通道利用钢管扣件搭设,宽1.5m,下铺钢板或木板,左右侧设置扶手并布置安全网。机械设备进出按基坑部位设置专用坡。

基坑开挖前,应会同有关单位对附近已有建筑物或构筑物、道路、管线等进行检查和鉴定,对可能受开挖和降水影响的邻近建筑(构)物、管线,应制定相应的安全技术措施,并在整个施工期间,加强监测其沉降和位移开裂等情况,发现问题应与设计或建设单位协商采取防护措施,并及时处理。相邻基坑深浅不等时,一般应按先深后浅的顺序施工,否则应分析后施工的深坑对先施工的浅坑可能产生的危害,并应采取必要的保护措施。了解当地地形地貌、地质构造、地层岩性、水文地质等,如因土石方施工可能产生滑坡时,应采取可靠的安全技术措施。在陡峻山坡脚下施工,应事先检查山坡坡面情况,如有危岩、孤石、崩塌体、古滑坡体等不稳定迹象时,应妥善处理后,才能施工。

施工前,应对施工区域内存在的各种障碍物,如建筑物、道路、沟渠、管线、旧基础、坟墓、树木等,凡影响施工的均应拆除、清理或迁移,并在施工前妥善处理,确保施工安全。大型土方和开挖较深的基坑工程,施工前要认真研究整个施工区域和施工场地内的工程地质和水文资料、邻近建筑物或构筑物的质量和分布状况、挖土和弃土要求、施工环境及气候条件等,编制专项组织设计(方案),制定有针对性的安全技术措施,严禁盲目施工。施工机械进入施工现场所经过的道路、桥梁和卸车设备等,应事先做好检查和必要的加宽、加固工作。开工前应准备好施工场地内机械运行的道路,开辟适当的工作面,以利安全施工。加强质量管理,开展全面质量管理活动,严格进行过程控制。确定质量控制点,进行特别监控。对可能出现的问题制定预防措施,做到安全生产、文明施工。施工过程中注意观察边坡的稳定情况,发现异常,应立即停止作业,查明原因,处理完成后方可复工。

基坑开挖应严格按要求放坡,并随时注意边坡土壁变动情况。如发现有裂纹或部分塌落现象,及时采取相应的措施进行处理或加固。在边坡施工时,项目部指定专人指挥、监护,出现位移、开裂及渗漏时,立即停止施工,将作业人员撤离作业现场,待险情排除后,方可作业。开挖过程中应注意经常检验地质情况,核对其与设计所依据的地质资料是否相符,确认后方可继续进行开挖作业。施工便道、堆放土方、材料距基坑边坡留出安全距离,以减少震动和荷载影响。当基坑开挖与建筑物、构筑物的距离小于5m,当基坑开挖深度大于相邻建筑物的基础深度时,必须保持一定距离或采取边坡支撑加固措施,并进行沉降和位移观测,必须采取有效技术措施,并报总监办同意后方准施工。基坑边坡附近的施工便道回转车道专人指挥,危险区域专人监控,交通警示标志配备齐全,位置明显。

用挖土机施工时,挖土机的工作范围内,不得有人进行其他工作;多台机械开挖,挖土机间距大于10m,挖土要自上而下,逐(层)阶进行,严禁先挖坡脚的危险作业。人工开挖时,两人操作间距应保持2～3m,并应自上而下挖掘,严禁采用掏洞的挖掘操作方法。深基坑或雨季施工的浅基坑的边坡开挖以后,必须随即采取护坡措施,以免边坡坍塌或滑移。护坡方法视土质条件、施工季节、工期长短等情况,可采用塑料布和聚丙烯编织物等不透水薄膜加以覆盖、沙袋护坡、碎石铺砌、喷抹水泥砂浆、铁丝网水泥浆抹面等,还应防止地表水或渗漏水冲刷边坡。

**(五)高空作业安全防护措施**

高空作业,必须使用安全带、安全帽和梯子等,作业前必须认真检查所用的安全设施是否牢固、可靠。凡是从事高处作业的人员必须接受高处作业安全知识的教育,做到持证上岗,无证者一律不得上岗。上岗前依据有关规定进行技术交底。高处作业的人员必须经过体检,合格后方可上岗。在作业前必须给他们合格的安全带,安全帽等必备的个人安全防护用具,作业人员必须正确佩戴和使用。高处作业所用的工具,材料严禁投掷,上下立体交叉作业确有需要时,中间必须设置隔离设施。高处作业必须设置可靠的扶梯,作业人员必须沿着扶梯上下,不得沿立杆或者栏杆攀登。在雨雪天必须采取防滑措施,当风速在 10.8m/s 以上和雷电、暴雨、大雾等恶劣气候条件下,不得进行露天高处作业。高处作业上下必须设置联系信号或通信装置,并且指定专人负责。高处作业前,工程项目部必须组织有关部门对安全防护设施进行验收,经验收合格后方可作业,需要临时拆除或者变动安全设施的,应经项目部技术负责人审批同意后,并且组织有关部门验收,合格后方可实施。

发现安全措施有隐患时,立即采取措施,消除隐患,必要时停止作业。遇到各种恶劣天气时,必须对各类安全设施进行检查、校正、修理,使之完善。在高度为 2m 及以上的高处作业时,必须设置牢固完备的安全防护设施。操作人员使用的安全带(或安全绳)的尾绳长度不宜超过 2m。高处作业用的梯子应坚固完整。梯阶间距以 30cm 为宜,高处作业人员必须穿平底鞋,严禁穿硬底、带钉和易滑的鞋。高处上下交叉作业时,必须在上下两层中间设密铺棚板或其他隔离设施。施工时必须搭建稳固的施工平台。搭建材料用盘扣式脚手架。施工平台四周挂好安全网。施工平台搭建根据施工顺序进行,自下而上搭一排钻一排。机具升降采用手拉葫芦。

**(六)焊接作业安全防护措施**

必须遵守焊、割设备一般安全规定及电焊机安全操作规程。电焊机外壳必须接地良好,其电源的装拆由电工进行。电焊机要设单独的开关,开关放在防雨的闸箱内,拉合时戴手套侧向操作。焊钳与把线必须绝缘良好,连接牢固,更换焊条戴手套,在潮湿地点工作,要站在绝缘胶板或木板上。把线、地线禁止与钢丝绳接触,更不得用钢丝绳索或机电设备代替零线,所有地线接头,必须连接牢固。更换场地移动把线时,及时切断电源并不得手持把线爬梯登高。清除焊渣时,要戴好防护眼镜或面罩,防止铁渣飞溅伤人。多台焊机在一起集中施焊时,焊接平台或焊件必须接地,配隔光板。雷雨时,立即停止露天焊接作业工作结束立即切断焊机电源,并检查工作地点,确认无起火危险后,方可离开。

雪天或施焊现场超过三级风焊接时,据场地冬季风向用棚布设挡风棚作为遮蔽措施,气温低于 -20℃不得施焊,焊接后未冷却接头不得碰到冰雪。钢筋负温电弧焊宜采取分层控温施焊。热轧钢筋焊接的层间温度宜控制在 150~350℃之间。

钢筋负温帮条焊或搭接焊的焊接工艺应符合下列规定:帮条与主筋之间应采用四点定位焊固定,搭接焊时应采用两点固定;定位焊缝与帮条或搭接端部的距离不应小于 20mm;帮条焊的引弧应在帮条钢筋的一端开始,收弧应在帮条钢筋端头上,弧坑应填满;焊接时,第一层焊缝具有足够的熔深,主焊缝或定位焊缝应熔合良好;平焊时,第一层焊缝应先从中间引弧,再向两端运弧;立焊时,应先从中间向上方运弧,再从下端向中间运弧;在以后各层焊缝焊接时,应采用分层控温施焊;帮条焊头或搭接接头的焊缝厚度不应小于钢筋直径的 30%,焊缝宽度不应小于钢筋直径的 70%。

钢筋负温坡口焊的工艺应符合下列规定:焊缝根部、坡口端面以及钢筋与钢垫板之间均应熔合,焊接过程中应经常除渣;焊接时,宜采用几个接头轮流施焊;加强焊缝的宽度应超出 V 形坡口边缘 3mm,高度应超出 V 形坡口上下边缘 3mm,并应平缓过渡至钢筋表面;加强焊缝的焊接,应分两层控温施焊。

### (七)混凝土浇筑安全防护措施

浇筑混凝土前,应检查模板、支架的稳定状况,且钢筋经验收合格,并形成文件后方可浇筑混凝土。浇筑现场必须设专人指挥运输混凝土的车辆。指挥人员必须站在车辆的安全一侧。车辆卸料处必须设牢固的挡掩。浇筑混凝土应按施工设计规定的程序进行,不得擅自变更。使用起重机吊运混凝土,装混凝土的容器结构应完好、坚固。混凝土应搅拌均匀,严格控制坍落度。使用混凝土搅拌运输车时,现场应提供平整、坚实、位置适宜的场地停放。现场有电力架空线时,应设专人监护,保持混凝土搅拌运输车及其布料杆在作业中的各位置均符合施工用电安全要求。作业人员不得站立于布料杆下方。使用手推车运送混凝土,必须装设车槽前挡板,装料应低于车槽至少10cm;卸料时应设牢固挡掩,并严禁撒把。

人工现场倒运混凝土应符合下列要求:一次倒运高度不得超过2m。平台倒料口设活动栏杆时,倒料人员不得站在倒料口处。倒料完成后,必须立即将活动栏杆复位。混凝土入模应服从振捣人员的指令。作业平台上应设钢板放置混凝土。作业平台下方严禁有人。

浇筑混凝土时,施工人员不得踏踩、碰撞模板及其支撑,不得在钢筋上行走。现场电气接线与拆卸必须由电工负责,并应符合相关安全技术交底的具体要求。混凝土浇筑过程中,应设电工值班。使用插入式振动器进入模板仓内振捣时,应对缆线加强保护,防止磨损漏电。仓内照明必须使用12V电压。浇筑混凝土时,应设模板工监护,发现模板和支架、支撑出现位移、变形和异常声响,必须立即停止浇筑,施工人员撤离危险区域。排险必须在施工负责人的指挥下进行。排险结束后必须确认安全,方可恢复施工。用附着式振动器时,模板和振动器的安装应坚固牢靠,经试振动确认合格方可使用。

### (八)施工机械安全防护措施

各种机械操作人员和车辆驾驶员,必须取得操作合格证,不准操作与其不相符合的机械,不准将机械设备交给无本机操作证的人员操作,对机械操作人员要建立档案,专人管理。操作人员必须按照说明书规定操作,严格执行工作前的检查制度和工作中注意观察及工作后的检查保养制度。驾驶室或操作室保持整洁、严禁存放易燃、易爆物品,严禁酒后操作机械,严禁机械带病运转或超负荷运转。机械设备在施工现场停放时,选择安全的停放地点,夜间安排专人看管。向机械加油时严禁烟火。严禁对运转中的机械设备进行维修、保养等作业。指挥施工机械的作业人员,必须站在让人瞭望的安全地点并明确规定指挥联络信号。凡是运料汽车通过的交叉路口,均设有专人把守和指挥,避免交通事故。

### (九)天桥破除作业安全防护措施

严格拆除顺序,拆除过程必须严格按照拆除施工的顺序拆除。在总体拆除方案确定后,做好防护隔离工作,满足导向、分离、稳固、安全等要求。加强安全管理。拆除施工安全管理涉及桥梁本身结构安全,还涉及高空作业、交通管制等方面安全管理,因此对拆除工程要进行全员、全方位、全过程管理控制,特别要加强对施工现场的检查和监督,及时消除安全隐患。

破除作业施工时应检查破碎锤高压及低压软管是否振动过于剧烈。如果不存在这种情况,可能是出了故障,应停止施工进行维修。应进一步检查软管接头处是否渗油,若有渗油,应重新拧紧接头处。作业期间应目测钢钎是否有余量,若无余量肯定是卡在破碎锤里了,应拆下破碎锤查看部件是否应修理或更换故障部件,一旦击碎后应立即停止锤击。若持续空击,螺栓会松动或断裂,甚至挖掘机也会受到不利的影响。当破碎锤击穿力不当或把钢钎用作撬杆时,会产生空击现象(破碎锤空击时锤击时声音会改变)。破碎锤不可以用来搬移重物,也不可使用钢钎末端或支架侧面来滚动或推动重物。因为大小臂会损坏,同时破碎锤螺栓可能会断裂、支架会损坏、钢钎会断裂或划伤。应避免用破碎锤来搬移重物。

### (十)防洪度汛安全防护措施

桥梁工程需在雨季继续施工时,必须在雨季到来前做好防雨的各项准备工作。根据雨季期间的施工计划,计算出所需遮雨篷布、彩条布等材料的面积、数量,雨季前购进并在现场存放,保证混凝土工程施工完毕、钢筋工程施工完毕时遇降水可及时遮盖。调整施工时间,现场负责施工的专业工程师负责关注每日6:00、12:00、17:00等天气预报更新时间点(根据天气预报更新时间点具体调整),及时多次关注天气预报,预报有强降水时,及时调整施工计划,避免雨天施工混凝土工程。混凝土工程施工完毕立即安排施工人员进行混凝土养护、遮盖工作,使混凝土得到充分的养护和保护,将雨期气候对施工的影响降到最低。

雨季安全部组织安全员加强现场安全管理工作,以保证雨季施工按进度计划进行。雨期前安全生产监督管理部组织人员对各桥涵施工场地的排水系统进行仔细检查、疏通或加固,必要时再增加排水措施。雨期前在重要场地,如拌和站料仓、油料存储点、变压器、配电箱等设置好防雷措施,露天使用的电气设备要有可靠的防漏电措施。

桥涵施工机具停放地、库房、生活区域,都必须选在地势较高不易被水淹的地点,并有可靠的排水防洪设施,预防洪水造成的危害。对于钢材、水泥等材料,应在雨天及时覆盖,购进一次不宜过多,防止存放期过长造成钢材生锈、水泥板结等情况。雨后模板及钢筋上的沾染的淤泥杂物,在浇筑混凝土前必须清除干净。

基础基坑、支架场地等处的积水应及时排除。施工场地积水应组织力量疏导排除,对于支架应结合现场实际情况采取截、疏相结合措施。在既有高速公路两侧边坡上的支架,在地表水流入支架体系侧架体1.0m以外修筑0.5m高的挡水坝,防止地表水漫流支架基础。位于既有高速公路上的支架两侧边沟应进行疏通,防止地表水积聚在支架体系范围内。基础基坑等土石方开挖过程中,如因突然降雨而中途停止,复工前应派专人到挖方体上详细检查。如发现边坡上方有裂缝,或发现边坡开裂、土石有塌落的可能,应慎重处理后方可继续施工。

### (十一)交通安全防护措施

为确保工程的安全实施,做到"安全第一,质量第一",进场后首先对所有职工进行安全防护教育,开工后定期组织人员进行安全培训,保证上路人员有足够的自我防护意识。施工人员应严格遵守《公路养护技术规范》《山东省高速公路管理条例》等法律法规中的相关规定,规范施工作业,杜绝不安全因素,确保安全施工。为确保工程顺利开展,制定切实可行的施工方案、专项安全防护方案及交通组织方案,根据要求上报高速公路路政、交警等审核批准。在确认各项安全防护措施到位和交通管控方法有效可行的情况下才可施工。按照高速公路交警、路政部门的要求,规范设置相应的标志标牌(即施工信息提示牌、限速牌、转向标志牌、隔离墩、安全网等各种安全标志设施的设置),确保安全实施交通分流。

施工现场设专职安全员,安全员在施工现场佩戴显著标识,安排交通维护人员24h不间断执勤,查看各种标识牌、隔离设施的工作状态,出现异常及时维修或更换,同时维护疏导交通,保证京台高速公路的行车安全。遇有紧急情况,及时启动应急预案,现场所有人员服从交警、路政部门、工程管理人员的指挥,协助交管部门做好交通安全疏导工作。进入施工场地严禁嬉戏、打闹。

交通维护方案的审批:在项目办领导协调和交警、路政大队指导下,制定切实可行的交通管控方案,并通过审核批准后实施。交通管控实施时间的确定:根据施工实施进展情况,项目部提前向交警大队及路政大队提出交通管制申请,确定交通管控形式和具体实施时间。在交警、路政大队的指导下,设置交通管制设施(即施工信息提示牌、限速牌、转向标识牌、安全网、减速板等各种安全标志设施的设置),确保安全实行交通管控。按高速公路交警及路政的要求及规定设置相应标志标牌,如在变道前2km和1km处设置前方施工提示牌、限速标志牌,在变换车道前500m设置车道变窄标识牌,变道200m处设置转向提示牌,在通过施工管制区域后设置解禁限速标志等。

安排交通维护人员24h不间断执勤,查看各种标识牌、隔离设施的工作状态,出现异常及时维修或更换,同时维护疏导交通,保证京台高速公路的行车安全。当启动应急预案后,现场所有人员服从交警、路政大队的指挥,协助交警部门做好交通安全疏导工作。项目施工前,对所有参加施工人员进行岗前安全教育、技术交底,同时重点对交通执勤人员进行培训,培训合格方能进行上路施工和执勤。交通执勤人员在工作期间必须穿反光背心,在进行交通标志维护时必须两人参与,一人观察过往车辆,另一人进行标识标牌的维护,出现异常及时提醒,确保操作安全。交通执勤交接班履行交接手续,主要说明执勤期间的行车、标示标牌的维护、施工人员的违纪以及施工道口的使用等情况。在项目办领导协调和交警、路政大队指导下制定切实可行的交通管控方案,并通过审核批准后实施。

根据施工实施进展情况,项目部提前向交警大队及路政大队提出交通管制申请,确定交通管控形式和具体实施时间。在交警、路政大队的指导下,设置交通管制设施(即施工信息提示牌、限速牌、转向标识牌、安全网、减速板等各种安全标志设施的设置),确保安全实行交通分流。用水泥混凝土隔离墩、沙包、隔离网等进行围护施工区,周围设立醒目警示标志,安排专人值守。施工车辆通过施工区时,要有专人指挥、维护交通。设立安全警戒和警示牌:警戒范围符合规定要求,安全警示牌应标明警示语。标志、标牌、锥形交通标、爆闪灯、频闪灯、水泥混凝土隔离墩、旗帜、防撞沙包等要设置得当。始终保持各种标志齐全、规范,不得缺失、遗漏,损坏要及时补上。安排交通维护人员24h不间断执勤,查看各种标识牌、隔离设施的工作状态,出现异常及时维修或更换,同时维护疏导交通,保证高速公路的行车安全。

现场环保控制措施见表6.6-1。

现场环保控制措施　　　　　　　　　　　　　　　　表6.6-1

| 序号 | 措施 | 主要内容 |
| --- | --- | --- |
| 1 | 完善环保建设制度 | 建立涵盖政策要求、技术规范、评估标准和管理办法等环节在内的完善的政策体系,解决绿色公路建设必要性、科学性、可比性、导向性等问题。从政策、制度层面明确绿色环保建设目标、原则和关键内容。通过技术规范来明确绿色环保建设的技术要求,通过评估指标表征绿色环保建设预期效果,通过以往的绿色环保管理的、建设的经验和教训,规范和构建绿色环保建设的可控、可量化、可考核的制度体系 |

续上表

| 序号 | 措施 | 主要内容 |
|---|---|---|
| 2 | 做好环保策划管理 | 贯彻执行绿色交通发展理念,坚持最低程度的破坏和最大力度的恢复,严守生态红线,积极倡导节能减排、低碳施工,做好绿色环保策划,科学有效地控制材料和场地等的使用和处理 |
| 3 | 严格保护土地资源 | (1)施工过程中严格贯彻节约用地的理念,严格控制施工便道、料场、混凝土拌和站、梁板预制场站等临时用地数量,并尽可能在公路用地范围或利用荒地、废弃地,不得占用农田。施工完成后,应尽早进行土地平整和植被、耕地恢复工作。<br>(2)临建应尽量租用现有房屋作为生活及办公场所;采用拼接式板房应采用两层楼样式,以节约用地资源 |
| 4 | 生态影响控制 | (1)加强生态保护宣传,制定奖惩措施,激发承包商和施工人员自觉参与生态保护开工前,在工地及周边设立爱护野生动物和自然植被的宣传牌,并对承包商进行环保和生物多样性保护宣传教育。<br>(2)禁止在基本农田保护区、自然保护区、地质灾害路段或工程可能诱发地质灾害路段设置取土场。<br>(3)施工用油库、拌和场均应设在远离居民区100m以上 |
| 5 | 水污染预防 | (1)开挖的土方和泥浆及时运至河流引洪或防洪范围外堆放。<br>(2)施工生活污水都要经过化粪池统一收集和处理。<br>(3)梁板养护水、砂石料的冲洗废水经过三级沉淀处理后循环使用。<br>(4)河流岸边200m范围内禁止设置拌和站,主要河流及水库岸边300m范围内禁止设置拌和站 |
| 6 | 噪声污染预防 | (1)尽量采用低噪声机械并加强养护,对超过国家标准的机械,应禁止其入场施工。<br>(2)夜间严禁高噪声施工机械在声环境敏感点附近施工。<br>(3)预制场、拌和站的选点需距噪声敏感点至少保持200m。<br>(4)利用既有道路运输施工物资时,先合理选择运输路线,尽量在昼间,限速通过声音敏感点并禁止鸣喇叭。<br>(5)噪声大的作业时间放在昼间(6:00—22:00)进行;距离较近的村庄、学校等敏感点禁止在夜间(22:00—6:00)进行机械施工。靠近学校等高度敏感点长时间施工时,采取搭设临时声屏障等隔声措施。<br>(6)在施工声音敏感点位置设置噪声监测系统,并采取措施抑制噪声:禁止车辆鸣喇叭、加装消声器、施工现场车辆限速并禁止鸣喇叭、排气总管加装消声器。<br>(7)加工场区、大型机械施工区等区域设置临时噪声屏障,加装噪声隔板,封闭噪声控制传播;对于机械设备加装噪声防护罩,并且禁止在夜间使用,控制噪声发声源;设置监测点对噪声进行监测 |
| 7 | 空气污染预防 | (1)水泥、砂等易洒落散装物料在装卸、使用、运输、转运和临时存放等全部过程中时,须采取防风布遮盖措施,以减少扬尘。<br>(2)散装水泥运输采用水泥槽罐车,避免洒落引起扬尘。<br>(3)对沿线施工便道和进出堆场的道路定时洒水,尤其是干旱少雨季节应增加洒水频次。<br>(4)砂石料棚内设置智能喷淋系统,水泥罐设有防尘装置。<br>(5)预制场、堆场尽量距离环境敏感点下风向300m以外。采用先进的沥青混凝土拌和装置,配备除尘设备、沥青烟净化和排放设施。<br>(6)敏感点位置设置扬尘监测系统,并安排专人记录 |

续上表

| 序号 | 措施 | 主要内容 |
|---|---|---|
| 8 | 节能技术和清洁能源 | (1)项目场区庭院灯、收费站、服务区等照明设施及施工照明采用LED灯具,做到照明节能。<br>(2)充分利用绿色能源,使用太阳能热水器,在场区及建筑屋面设置光伏发电设施。<br>(3)中水回收利用,预制厂设置养生水沉淀池,循环养生或作为洒水抑尘。<br>(4)节约高速公路工程建设过程中的能耗,避免不必要的资源消耗。<br>(5)沿线交通指示灯均采用太阳能指示灯 |
| 9 | 废旧材料再生循环利用 | 大力推行废旧材料再利用,主要包括老路沥青混合料、碎石基层、边沟片石等,减少建筑垃圾;不能利用的废弃材料,要运送到指定弃土场,不得随意处置 |
| 10 | 垃圾分类处理 | (1)对可利用的建筑垃圾如混凝土砌块等,联系专业厂家进行回收,经过破碎机、球磨机破碎粉磨后再利用。<br>(2)稀料类垃圾采用桶类容器存放,并遵照有关规定及时清运出场。<br>(3)垃圾采用移动式密封垃圾桶存放,严禁将有毒有害物质回填。<br>(4)食堂、宿舍区的生活垃圾实行专用垃圾桶,专人集中运送至垃圾箱。<br>(5)办公垃圾按可回收、有毒有害等分类存放,严禁任意丢弃,并由环境管理员负责同环卫部门、焚烧处置单位等联系处理 |
| 11 | 严格施工环保 | (1)加强施工过程中植被、表土的保护和利用,堆放于指定堆放场地,后期可用于边坡绿化、中分带绿化及土地复垦等。<br>(2)对选定的取土场,做好取土后的复垦绿化。<br>(3)推进标准化施工、低噪声机械使用、设置扬尘控制措施等,保护生态环境 |
| 12 | 严格环保管理 | (1)在高速公路建设及施工过程中。不断加强施工管理,引入先进合理的管理模式,实现规范化、标准化、精细化施工管理。<br>(2)因地制宜普及和应用一些新的材料、工艺、技术以及新的设备。<br>(3)施工现场安装监控摄像头,并接入公司网络,以便于实时掌握施工过程是否符合环保要求 |

## 第七节 水土保持保证措施

在防治措施上,采用工程防护措施、植物防护措施和临时防护措施相结合的防治策略,建立一个与主体工程相衔接、功能完善、效果显著、科学合理、经济可行的水土保持防治体系,减轻项目区原生水土流失,防治新增水土流失,改善区域生态环境,为工程建设、正常运营和当地经济发展创造良好的生态条件。

### 一、总体原则

针对施工期间占用土地、植被破坏和房屋拆迁、水土流失等的影响,制定相应的保护措施;坚持水保设施与主体工程"同时设计、同时施工、同时投产使用"。

结合工程线形情况、水土流失特点以及施工区划分,将本工程划分为三个防治分区:主线道路防治区(包括道路工程、桥涵工程、平交工程)、施工生产生活防治区及施工便道防治区。

## 二、措施概述

工程措施：浆砌石排水沟、边沟盖板涵、急流槽、路基边坡覆盖熟土。
植物措施：边坡植草防护、驻地建设场地内植草防护。
临时措施：表土临时拦挡、临时排水、临时覆盖、沉砂池、绿目网覆盖等。

在工程措施、植物措施、临时措施安排上，结合工序展开情况及现场的轻重缓急，统筹考虑。在安排时序上，一般是先采取临时措施，然后为工程措施，植物措施安排在春季和雨季进行，水土保持工程与永久工程同步进行，以确保工程建设过程中的新增水土流失得到及时、有效的控制。

## 三、具体措施

主体工程在施工过程中，路基填筑、路面施工、涵洞施工、采运土石料等都将直接扰动地表，破坏植被，产生新增水土流失并对周边环境带来危害，因此从水土保持角度采取有效的预防和防治措施，对有效控制施工过程中造成的新增水流失、保护和改善生态环境、保证工程建设顺利进行。

### （一）生产生活区

平面布局力求紧凑，尽量少占地及减少对周边地区土壤和地表植被的破坏，厂区内主要道路进行了硬化处理，同时通过绿化也减少水土流失。

### （二）路基工程

路基工程采用以机械施工为主、适当配合人力施工的方案。为保护表层熟土，路基填筑前用推土机将表土进行剥离，用自卸汽车运至临时堆土场堆放，施工后期作为路基边坡绿化或复耕覆土。路基工程土石方开挖和填筑以机械施工为主，推土机推运，铲车、自卸汽车配合作业。

在路基填筑施工时，优先利用近距离挖方填筑路基，根据路基施工组织计划，再远距离调运填筑。土方的挖、装、运均采用挖装机械配合自卸汽车运土施工，路基填筑采用逐层填筑、分层压实的方法施工。

路基工程施工工序主要包括施工测量、场地清理（含清基）、表土剥离、路基开挖和填筑、路基拼接、不良地质段基础处理、基础压实、路基排水和防护、绿化等工序。

### （三）涵洞工程

涵洞施工工序主要包括临时防洪工程的修建、基坑开挖、地基处理、混凝土浇筑等工艺。
基坑开挖避免长时间裸露，及时采取保护措施，做好雨水或山洪的截流及疏导工作。
涵洞基础施工尽量避开汛期，施工中产生的弃渣及时运出，合理利用，使其不影响河道行洪；浇筑时混凝土拌料场集中布设，废料及时处理，临时防护工程拆除后及时清理现场，回填、整平、压实。

### （四）土方临时堆置

路基施工中，为保护表层熟土，路基填筑前用推土机将表土进行剥离，自卸汽车运至临时堆土场堆放,施工后期作为路基边坡绿化、中央分隔带绿化或复耕覆土。

施工过程中临时堆置的土方,堆放在距离水体较远的地带,防止冲刷或塌落进入水体。同时采用绿目网进行覆盖,并采取临时拦挡、沉沙等措施。

### (五)便道施工

充分利用沿线既有路网,并结合现场实际合理规划便道,尽量减少对主线两侧原状地貌的破坏,并尽量避开植被良好区。

施工便道修筑时,采取设置路面横坡、开挖临时边沟、设置沉淀池等措施。结合当地水系充分做好临时排水、拦挡,必要时设置施工便桥。施工中经常洒水防扬尘,减轻地表土的流失。工程结束后根据实际情况植树种草恢复植被。

采用挖掘机、推土机挖土,压路机碾压,施工中需经常洒水养护,防止起尘。施工工序:表土剥离(清基)→平整路基→压实。

### (六)边沟排水

施工期间,采取切实可行的措施并设置临时排灌水系统,减轻雨水对路基的冲刷,避免出现泥沙冲淤农田、阻塞沟渠等现象发生。工程施工组织的水土保持措施见表6.7-1。

**工程施工组织的水土保持措施**　　　　　　　　　　表6.7-1

| 序号 | 施工要求 | 具体要求 |
| --- | --- | --- |
| 1 | 控制施工场地占地,避开植被良好区 | 施工便道及施工生产生活区均属临时占地,施工结束后恢复植被或复耕,做到少占地,不占好地,符合要求 |
| 2 | 合理安排施工,减少开挖量和废弃量,防止重复开挖和土(石、渣)多次倒运 | 路堑开挖的土方就近运至路边填方处,不倒运;弃石则直接运至弃渣场堆放 |
| 3 | 应合理安排施工进度与时序,缩小裸露面积和缩短裸露时间,减少施工过程中因降水和风等水土流失影响因素可能产生的水土流失 | 施工实行"整体设计,系统施工,优质高效,一次建成"的方针,缩短工期,减少裸露面积并缩短裸露时间,符合要求 |
| 4 | 施工开挖、建筑、堆置物,应采取临时拦挡、排水、沉沙、覆盖等措施 | 采取支挡、覆盖、洒水防扬尘的措施 |
| 5 | 施工道路、伴行道路、检修道路等应严格控制在规定范围内,减小施工扰动范围,采取拦挡、排水等措施 | 施工便道应控制在规定范围内,施工结束后进行就地恢复 |
| 6 | 主体工程动工前,应剥离熟土层并集中堆放,施工结束后用于复垦耕地、林草地的覆土 | 施工前将表土剥离,集中堆放在施工生产生活区及路基两侧等处,施工结束后用于恢复耕地及林草地覆土 |
| 7 | 减少地表裸露的时间,遇暴雨或大风天气应加强临时防护;雨季填筑土方时应随挖、随运、随填、随压 | 方案保障措施中明确要求 |
| 8 | 临时堆土(石、渣)及料场加工的成品料集中堆放,设置沉沙、拦挡等措施 | 方案保障措施中明确要求 |
| 9 | 土(砂、石、渣)料在运输过程中采取保护措施,防止沿途散溢 | 方案保障措施中明确要求 |
| 10 | 平面布局宜紧凑,尽量少占地 | 本项目充分利用老路布局,新占耕地较少 |
| 11 | 不宜大挖、大填,减少土石方挖填和移动量 | 所挖土方首先用于路基填方,其次用作覆土,余土排入弃渣场 |

## 四、节约用地保证措施

本工程进场后,项目部统筹计划,合理安排,按照《山东省高速公路施工标准化工地建设指南》和《施工标准工艺指南》等文件,为落实推行现代工程管理要求,构筑科学系统的施工标准化体系,充分发挥工厂化、专业化施工的优势,促进本项目建设施工的标准化、规范化和精细化管理,将办公驻地、预制场、拌和站、钢筋加工场进行了集中化设置、标准化建设,形成了集约化办公、工厂化生产、统一化调度的良好管理模式,实现了"三集中"设置的目标,加大了节约用地的管理力度。

项目部驻地租用既有建筑,减少了临时征地。施工现场钢筋加工场、梁板预制、拌和站等均集中设置,能够利用既有建筑的,采用租赁的方式,减少临时占地的使用。临时便道设置在永久征地内,采用路基护坡道和边沟位置填筑便道,根据施工进展及时转换的方式,减少了征地。

# 第七章

# "三自"现代高速公路神经网络管理技术

  安全、便捷、高效、舒适的交通出行是驾乘人员的共同愿望,然而复杂多变的道路环境对车辆运行状态产生了较大影响,出现了包括道路交通安全性、行程时间可靠性、驾乘出行舒适性等方面的问题。交通事件是加剧此类影响的主要诱因。美国《道路通行能力手册》将降低道路服务水平、降低道路通行能力、给驾驶员,特别是交通事件的直接涉入者带来危险的事件定义为交通事件。广义的交通事件既包含偶然交通事件,例如交通事故、恶劣天气等;也包含计划交通事件,例如道路养护维修作业、交通管制等。

  2013年6月4日6时许,G4京港澳高速公路K833~K841驻马店段发生16起交通事故,造成56车相撞,14人死亡,经调查认定:突发的区域性团雾,是导致事故发生的直接原因。2019年7月,G75兰海高速公路崇遵段大修养护作业期间,隧道群施工路段限速20km/h,产生了较长时间的行车延误。2020年6月13日16时46分,G15沈海高速公路温岭西互通出口匝道发生液化气槽罐运输车爆炸事故,导致包括温岭西在内的13个收费站关闭,3个收费站实施交通分流。2020年10月国庆中秋双节期间,全国道路发送旅客3.79亿人次,高速公路拥堵里程占比同比上升66%。由此可以看出,交通事件对出行安全、出行效率,以及区域路网正常运行均带来不利影响。

  交通事件发生后,道路通行能力降低,车辆运行速度、车头时距受交通事件影响发生变化。当事发路段道路通行能力小于交通需求时,车辆排队队尾向上游延伸;随着拥堵范围的扩大,交通事件影响范围传播至周边关联路网,从而产生更大的负面效应。

  交通事件对区域路网正常运行带来不利影响,交通事件持续时间、影响范围也因事件类型不同而表现出较大差异。因此,通过对交通事件影响下的交通流运行特征进行分析,根据事件类型对其持续时间、空间影响范围进行预测,从而为评估事件影响下的路网运行状态变化,进而采取相应的交通管控措施,降低交通事件产生的不利影响提供必要的决策支持,显得尤为重要。

  当前,以人工智能、大数据、云计算为代表的新一代信息与通信技术强力推动了各行各业智能化、信息化的发展进程,智能导航地图、车路协同、交通态势感知等交通新业态也给我们的生活带来了巨大便利。然而,对突发交通事件产生的影响进行准确的评估与预测,对事件影响区的车辆进行智能诱导与管控,还未得到具体应用。为了厘清交通事件影响下的区域路网运行状态变化规律,建立具有主动感知、自主诊断、动态诱导功能的现代高速公路(网)全时安全运行保障系统,降低交通事件对道路系统产生的不利影响,开展本章内容研究。

# 第一节 交通事件影响表征评价方法

交通事件发生后,道路通行能力降低,行车安全隐患增大。建立交通事件影响下的交通流特性参数标定和交通事件影响评价方法,是预测交通事件产生影响的前提。本章首先研究了一起典型事件下的交通流特性参数变化规律,分析了交通事件对交通流状态的影响机理;其次,根据交通事件与交通流状态之间的关系,提出了交通事件下各交通流特性参数的标定方法;最后,建立交通事件影响评价指标体系和影响评价方法,明确主要研究内容。

## 一、典型交通事件下的交通流运行特征分析

由于事故车辆占据通行车道,造成事发路段道路通行能力降低。当通行能力小于上游交通需求时,形成以事发断面为起点并向上游延伸的排队现象。通过对一起实测交通事故的案例分析,研究交通事件下不同断面交通流率、流速以及占有率等特性参数随时间的变化。

### (一)交通事故过程分析

G20青银高速公路为路基宽度42m的双向八车道高速公路。2020年12月13日,受降雪天气影响,青银高速公路青岛方向K249+980附近,淄博服务区入口匝道上游500m处连续发生多起交通事故,事故车辆占据通行车道,产生拥堵排队。为了分析交通事件影响下的交通流运行特征变化,调取事故断面上下游5处视频监控相机8:00—12:00之间的监控视频数据,通过图像识别技术,提取交通流运行特征信息。

气象环境监测结果表明,当日9:00—11:00,事发路段出现短时降水,空气湿度较大,气温较低,这些因素造成高速公路路面湿滑,使车辆制动和转向功能受到较大影响。结合监控视频资料发现,事件持续期间路面积雪,车辆侧滑、偏移事件较多。可见,气象环境变化是造成该起交通事件的主要诱因。

造成此次交通事件持续时间和影响范围的因素,除主要交通事故外,对多起关联事故也产生了间接效应。对交通事件持续期间发生的各类事故信息进行统计,结果见表7.1-1。

事件持续期间各类交通事故统计结果　　表7.1-1

| 事故位置 | 发生时间 | 清障时间 | 车辆类型 | 事故形式 | 产生影响 |
| --- | --- | --- | --- | --- | --- |
| K250+100 | 9:23 | 9:44 | 小型客车 | 单车侧滑 | 占据硬路肩 |
| K250+000 | 9:27 | 10:57 | 小型客车 | 双车侧碰 | 占据硬路肩 |
| K249+980 | 9:28 | 10:45 | 油罐车 | 侧滑旋转 | 占据左侧三车道 |
| K249+980 | 9:29 | 10:05 | 大型货车 | 多车追尾 | 占据右侧路缘带 |
| K250+300 | 9:32 | 9:41 | 小型客车 | 两车追尾 | 占据行车道 |
| K252+700 | 9:37 | 9:53 | 小型客车 | 侧滑撞护栏 | 占据硬路肩 |

由事故统计结果发现,油罐车侧滑旋转并长期占用左侧三车道是导致本次拥堵排队的主要原因。为了避开事故车辆,同一断面又发生多车连续追尾事故,占据硬路肩和最右侧车道,造成事发路段道路通行供给能力进一步降低,增大了本次拥堵范围。

### 1. 事件发生和处理过程

受雨雪天气影响,当日9:27,G20青银高速公路青岛方向K250+000断面左侧第二条车道行驶的一辆小型客车发生侧滑,与左侧第一条车道的小型客车发生侧碰并撞向中央分隔带护栏,随后两辆车停留在K249+950断面附近;9:28,一辆半挂油罐车在观察到前方事故车辆后制动并发生侧滑偏转,占据K249+980路段左侧三条行车道;9:29,在右侧车道行驶的多辆车发生追尾事故,占据K249+980断面路肩和最右侧车道。部分小型客车利用事故车辆之间空隙穿行,其余车辆在事故断面上游形成排队。

9:42,交警到达事故现场;9:46追尾车辆自行离开事发位置,事发路段单车道通行;10:05,占据硬路肩的被追尾货车离开,事发路段双车道通行;10:47,油罐车离开,事发路段四车道通行;11:11,停留在硬路肩的小客车被清障车拖走,事发路段完全恢复通行。

根据事发路段沿线监控视频资料,此次交通事件在11:04传播至K253+600附近;11:20,事发路段K249+980附近车辆消散完毕。因此,根据事件持续时间计算方法,此次交通事件持续时间为1h 53min,事件影响范围为3620m。

### 2. 数据提取

基于图像识别技术,从所采集的监控视频资料提取车辆运行轨迹特征数据。通过坐标标定,将每一辆车的运行轨迹处理成包括时间、帧数、坐标、速度、行驶方向以及车辆类型等的属性值信息。视频数据解析过程如图7.1-1所示;初始数据处理结果见表7.1-2。

图7.1-1 视频数据解析过程

初始数据处理结果 表7.1-2

| 框架 | 时间 | 车辆编号 | x1 | y1 | x2 | y2 | 速度(km/h) | 类型 |
| --- | --- | --- | --- | --- | --- | --- | --- | --- |
| 150 | 6 | 21 | 244 | 400 | 409 | 606 | 68.84402 | 卡车 |
| 174 | 6.96 | 21 | 175 | 433 | 364 | 669 | 67.60711 | 卡车 |
| 189 | 7.56 | 21 | 129 | 468 | 319 | 701 | 66.83892 | 卡车 |
| 216 | 8.64 | 21 | 13 | 542 | 245 | 789 | 65.45357 | 卡车 |
| 231 | 9.24 | 21 | 0 | 592 | 206 | 868 | 64.67511 | 卡车 |

受视频处理软件功能限制,当排队缓行交通流速小于 5km/h 时,或者能见度较低时,不能对车辆轨迹进行有效识别。由于摄像机抖动、降雪、光照强度等因素,车辆初始轨迹数据存在较多缺陷。对所提取的初始数据进行预处理,提取行驶方向为青岛方向,识别车辆轨迹大于 50m、速度小于 130km/h 的字段数据,采用 lowess 窗口内的线性回归对初始速度进行预处理。

表 7.1-2 中,Id 为车辆编号,x1、y1、x2、y2 为车辆识别框的四个角点坐标,数据输出频率为 0.03s,车辆类型主要包括小型客车、厢式货车、货车以及巴士。

### (二) 事件下的交通流运行特征变化

本书通过研究事件下的中观交通流运行特征变化,对交通事件时空影响范围进行预测研究。在进行车型划分时,按照客车和货车分车道行驶原则,将在内侧两车道行驶的小型客车、厢式货车以及公共汽车划为一类,统称为小车;将在外侧两车道行驶的其他车辆统称为大车;总体指所有车辆。

针对图像识别软件存在的缺陷,采用人工观测法统计 5 个视频采集断面 8:00—12:00 期间,每 5min 的交通流率,研究事件影响下的交通流变化特征。

图 7.1-2 为事发断面上下游 5 个调查断面交通流率随时间变化关系图。9:30—11:25,各调查断面交通流率出现大幅波动,各调查断面之间交通流率差异较大。由此可以得出如下结论:第一,同一路段不同调查断面在事件发生前后交通流率相近。第二,在该时段内出现了由交通流率下降与增加形成的波峰和波谷,但波峰幅值远大于波谷幅值,间接说明事发时该路段交通流处于相对自由流。第三,事件发生后事发断面上下游三个相邻断面交通流率、受影响时间和波动幅度依次下降,但上游断面 3 和断面 4 交通流率波动幅度较小,说明交通事件传播过程具有波动性。

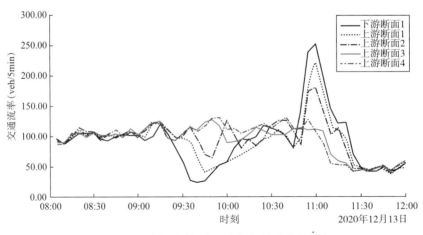

图 7.1-2 不同调查断面交通流率随时间变化关系图

图 7.1-3 和图 7.1-4 分别为不同调查断面小车/大车交通流率随时间变化关系图。通过两图的对比可以发现,大车受交通事件影响的程度更大。部分时段,大车交通流率趋近于零;在交通恢复时期,大车交通流率反复波动,说明大车更容易出现走走停停、交通激波的交通流震荡现象。

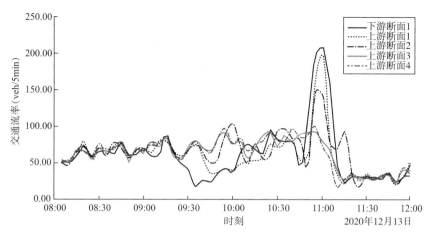

图 7.1-3　不同调查断面小车交通流率随时间变化关系图

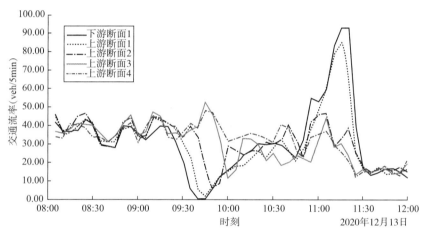

图 7.1-4　不同调查断面大车交通流率随时间变化关系图

分析其原因,事发路段为单向四车道高速公路,小车主要在内侧两车道行驶,大车主要在外侧两车道行驶,小车占总交通量的 66.61%。由于小车动力性能、转向性能较好,在事发路段未完全封闭的情况下仍可以缓慢通行;且其起动加速、制动减速、运行速度均优于大车,在交通恢复阶段,小车恢复时间早于大车,所以大车受交通事件影响的程度更大。

上述结果表明在进行交通事件影响程度预测时,分车型计算大车与小车各自的事件持续时间和影响范围具有重要意义。当交通事件严重程度较大时,可以采取大车、小车分型管控的交通诱导方案,例如将大车提前分流,这样有利于尽快恢复交通运行秩序。

通过对高速公路日常运营和事件状态下交通流量随时间变化过程的分析,主要结论如下:第一,高速公路交通流量日变化规律不明显,但具有一定的时变特征;第二,交通事件传播影响过程具有波动性,距离事发断面越近,交通事件持续时间越长;第三,交通事件对大车和小车的影响程度具有显著差异,应分别进行交通影响预测。

当交通事件造成交通拥堵时,车辆运行速度将发生变化。通过图像识别,对 5 个特征断面每 5min 平均交通流速进行统计,研究事件状态下交通流速变化特征。

图 7.1-5 和图 7.1-6 分别为不同调查断面小车和大车每 5min 平均流速随时间变化关系图。受降雪、低能见度天气和交通事故影响,事件下游断面 1 小车车速从 8:55 开始降低,至 11:30 恢复正常,受此次交通事件影响时间最久。事件上游断面 1 和断面 2 从 9:25 开始,交通流速迅速降低,并在一定时段内维持在 10km/h 以下波动,且事件上游断面 1 较断面 2 低速波动时间久。就降速范围来看,事发位置上游断面 4 较断面 3 降速幅度小。

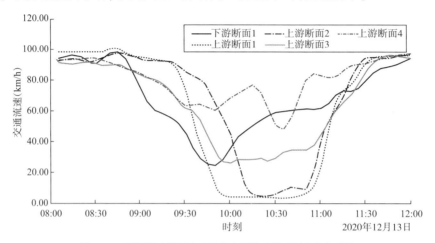

图 7.1-5 不同调查断面小车平均交通流速随时间变化关系图

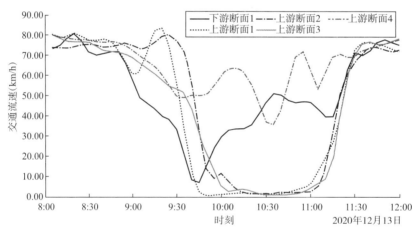

图 7.1-6 不同调查断面大车平均交通流速随时间变化关系图

从交通流速随时间变化关系趋势看,与事发位置距离越近,断面交通流速开始降低时间越早,速度恢复时间越晚。对比图 7.1-5 和图 7.1-6 发现,交通事件对大车的影响范围大,作用时间长,降速幅度高。以交通流速变化为指标,大车较小车更能体现事件的发生、处理和恢复过程。

通过对高速公路日常运营和事件状态下交通流速随时间变化关系的分析,主要结论如下:第一,受恶劣天气等交通事件影响,高速公路交通流速日变曲线具有波动性;交通流速时变特性曲线表明,高速公路没有城市道路的早晚高峰交通流速特征。第二,距离事发位置越远,交通流速受到交通事件的影响越小。第三,同小车相比,交通事件对大车的影响范围大、作用时间长,且交通事件下大车降速幅度大。

分别统计不同调查断面第一车道和第三车道(由左向右)每分钟占有率,采用 gaussian 函数进行滤波,绘制车道占有率随时间变化关系图。由于小车主要在内侧两车道行驶,大车主要在外侧两车道行驶,所以各车道占有率随时间变化表现出不同差异,如图 7.1-7 和图 7.1-8 所示。

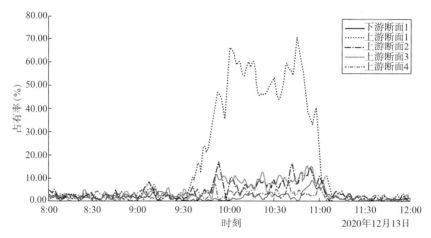

图 7.1-7　不同调查断面第一车道占有率随时间变化关系图

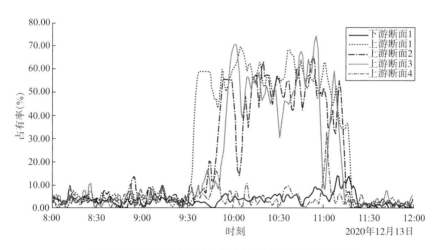

图 7.1-8　不同调查断面第三车道占有率随时间变化关系图

由图 7.1-7 和图 7.1-8 可知,在非事故影响时段,高速公路各车道占有率在 10% 左右小幅波动;当事故车辆占据行车道产生拥堵排队后,事故上游断面 1 车道占有率迅速增加,且持续时间在 5 个调查断面中最长。当车道占有率大于 40% 时,大部分车辆停驶,交通流处于走走停停的非稳定状态。此次交通事故小型车主要在事发断面与事件上游断面 1 之间形成排队,大型车辆主要在事发断面与事件上游断面 3 之间形成排队,且大车的拥堵持续时间比小车长。

(三)交通事件下的交通现象与特征

交通事件导致交通流特性发生变化,继而引发一系列交通现象,结合上述案例分析和相关

研究,对事件下的主要交通现象与特征分述如下:

当交通事件造成道路交通拥堵时,高速公路交通流可分为自由交通和拥挤交通两部分,拥挤交通又分为宽运动堵塞和同步流。宽运动堵塞是指具有堵塞区宽度远大于两个波面宽度的运动堵塞,其中波面宽度为堵塞状态区域和其他相邻状态区域之间的过渡区,自由流、同步流和宽运动堵塞三种交通状态共同构成三相交通流理论。

交通流状态在不同交通相(包括自由流相、同步流相和宽运动堵塞相)之间的转变过程被称作交通临界相变行为。交通流的相变过程是一种临界现象,车辆密度是影响交通流相变的一个重要因素。在车流演化过程中主要存在三种形式的相变:即自由流到同步流的相变;从自由流到宽运动堵塞的相变;从同步流到宽运动堵塞的相变。通过三相交通流理论和交通流相变行为可以描述道路上的所有交通状态及其转化过程。

自组织是指系统通过系统内部各子系统之间的非线性相互作用,在一定的条件下,自发产生在时间、空间和功能上稳定的结构。存在于自由流和拥挤流之间的部分密度区域所对应的交通流为亚稳定的,由于车辆之间的相互作用,一些交通流状态会自发形成,例如同步流区域存在的"挤压效应"、堵塞内部观察到的向后移动的空白等。

按照三相交通流理论,事件持续期间路段交通状态发展变化过程,如图7.1-9所示。

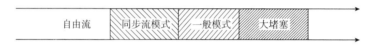

图7.1-9　事件持续期间路段交通状态变化过程

## 二、交通事件下的交通流运行状态表征

将造成道路通行环境异常的事件统称为交通事件,如恶劣天气、交通事故、道路施工、车辆抛锚等。不同交通事件下的交通流状态既有共同特征又存在指标差异。根据交通事件与交通流状态之间的关系,分析其对主要交通流特性参数的影响,确定路网运行状态表征指标。

### (一)交通事件与交通状态之间的关系

现实条件下,特定空间位置的交通流参数序列具有长期趋势性、短期现势性和随机波动性。在相同的时空条件下,当道路交通流参数数据的横向时间序列偏离长期趋势,意味着交通状态出现异常。

根据交通状态偏离长期趋势的快慢,异常交通状态可划分为渐变型和突变型两类。渐变型异常交通状态由道路施工、交通管制、恶劣天气等导致;突变型异常交通状态由交通事故、车辆抛锚、货物撒落等交通环境突然发生变化导致。将引起渐变型异常交通状态的事件称为计划交通事件,将导致突变型异常交通状态的事件称为突发交通事件。

正常交通状态和异常交通状态下的交通流参数可能相同,例如低交通量与恶劣天气条件下的交通流密度,轻微交通事故与正常交通状态下的交通流参数等。各类交通状态之间的关系如图7.1-10所示。虽然一些交通事件可能并未引起交通流参数变化,但此时该交通事件对交通状态产生的影响也较小。为了研究交通事件产生的影响,选择可以表征交通状态异常的主要交通流特性参数具有重要意义。

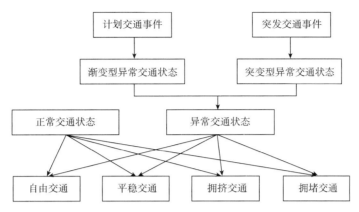

图 7.1-10 各类交通状态之间的关系

通常,一个交通事件可以导致沿道路纵向事发位置上下游较长范围路段交通流状态发生变化。在事件发生初始阶段,事发断面上游,受集结波效应,道路空间占有率变大;在事发断面下游,受消散波影响道路空间占有率变小;在事件清除之后,道路通行能力恢复,又形成以事发断面为起点并向上游传播的消散波,直至上游排队队尾。因此,通过对事件下的交通状态变化规律研究,可以预测交通事件影响范围。

(二)高速公路管理单元划分

事件持续期间,不同时刻、不同路段,事发断面上下游交通流状态存在较大差异。采用动态自适应管理单元划分方法,将具有不同交通属性的路段进行有效分隔,可以更加准确地描述交通事件对道路交通产生的影响。

高速公路由互通式立交桥区和基本路段组成。其中互通式立交桥区由分流影响区(主线连接处上游760m至下游150m)、合流影响区(主线连接处上游150m至下游760m)、衔接过渡区三部分构成,如图7.1-11所示。

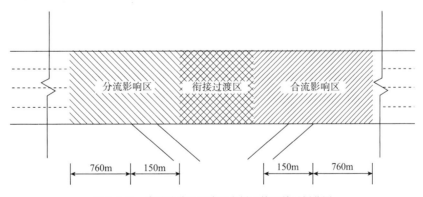

图 7.1-11 高速公路互通式立交桥区管理单元划分图

不同于城市快速路,多车道高速公路按照车型划分车道功能,例如双向八车道高速公路由左向右分别为小型客车-客车-客货运输车-客货运输车行车道。由于大小型车辆动力性能差异,在发生交通事件时,不同车道交通状态也不相同。因此,在进行高速公路基本路段管理单元划分时,首先沿道路横向 $j$ 按客车道($j=1$)和客货车道($j=2$)进行划分,如图7.1-12所示。

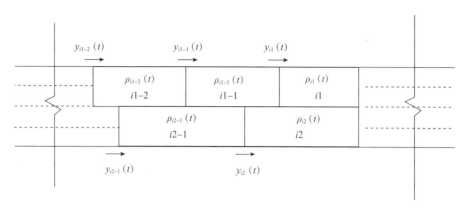

图 7.1-12　高速公路基本路段管理单元划分图

为了便于分析,设定在 $t$ 时段沿道路纵向 $i$ 的每个管理单元车辆数 $N_{i1}(t)$ 或 $N_{i2}(t)$ 相同。由于不同时段不同路段道路空间占有率的差异,管理单元可变长度设计是解决上述问题的关键。为了实现管理单元的动态划分,采用交通流密度作为状态变量,通过对各时段管理单元驶入和驶出流量的计算,得到各管理单元的交通密度。根据交通流守恒定律,有如下计算模型:

$$\rho_{ij}(t+1) = \rho_{ij}(t) + \frac{Vt}{l_{ij}}[q_{ij,\text{in}}(t) - q_{ij,\text{out}}(t)] \tag{7.1-1}$$

事件条件下交通流的堵塞现象和拥挤情况下的时走时停波可以通过 NaSch 模型模拟,NaSch 模型具有亚稳态、回滞等复杂交通现象和特征的交通基本图,如图 7.1-13 所示。其中,左侧分支对应均匀的自由流状态,右侧分支对应交通拥堵状态,$\rho_1$ 为交通流由拥挤流向自由流过渡的临界值,$\rho_2$ 为自由流向拥挤流过渡的临界值,jam 为拥挤状态。处于 $\rho_1 < \rho < \rho_2$ 范围的交通流量和车辆密度不是一一对应的,即交通流可能是自由流状态,也可能是拥堵状态,此时称交通流处于亚稳态。

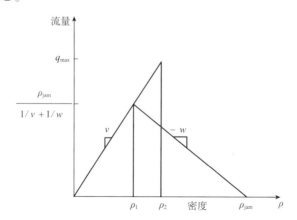

图 7.1-13　交通流的亚稳态和回滞现象

根据流量和密度之间的关系,每一管理单元交通流率应符合下述解法:

$$q = \min[v_{\text{free}}\rho, q_{\text{max}}, w(\rho_{\text{jam}} - \rho)], 0 \leqslant \rho \leqslant \rho_{\text{jam}} \tag{7.1-2}$$

第 $t$ 时段由管理单元 $ij-1$ 流入 $ij$ 的车流量为:

$$y_{ij}(t) = q_{ij}(t)Vt = \min\{v_{\text{free}}\rho_{ij-1}(t)Vt, q_{ij,\text{max}}(t)Vt, w[\rho_{\text{jam}} - \rho_{ij}(t)]Vt\} \tag{7.1-3}$$

式中 $Vt$ 为变化时间。由管理单元上的车辆数与密度的关系有 $n_{ij}(t)=\rho_{ij}(t)v_{\text{free}}Vt$，于是：

$$y_{ij}(t)=\min\{n_{ij-1}(t),Q_{ij}(t),w[N_{ij}(t)-n_{ij}(t)]/v_{\text{free}}\} \tag{7.1-4}$$

由流量守恒关系，可以得到离散后的流量守恒方程：

$$n_i(t+1)=n_i(t+1)+y_i(t)-y_{i+1}(t) \tag{7.1-5}$$

以上通过构建高速公路交通流传输模型，解决了高速公路路段管理单元的动态划分问题。

**（三）交通事件对主要特性参数的影响**

交通事件除导致事发路段道路通行能力降低外，交通流临界密度、阻塞密度、激波速度等特性参数也会发生相应变化。多种交通流特性参数可以更真实地反映事件发生后的交通流状态。以下内容为交通事件下的各交通流临界参数值计算方法。

道路通行能力是最能体现交通事件对交通流影响的参数，但交通事件发生后道路通行能力的计算方法存在较大差异。美国《道路通行能力手册》HCM2010 给出不同事件条件下高速公路路段可用通行能力比例，见表 7.1-3。可见，事件条件下高速公路通行能力损失比例超出阻塞车道数的占比。

**事件条件下高速公路通行供给能力占比** 表 7.1-3

| 单向车道数（条） | 路肩功能损失 | 路肩事件 | 阻塞一条车道 | 阻塞两条车道 | 阻塞三条车道 |
|---|---|---|---|---|---|
| 2 | 0.95 | 0.81 | 0.35 | 0.00 | — |
| 3 | 0.99 | 0.83 | 0.49 | 0.17 | 0.00 |
| 4 | 0.99 | 0.85 | 0.58 | 0.25 | 0.13 |

同时，事件发生后的道路通行能力不仅与阻塞车道数有关，而且受阻塞车道位置、大型车辆比例、道路线形、驾驶人通过事发路段时的减速观望行为、行车环境等因素影响。例如，恶劣天气等特殊事件虽然未造成车道阻塞，但道路通行能力却明显下降。为了提高交通事件发生后交通流特性参数标定结果，可以依据实际交通事件下的交通流数据对道路通行能力进行标定。

交通事件发生后，事发路段道路通行能力可通过事件影响下的事发路段实际交通流数据进行标定。假设管理单元 $ij-1$ 发生一起交通事件，导致管理单元 $ij-1$ 及其上游路段发生拥堵，而管理单元 $ij$ 及其下游路段仍处于自由行驶状态。则第 $t$ 时段进入管理单元 $ij-1$ 的交通量为 $w_{ij}[\rho_{ij-1\text{gjam}}-\rho_{ij-1}(t)]Vt$，进入管理单元 $ij$ 的交通量 $Q_{ij}=y_{ij}(t)+y_{ij,r}(t)$，其中 $y_{ij}(t)$ 为当前路径 $ij-1$ 进入管理单元 $ij$ 的流量，$y_{ij,r}(t)$ 为其他路径 $ij,r$ 进入管理单元 $ij$ 的流量。

由交通检测器得到实测 $y_{ij}(t)$ 与 $y_{ij,r}(t)$，利用式（7.1-6）对事发路段道路通行能力 $Q'_{ij}$ 进行标定。

$$Q'_{ij}=\text{mean}_{t\in T_M}[y_{ij}(t)+y_{ij,r}(t)] \tag{7.1-6}$$

式中：$T_M$——交通事件发生至进入管理单元 $ij$ 的交通流率 $Q_{ij}$ 达到最大值的时刻集合。

由于事件发生后，管理单元 $ij-1$ 下游仍处于自由流状态，则离开管理 $ij$ 的交通量为 $v_{ij}\rho_{ij}(t)$。根据流量密度关系和流量守恒原则，可以得到管理单元 $ij-1$ 与 $ij$ 的密度表达式，如式（7.1-7）、式（7.1-8）所示：

$$\rho_{ij-1}(t+1)=\rho_{ij-1}(t)+\frac{\Delta t}{l_{ij-1}}\{w_{ij-1}[\rho_{ij-1\text{gjam}}-\rho_{ij-1}(t)]-[Q'_{ij}-y_{ij,r}(t)]\} \tag{7.1-7}$$

$$\rho_{ij}(t+1) = \rho_{ij}(t) + \frac{\Delta t}{l_{ij}}[Q'_{ij} - v_{ij}\rho_{ij}(t)] \quad (7.1\text{-}8)$$

交通事件发生后,不仅事发路段通行能力受到影响,事发路段所在管理单元的阻塞密度、临界密度、激波波速均发生折减,事件条件下的交通流量-密度基本图如图7.1-14所示。

图7.1-14中,$\rho'_1$、$\rho'_2$、$\rho'_{jam}$、$-w'$、$Q'$为事件条件下,原来的交通流特性参数$\rho_1$、$\rho_2$、$\rho_{jam}$、$-w$、$Q$折减后的参数值。

通过交通事件下的交通流实测数据,根据交通流流量密度速度关系,可以确定事发路段所在管理单元的交通流临界密度值:

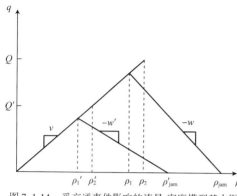

图7.1-14 受交通事件影响的流量-密度模型基本图

$$\rho'_2 = \frac{\max_t[q(t)]}{v} \quad (7.1\text{-}9)$$

根据同一路段交通流历史观测资料,使用同样方法可以计算临界交通流密度$\rho_2$的值。

事件下的阻塞密度$\rho'_{jam}$和激波波速$-w'$可由图7.1-14中折减后的流量-密度关系基本图右侧分支,即拥堵状态下的密度-流量数据组进行参数标定。通过$\rho(t)>\rho'_2$将密度超出临界值的所有密度-流量数据组筛选出来,并令其对应的时间$t$值构成集合$T_n$,且$T_n=\{t_1,\cdots,t_n\}$。采用最小二乘法,令$[w' \quad w'\rho'_{jam}]^T$作为式(7.1-10)的解。

$$X[w' \quad w'\rho'_{jam}] = Y \quad (7.1\text{-}10)$$

其中,$X^T = \begin{bmatrix} -\rho(t_1) & \cdots & -\rho(t_n) \\ 1 & L & 1 \end{bmatrix}$; $Y = \begin{Bmatrix} q(t_1) + \frac{l}{Vt}[\rho(t_1+1)-\rho(t_1)] \\ L \\ q(t_n) + \frac{l}{Vt}[\rho(t_n+1)-\rho(t_n)] \end{Bmatrix}$

上式中的变量$X$与变量$Y$应呈线性关系,且各管理单元中最大交通流量应小于其通行能力,如式(7.1-11)所示:

$$\frac{vw'\rho'_{jam}}{v+w'} \leqslant Q' \quad (7.1\text{-}11)$$

在上述计算结果的基础上,采用下式计算事件条件下交通流由拥挤流向自由流过渡的临界值$\rho'_1$,如式(7.1-12)所示:

$$\rho'_1 = \frac{\rho'_{jam}}{\frac{1}{v}+\frac{1}{w'}} \quad (7.1\text{-}12)$$

同理,可得各路段交通流由拥挤流向自由流过渡的临界值$\rho_1$。

交通事件下的交通流特性参数标定方法如图7.1-15所示。

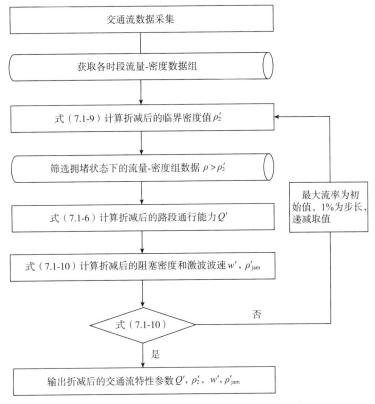

图 7.1-15　交通事件下的交通流特性参数标定方法

## 三、交通事件影响评价方法

交通事件限制了道路通行能力,事件所在管理单元成为道路交通瓶颈,形成交通堵塞。建立交通事件影响评价方法,对拥挤模式的时空结构进行预测,是进行交通事件影响评价的主要途径。

### (一)交通事件影响评价指标

由上节内容可知,交通事件是导致交通状态异常的直接原因。交通事件通过影响事发路段道路通行能力,从而改变了路段交通流率、交通流速以及道路空间占有率。建立科学合理的评价指标体系,是进行交通事件影响预测的关键。

为了评估交通事件产生的影响,相关学者从不同角度提出了多种评价指标,主要包括两类:第一,以交通事件产生的直接影响为研究对象,包括事件持续时间、事件辐射范围等;第二,以交通事件产生的间接效应为研究对象,包括平均行程车速、行程时间可靠性、平均拥堵延误等。

为了对交通事件导致的路网异常交通状态进行评估预测,需要从交通事件与交通流状态之间的关系入手,以事件影响下的交通状态演化机理为依据,通过交通流理论建立交通事件影响评价模型。因此,本书选择如下指标进行交通事件影响评价。

1. 交通事件持续时间

交通事件持续时间是指交通事件发生至其产生的影响完全消除的时间。根据交通事件发生和处理过程,通常将事件持续时间划分为交通事件发现、事件响应、事件清除、交通恢复四个阶段。前三个阶段与事件属性特征和当地交管部门的应急服务水平有关,又称交通事件延迟阶段;事件清除后,从事发断面开始,拥堵排队车辆开始消散,而上游到达车辆继续加入排队队列,直至启动波传至排队队尾,随后转变为消散波并向上游传播至事发断面,交通恢复。

交通延迟阶段时间与事件属性特征具有显著关系,根据相关研究成果,在车辆抛锚、自燃、翻车、侧碰、追尾等各类事件中,车辆抛锚平均延迟时间最短,翻车平均延迟时间最长。通过增强事件管理系统设置、优化应急救援资源配置,可以降低交通事件延迟时间。

从事件车辆撤离事故现场至排队拥堵车辆消散完毕的时间为交通恢复时间。交通恢复阶段时间与事件延迟阶段时间、折减后的道路通行能力、事发时段上游交通需求有关,可以通过相应的交通流模型计算得到。例如根据事件延迟阶段滞留的车辆数和上游交通到达率,应用交通波动理论可以计算交通恢复时间。

路网交通事件信息记录表通常包括交通事件发现时间、事件清除时间,以及事件类型、所在位置、处理过程、事件影响等描述性信息。交通事件持续时间不仅与事件自身属性有关,而且受气象环境、道路几何线形、上游交通需求等各类影响因素共同决定。在模型计算结果的基础上,仍需考虑安全系数。由事件持续时间可以进行交通事件产生的拥堵延误等相关指标计算。

2. 交通事件辐射范围

交通事件影响的异常交通状态具有空间传播特性,因此,事件辐射范围可以直接反映交通事件发生后的交通拥堵扩散程度。在交通事件延迟阶段,事件影响范围单调递增;事件清除后,由事发断面发出的启动波传播至排队队尾时,排队长度达到最大,将事件辐射范围最大的区域定为交通事件影响区。根据排队队尾的位置,综合考虑事发断面上游互通式立交桥分合流交通流影响,交通事件影响长度计算方法各不相同。

前文的研究结果表明,交通事件发生后的不同时间,不同断面交通状态存在较大差异,距离事发断面越近,交通状态变化越显著。排队队尾上游车辆处于自由流向阻塞排队状态的过渡阶段,交通流参数在短时间短距离内发生剧烈变化。因此,有必要提出一种交通事件影响判定标准,按照选定的判别指标,将交通状态变化处于某一阈值的管理单元判定为事件影响区。

由事件影响下的交通流量-密度特性图可知,当路段交通密度 $\rho < \rho_1$ 时,交通流处于自由流状态;当路段交通密度 $\rho_1 < \rho < \rho_2$ 时,交通流处于亚稳态;当路段交通密度 $\rho_2 < \rho < \rho_{jam}$ 时,交通流处于拥堵流状态。在拥堵流的上半段,交通流处于不稳定运行状态,其下是达到最大通行能力时的运行状态;在接近阻塞密度时,交通流处于拥堵流的下半段,是通常意义的阻塞流或拥堵流。因此,本书选择交通流密度 $\rho$ 表征各管理单元的交通状态。当管理单元交通密度大于折减后的阻塞密度值的 70%($0.7\rho'_{jam} < \rho$)时,判定该管理单元受到交通事件影响。

在通过交通流理论进行交通事件辐射范围预测时,加入上述密度约束条件。事件持续期间,取事发断面上游各到达路径中事件影响范围的最大值,作为交通事件最终影响范围。

3. 交通事件辐射范围随时间的变化

交通事件持续时间和辐射范围两个指标分别从时间和空间角度对事件产生的影响进行了

评估。为了得到事件影响范围随时间的变化,需要通过时变的交通事件辐射范围预测模型进行计算。该模型对于研究交通事件影响下的道路交通状态变化过程,采取分时交通管控策略,具有重要意义。

对交通事件持续过程进行分析,有如下结论:在交通事件延迟阶段,受交通事件影响事发路段道路通行能力降低,当折减后的道路通行能力小于上游交通需求时,产生拥堵排队,此时形成以事发断面为波源并向上游传播的集结波。事件清除之后,道路通行能力恢复,拥堵车辆开始消散,形成以事发断面为波源并向上游传播的启动波。虽然事发断面附近的交通状态经历了由事件延迟阶段的阻塞流到事件清除之后的消散流变化过程,但排队队尾交通状态未受启动波影响,事件影响范围单调递增。当启动波到达排队队尾时,事件影响范围达到最大,此时形成以排队队尾为波源,并向下游传播的消散波。当消散波传至事发断面时,拥堵车辆消散完毕,该时刻为事件影响的最终时刻。

拥堵状态下的交通事件辐射范围变化速率,由上游到达交通量和事发路段折减后的道路通行能力决定。根据交通事件在各个时间节点的影响范围长度,以及各个时段影响长度变化速率,可以勾画出交通事件随时间的变化过程。

通过建立上述交通事件影响评价指标和计算模型,对交通事件产生的影响进行预测,是本书的主要研究内容。

**(二)拥挤模式时空结构预测方法**

交通流理论是运用分析的方法阐述交通现象及其机理,使我们能更好地理解交通现象及其本质的边缘学科。适用于分析交通瓶颈形成的拥挤排队现象的理论有元胞自动机模型、交通流的流体力学模型理论、排队论、统计学习方法等。

元胞自动机可被视为描述连续现象的偏微分方程的对立体,是一个时空离散的数学模型。元胞自动机的动态演化就是状态组合 $S$ 按照总体演化规则 $F$ 随时间 $t$ 的变化,可以记为式(7.1-13):

$$F: S_Z^t \rightarrow S_Z^{t+1} \tag{7.1-13}$$

式中:$Z$——整数集。

这个动态演化又由各个元胞的局部演化规则 $F$ 所决定,局部函数可以记为式(7.1-14)。

$$F(S_i^{t+1}) = f(S_{i-r}^{t+1}, \cdots, S_i^t, \cdots, S_{i+r}^t) \tag{7.1-14}$$

式中:$S_i^t$——$t$ 时刻在位置 $i$ 处的元胞的状态;

$r$——元胞的邻居半径。

元胞自动机可以视为由一个元胞空间和定义于该空间的变换函数所组成,通常包括演化规则、元胞空间、邻居、元胞几个部分。

演化规则是指根据元胞当前状态及其邻居状况确定下一时刻该元胞的动力学函数。一个元胞自动机模型是否成功,关键在于演化规则设计是否真实反映出了客观事物内在的本质特征。演化规则的内涵决定了元胞自动机的价值特征。

交通事件影响下的事发路段交通状态处于时空演化进程之中。由于元胞自动机在模拟道路交通状态时空演化过程的优越性能,建立元胞自动机拥挤模式时空结构预测方法,符合本书的研究需要。因此,本书采用元胞自动机建立交通事件时空影响预测模型。

## 第二节 高速公路交通事件辐射范围预测

交通事件发生后,如果车辆通过事发路段的减速波与加速波在下一辆车到达之前不能相遇,排队缓行车辆将融合成一个队列并向上游传播,从而对更大范围的路网产生影响。在交通事件影响下,交通流具有自由流-同步流-堵塞流三种独立的交通相。当交通流参数达到某一限值时,即会发生不同交通相之间的相互演化。随着事件延迟时间的增加,交通事件辐射范围逐步扩大。拥堵车队到达事发断面最上游的位置与事发断面之间的区域,即为交通事件辐射范围。

### 一、交通流崩溃成因分析

在连续交通设施瓶颈区,伴随持续交通流振荡并导致大范围时空区域交通拥堵的现象称为交通流崩溃。由此可知,交通流振荡是造成交通流崩溃的直接诱因。当交通流密度较大时,车辆行驶自由度降低,引导车的减速、换道行为经过后方车辆的不断放大,将最终导致上游某车辆完全停驶,继而引发拥堵排队,造成交通流崩溃。

交通事件造成道路通行能力降低,事发路段成为路网通行瓶颈。当事发路段交通流密度大于临界密度时,交通流处于不稳定状态。在不稳定交通流中,如果前车速度发生变化,后车驾驶人通过控制自车速度在保障行驶安全的前提下紧密跟驰。当相邻车道存在满足驾驶人对期望速度的行驶条件时,换道行为发生。在拥堵车队中,换道车对当前车道和目标车道的交通流均产生扰动。

由于减速车辆的行为传递具有延迟效应,换道车和跟驰车均可造成交通流振荡,并进一步导致交通拥堵,此过程称为拥堵车队相变的成核现象。车辆在驶入拥堵队列过程中,车速从自由流速突然下降,减速波面沿道路向上游传播。小的拥堵队列经过行驶合并,融合成大范围的拥堵排队。

交通拥堵形成、传播、消散,以及不同交通状态的形成和演化均是由宏观交通流参数(流量、密度、速度)和微观交通流参数(速度、车头时距、车头间距)在事件断面上下游之间的差异造成的。交通流崩溃现象与宏观基本图密切相关。以下通过车辆轨迹时空曲线变化,分别解析拥堵形成、传播以及消散的形成机理。

在拥堵车队中,后方车辆通过紧密跟随前车以求快速通过事发路段。Newell 将实际车辆时空轨迹曲线划分为具有不同斜率的分段线性轨迹线,用于建立简化的低阶车辆跟驰模型。Newell 条件即指在平稳车队中,任意相邻车辆的时空轨迹线保持相似形状,当前车运动状态发生变化时,后车在一定时间和空间延迟后运动状态也保持相应的改变。在 Newell 条件下,交通拥堵形成-传播-消散过程解析如图 7.2-1 所示。

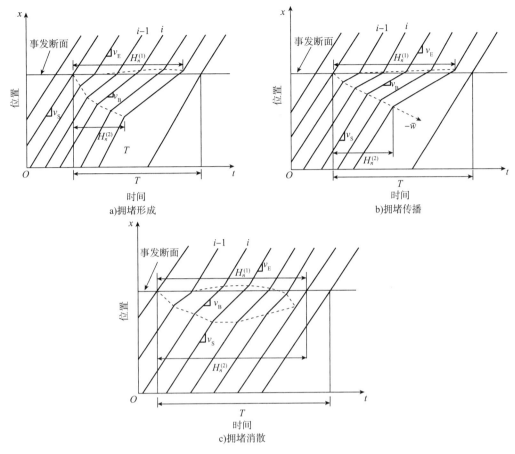

图 7.2-1　事件状态下的交通拥堵形成-传播-消散过程

在图 7.2-1 中,交通事件在平稳车流中诱发集结波和消散波,其中集结波上游车辆平均速度为 $v_S$,集结波下游车辆平均速度为 $v_E$,拥堵车队的平均速度为 $v_B$,$H_n^{(1)}$ 和 $H_n^{(2)}$ 为扰动传播至第 $n$ 辆车的时间,$T$ 为同一路段两起事件对应的时间间隔。图 7.2-1a)所示为扰动向上游扩展,形成大范围拥堵;图 7.2-1b)所示为扰动在车队之间的传播过程,传播波速为 $-\bar{w}$;图 7.2-1c)所示为拥堵的逐步消散过程。

交通事件发生初期,上游车辆在到达事发路段时先减速,在事发断面下游邻近位置再加速。当车辆速度大于 5m/s 时,驾驶人将保持稳定的车头时距;当车辆速度低于 5m/s 时,驾驶人将保持稳定的车头间距,且其均值约为 8m 并符合对数正态分布。由于车辆加入排队队列的车头时距小于其离开排队队列时的车头时距,所以沿车辆行驶方向,扰动传播至第 $n$ 辆车的时间逐渐增加,即 $H_n^{(1)} > H_n^{(2)}$。此时间段也为交通事件造成车辆行驶延误的过程。

随着拥堵排队车辆的增多,事发路段交通流量达到最大并维持在恒定值。此时拥堵车队以均匀稳定流速向前移动,车头间距达到最小。当上游车辆平稳到达时,拥堵车队均匀增长。此时间段拥堵波可看作恒定值,扰动传播至第 $n$ 辆车的时间仍满足 $H_n^{(1)} > H_n^{(2)}$。

当交通事件清除完毕,事发路段道路通行能力恢复时,拥堵车队开始消散,排队队尾向路段下游移动。随着事发断面附近拥堵车辆的消散,车辆加速位置向事发断面上游移动。当加速波与减速波相遇时,拥堵车队消散完毕,交通事件产生的影响消除。此时,扰动传播至第 $n$ 辆车的时间满足 $H_n^{(1)} = H_n^{(2)}$。

互通式立交桥是车辆发生强制换道分流驶出高速公路、汇流驶入高速公路的位置。既有文献根据实际测得的德国三车道高速公路入口匝道上游、出口匝道下游以及出入口匝道之间主线的流量-速度数据,得出入口匝道上游的车辆平均行驶速度要比出口匝道下游和出入口匝道之间低,表明入口匝道使得道路的局部通行能力降低。因此,本书选择汇流车辆对主线正常行驶车辆产生的影响进行分析。

假设合流区上游到达车辆的车头时距为 $\tau_{in}$,驶出合流区车辆的车头时距为 $\tau_{out}$,根据 $\tau_{in}$ 与 $\tau_{out}$ 的关系,周期性汇流车辆引起的交通波有如下三种:

(1)当 $\tau_{in} < \tau_{out}$ 时,不同汇流车辆引起的拥堵波最终汇合,拥堵波宽度逐渐增加。此过程对应拥堵车队的车辆集结,即集结波形成过程,如图 7.2-2a)所示。

(2)当 $\tau_{in} = \tau_{out}$ 时,各汇流车辆引起的拥堵车队沿道路纵向移动,此时可观测到不连续的拥堵队列沿道路纵向平移,对应拥堵传播过程,如图 7.2-2b)所示。

(3)当 $\tau_{in} > \tau_{out}$ 时,拥堵波随时间逐渐变窄,当下一辆汇流车辆到达主线之前,前汇流车辆引起的拥堵队列已经消散,此时可以观测到局部拥堵队列,对应消散波的传播过程,如图 7.2-2c)所示。

图 7.2-2 中的其他参数,其中 $v_{cong}$ 对应拥堵队列内的车辆移动速度,$v_{free}$ 对应拥堵队列上下游的自由流车速,$-\omega$ 对应集散波的传播波速,$T$ 为匝道汇入主线的两相邻车辆的时间间隔。

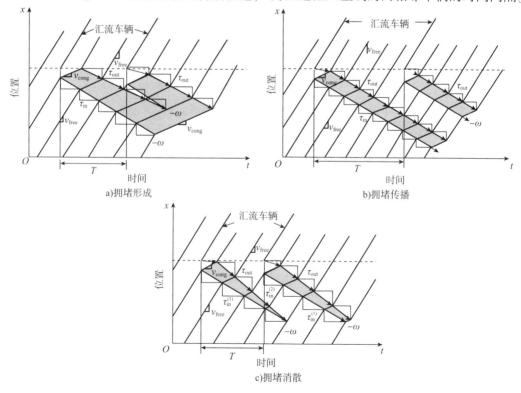

图 7.2-2 互通式立交桥区交通拥堵形成-传播-消散过程

由图 7.2-2 可知,拥堵队列的形成-传播-消散过程与上游到达车辆的车头时距密切相关,也与汇流车辆的交通流率有关。上游到达车辆的车头时距越小交通流密度越大,汇流车辆流率越大,对主线交通流产生的扰动也越大。这两个参数以及参数组合是影响互通式立交桥区车辆排队长度的决定条件。

道路通行能力是指公路设施在正常的公路条件、交通条件和驾驶行为下,单位时间所能通过的最大车辆数,间接反映公路的服务水平。实际交通事件下的道路通行能力受路面状态、能见度、光照条件、可通行车道数、路侧干扰、大型车辆比例等各种因素影响,具有随机性和时变性特征。由此导致拥堵车队的平均速度 $v_B$ 也具有时变性特征。同时,车辆到达特性,即交通需求也具有随机性。因此,基于 Newell 条件计算交通事件辐射范围具有一定的限制性,为了解决这一问题,通过引入三相交通流理论,建立交通事件辐射范围预测模型。

## 二、三相交通流理论

高速公路实测流量-密度关系图表明,当交通流密度处于某一范围时,交通流基本图上的二维散点呈离散分布,一个密度点可能对应多个交通流量值,此时流量密度之间无一一对应关系,交通流处于亚稳态。由于现有宏观基本图方法与实测交通流状态特征不一致,不能解释交通崩溃现象及其成因,也不能解释拥堵模式的大部分特征,Kerner 通过对实测交通流数据的研究,提出了同步流概念,在此基础上形成三相交通流理论。

三相交通流理论是基于拥堵交通模式共同时空特征测量的定性理论。2009 年,Kerner 在其专著中详细介绍了三相交通流理论及其在交通管理与控制中的应用。同基本图方法相比,三相交通流理论将拥挤流划分为同步流和宽运动堵塞两类,继而形成自由流、同步流、宽运动堵塞的三相交通流理论。仿真实验表明,Kerner 的三相交通流模拟结果和实测交通流数据定性一致,此为三相交通流理论的有效性提供了重要的实测依据。

由于三相交通流理论在进行交通崩溃现象形成和交通流状态演化描述、动态交通分配、高速公路交通管制等动态交通管理方案研究时,与真实交通环境下的实测交通流特征保持更高的一致性。所以,本书选择三相交通流理论进行交通事件影响下的路网交通态势预测建模。

### (一) 自由流

当路段交通流密度较小时,通常可以观察到自由流。自由流中车辆之间的相互作用可以忽略不计,因此,驾驶人有机会以他们期望的最高车速行驶。在自由流中,交通流量随密度的增加而增加,当交通流量取得极大值 $q_{\max}^{(\text{free},\text{emp})}$ 时,自由流密度 $\rho_{\max}^{(\text{free},\text{emp})}$ 也取得极大值。在实测交通数据中,自由流的平均流速随密度的增加而减小,且平均流速最小值 $v_{\min}^{(\text{free},\text{emp})}$ 具有如式(7.2-1)所示的计算关系:

$$v_{\min}^{(\text{free},\text{emp})} = q_{\max}^{(\text{free},\text{emp})} \Big/ \rho_{\max}^{(\text{free},\text{emp})} \tag{7.2-1}$$

通过一条经过原点和密度-流量极大值点 $[\rho_{\max}^{(\text{free},\text{emp})}, q_{\max}^{(\text{free},\text{emp})}]$ 的倾斜直线,可以区分流量-密度关系平面上的自由流和拥挤流,如图 7.2-3a)所示,且该倾斜直线的斜率等于自由流平均流速的最小值。根据交通流速随时间的变化关系,自由流随时间波动幅度较小,而拥挤流随时间波动幅度较大,如图7.2-3b)、c)所示。

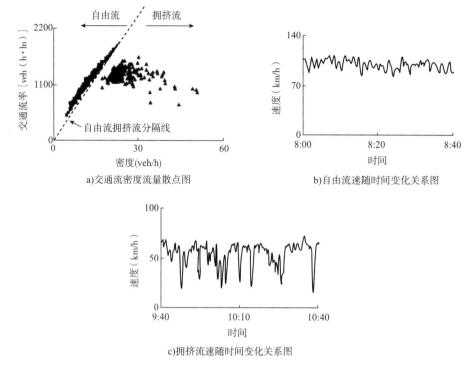

图 7.2-3  实测交通变量密度关系图(数据粒度/min)

实测数据表明,当交通流密度达到某个限值时,交通拥塞现象开始出现,交通流速突然下降,且其平均流速小于自由流的最小流速 $v_{\min}^{(\text{free, emp})}$。

高速公路上的车辆到达特性通常服从某种概率分布,即通过道路某一断面的车头时距/车头间距服从某类概率分布。由于微观驾驶行为具有较大的随机性,交通流具有异质性,不便于统计分析,因此,采用单位时间内路段交通流参数的平均值,进行交通状态变化研究。根据路段交通流历史和实测数据,确定自由流交通流量和密度最大值、交通流速最小值,制定自由流和拥挤流划分标准。

在上述分析的基础上,将各路段初始状态均设定为自由流。当交通事件、交通需求变化等因素造成交通流扰动后,自由流逐渐演化为拥挤流,拥挤流在交通需求和交通供给能力的作用下,辐射范围随时间发生变化。

### (二) 同步流

随着交通流密度的增加,在瓶颈区上游出现交通流流速降低、交通流率下降的交通态势,此类交通流称为同步流。仅由同步交通流构成的交通相称为同步流相。同步流相的下游前端固定在瓶颈位置,且其交通流速与同步流下游前端的平均流速不同。

根据同步流上下游不同的交通状态,可将自由流和同步流区分开来。在同步流下游前端,车辆通过加速从同步流路段驶入自由行驶区;在同步流上游前端,车辆通过减速从自由行驶区驶入同步流路段。根据同步流上下游位置随时间的变化关系,将同步流分为局部同步流、扩展同步流和移位同步流。

在高速公路互通式立交桥分合流区,由于换道驶出主线和融合驶入主线车辆对主线正常行驶交通流造成扰动,分合流区成为高速公路通行瓶颈。部分学者通过对多个相邻互通式立交桥分合流区及其关联路段上的交通流流速、流量运行特性进行研究。根据驶入和驶出主线交通量的差异,得到三种不同同步流的平均流速和流量随时空变化关系图,如图7.2-4所示。

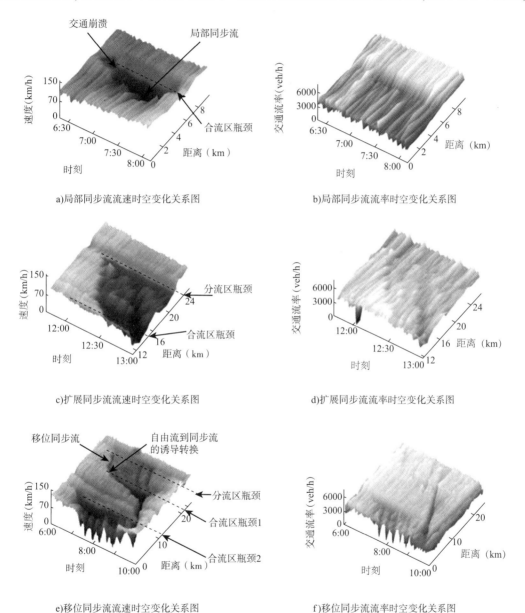

图7.2-4 不同同步流流速流率随时空变化关系图

由图7.2-4可知,局部同步流下游前端固定在瓶颈位置,整个作用范围局限于瓶颈上游的一段距离内;扩展同步流下游波面固定在瓶颈位置,而影响范围随着时间的推移不断增加;同局部同步流和扩展同步流相比,移位同步流上下游波面均沿相反方向进行传播,直至到达相邻的有效瓶颈区。

同步流中的交通流速小于自由流速,而交通流率接近或与自由流率相同。根据同步交通流的交通特性,可以制定高速公路主线限速和互通式立交桥匝道控制策略,缓解交通事件产生的不利交通影响。

### (三) 宽运动堵塞

在同步流中,随着车辆速度和车头间距的自适应调整,跟驰、换道等驾驶行为造成车辆之间的强相互作用加剧。随着交通流扰动频率和幅度的扩大,同步流分化为交通密度增加、交通流速降低的不同队列,各队列又快速融合为车头间距更小,车辆运行速度更低的交通相,此交通相即为宽运动堵塞相。处于宽运动堵塞相的交通流为宽运动堵塞流。

所谓宽运动堵塞,是一种运动堵塞,可以在自由流和同步流中传播,并可以穿越交通瓶颈。宽运动堵塞的堵塞区宽度远大于两个波面的宽度,在堵塞流传播过程中,下游波面向上游传播的速度近似为一个常数。与同步流相比,宽运动堵塞流的流量和流速均较小(甚至为零)。宽运动堵塞流流速和流率时空变化关系如图7.2-5所示。

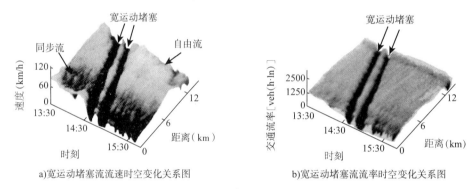

a) 宽运动堵塞流流速时空变化关系图　　　　b) 宽运动堵塞流流率时空变化关系图

图 7.2-5　宽运动堵塞流流速和流率时空变化关系图

在宽运动堵塞中,交通流的平均流速较小、密度较大。阻塞流在向上游传播时,上下游阻塞锋面受到前沿空间限制,交通流状态发生变化。从微观角度出发,同其他交通相相比,宽运动堵塞交通流中车辆的车头时距和运行速度最小,在某个时间间隔甚至会出现完全停止、交通流中断的情况。从宏观角度出发,宽运动堵塞的上下游波面向上游传播的速度为常数值。这些特征是区分宽运动堵塞与其他交通相的主要方法。

根据相关文献,在宽运动堵塞与同步流之间还存在窄运动堵塞;在宽运动堵塞之后,还可能形成大范围的交通堵塞。各交通相之间的演化和转换通常是因为交通流受到扰动,造成交通密度发生变化,继而导致交通流速、流率发生改变。而交通相演化的过程,各交通相的持续时间、辐射范围主要受瓶颈强度和上游交通需求两个因素影响。此部分内容可通过概率论知识进行建模和分析。

## 三、交通流相变与演化模型

研究表明,实际交通流中发生自由流到宽运动堵塞演化时,通常先发生自由流到同步流的相变,然后通过同步流的收缩效应产生窄堵塞,窄堵塞再逐步融合形成宽运动堵塞。根据各交通相中的交通流运行特征,窄堵塞也属于同步交通流相。在发生不同交通状态的演化时,交通流成核现象具有重要作用。

上节根据三相交通流理论中各交通相的定义,分析了不同交通相下交通流速、流量时空变化特征。本节对交通流的相变过程,即交通流在不同交通相(包括自由流相、同步流相和宽运动堵塞相)之间的转变过程进行分析。

**(一) 三相交通流各交通相演化指标特征**

在发生拥堵排队时,存在三种不同交通相的变化过程,即自由流到同步流的相变、自由流到宽运动堵塞的相变、同步流到宽运动堵塞的相变。前两者属于一阶相变,化学势相等,但化学势的一次导数和二次导数均不相等。不同交通相的变化过程对应不同的交通流参数指标,以下分别对三种不同交通相的变化过程进行解析。

拥堵队列形成的直观表现就是瓶颈路段交通流密度发生变化,其本质原因为驾驶人为了保障行车安全和通行效率,根据车辆行驶环境的差异采取不同的行驶速度和车头间距。在任何稳态同步流中,自车与前车的车头间距 $g$ 和车头时距 $\tau$ 是由前车速度 $v$ 决定的,即:

$$g = \tau v \tag{7.2-2}$$

在拥挤流中,当前车加速时,前后车车头间距变大,后车通过加速保持紧密跟驰;当前车减速时,前后车车头间距减小,后车通过减速拉大车头间距从而避免追尾。当前车以稳定速度运行时,后车也以均匀速度行驶从而保持稳定跟驶。这表明车头间距 $g$ 是前车速度 $v_1$ 和后车速度 $v$ 共同作用下的函数。在同步流条件下,车头间距 $g$ 介于最小安全车头间距和动态同步流车头间距之间,如式(7.2-3)所示。车头间距的动态调整过程,可简化为图 7.2-6。

$$g(v, v_1) < g < G(v, v_1) \tag{7.2-3}$$

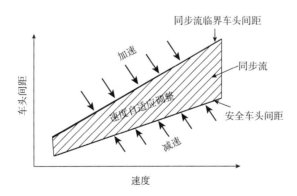

图 7.2-6 三相交通流理论流量-密度变化机理及分布图

随着瓶颈路段交通流密度的增加,车辆行驶自由度减小。当相邻车道不满足超车条件时,后车通过速度自适应调整,即前车加速后车加速,前车减速后车减速,保持与前车的跟驶关系,如图 7.2-7a)所示;当相邻车道满足驾驶人对期望速度的行驶条件时,当前车减速时,即使后车速度大于前车,后车仍会加速,以便换道超车,如图 7.2-7b)所示。由此可知,跟车行驶的发展趋势为同步流,换道超车的发展趋势为自由流。

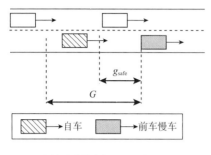
a)同步流中的车辆跟驰示意图

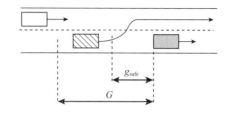
b)同步流中的加速超车示意图

图 7.2-7　同步流中的车辆跟驰与换道行驶状态

图 7.2-7 中,车头间距 $G$ 为同步流车头间距的上确界,$g_{safe}$ 为同步流车头间距的下确界,即紧密跟驰交通流的最小安全车头间距。

在自由流向同步流转换时,临界速度 $v_{FS}^{(cr)}$ 是交通流率的增函数,而临界密度 $\rho_{FS}^{(cr)}$ 是交通流率的减函数。在瓶颈区,当自由流流速越小时,处于亚稳态区的交通流密度越大。结合自由流流率速度,自由流转换为同步流时的临界速度,同步流中的流率速度三者函数关系,构成自由流同步流转换时的速度-交通流率 Z 型函数图解,如图 7.2-8a)所示。与之对应,可得到自由流同步流转换时的密度-交通流率 S 型函数图解,如图 7.2-8b)所示。

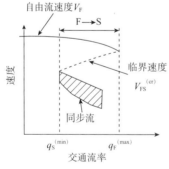
a)自由流-同步流相变的速度-流率Z型图

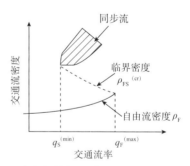
b)自由流-同步流相变的密度-流率S型图

图 7.2-8　自由流-同步流相变的交通变量关系图

拥堵排队队列的车辆进入率和离开率类似于生灭过程的发生率和消亡率,如果进入率大于离开率,则交通流扰动可能引起大范围的交通拥堵;如果进入率小于离开率,则交通流扰动产生的影响将逐渐消散,此过程即为交通崩溃的成核现象。加速超车换道的 Z 形图揭示了交通崩溃现象的成因。应用该假设,可以得到交通崩溃成核性质的相关结论。

根据交通崩溃的成因,可将交通崩溃的成核现象分为两种情况讨论:第一,自发的交通崩溃引起的成核现象;第二,诱发的交通崩溃引起的成核现象。对随机因素和阻塞流传播引起的入口匝道交通崩溃成核特征进行仿真,可以得到交通流速随时间和空间的变换过程中,自由流向拥堵流转换的速度-流量关系,如图 7.2-9 所示。

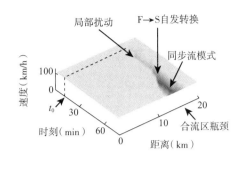 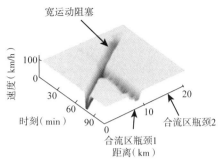

a) 自发的交通崩溃成核现象　　　　b) 诱发的交通崩溃成核现象

图 7.2-9　交通崩溃现象引起的交通流成核特征

自发的交通崩溃成核现象反映了在瓶颈区初始的局部交通流扰动下,瓶颈路段出现的交通崩溃成核现象,以及随后自由流向同步流的转变。当下游瓶颈产生的宽运动堵塞传播至上游瓶颈,由于瓶颈区对交通影响传播的捕获效应,导致上游瓶颈区产生了与下游交通崩溃成核现象相同的交通崩溃结果。

同步流到宽运动堵塞流的相变为不同交通拥堵态之间的转变。长期交通观测表明,宽运动堵塞流不能由自由流自发扰动形成,而是由同步流自发扰动形成。同步流交通流密度越大,自由流越容易转换为宽运动堵塞流。当自由流转变为同步流时,在发生交通状态转换的路段之外,由于同步流中自发的交通流扰动,导致同步流向宽运动堵塞流转化。

从本质上说,自由流到同步流的相变过程与同步流到宽运动堵塞流的相变机理相同,两者存在的主要区别为:一是相变开始前交通流的基础状态不同,即初始的交通流密度和速度不同;二是交通相变的密度区间不同,自由流向同步流转换的密度区间小于同步流向宽运动堵塞流转换的密度区间;三是最终的交通流状态不同,主要表现为同步流和宽运动堵塞流之间的差异。自由流 F 到同步流 S,再到宽运动堵塞流 J 的相变过程如图 7.2-10 所示。

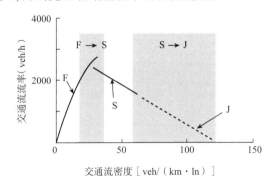

图 7.2-10　流量密度图中的 F→S→J 相变过程

自由流与同步流和同步流与宽运动堵塞的相变机理相同,均为速度-车头间距二维平面上,速度自适应调整和平均超车概率之间的博弈。所以在交通流速-密度二维平面上,不同交通相的转化关系均可用 Z 型图解进行定性描述,如图 7.2-11a) 所示。

如前文所述,自由流与同步流和同步流与宽运动堵塞的相变过程差异在于相变发生的密度区间不同。因此,在速度-密度二维平面上表示 F→S→J 的连续转化过程,如图 7.2-11b) 所示。

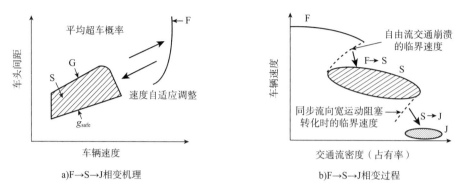

a) F→S→J 相变机理

b) F→S→J 相变过程

图 7.2-11　F→S→J 相变机理和不同交通相之间的转化过程

当发生交通流崩溃时,瓶颈区出现同步流。之后,在交通流状态由 F(自由流)→S(同步流)→J(堵塞)的转变过程中,出现宽运动堵塞,且以堵塞锋面下游的平均速度向瓶颈路段上游传播。实测各交通相转化过程中的速度和流率随时间和空间变化关系,如图 7.2-12 所示。

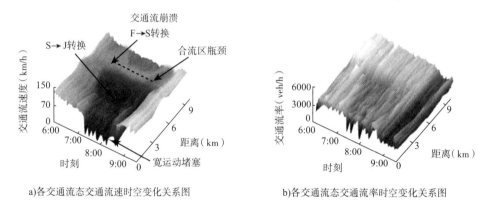

a) 各交通流态交通流速时空变化关系图

b) 各交通流态交通流率时空变化关系图

图 7.2-12　不同交通相转化时的速度和流率随时间和空间变化关系图

为了研究方便,将同步流与宽运动堵塞流组成的拥堵交通流合称为一般拥堵交通模式(General Congested Traffic Pattern,GP)。

高速公路主线非瓶颈路段,当不稳定的自由流密度和流率超出临界值 $\rho_J^{(cr)}$ 和 $q_J^{(cr)}$ 时,自由流经过扰动自发的转化为宽运动堵塞。当局部扰动足够大时,出现自由流向宽运动堵塞转化所需要的交通崩溃成核条件,并最终导致宽运动堵塞的形成。

$$q_{out} \leqslant q < q_J^{(cr)} [\rho_{min} \leqslant \rho < \rho_J^{(cr)}] \tag{7.2-4}$$

式中:$q_{out}$、$\rho_{min}$——驶出宽运动堵塞流的交通流率和密度。

当初始自由流的密度略小于临界密度 $\rho_J^{(cr)}$ 时,F→J 的转化过程与扰动的回滞现象有关。首先,在自由流中形成向下游传播的扰动;然后,扰动停止传播,振幅急剧增大;最后,宽运动堵塞形成并穿过瓶颈区向事发路段上游传播。拥堵传播的回滞现象仅出现在非瓶颈原因引起的交通崩溃场景之中,如"幽灵堵车"现象,也就是说,如果交通崩溃是由交通瓶颈造成的,那么该交通崩溃与 F→J 相变无关。

非瓶颈影响引起自由流到宽运动堵塞相变的这一特性,是其在实际交通环境中应用受限的主要原因。由于本书的研究对象为交通事件时空影响范围预测,而道路通行能力降低是交通事件的基本属性,所以本书不考虑自由流到宽运动堵塞的相变过程。

相比于宏观基本图理论所包含的时走时停态和振荡拥挤态等六种实测交通流态,在三相交通流理论中,F→S→J 的演化过程已经包含了宏观基本图中的所有交通流态。在实际工程应用中,交通流态的变化过程较为迅速,过细的状态划分不仅不利于对具体问题的分析,而且增加了计算困难。因此,本书将交通流态划分为自由流、同步流、宽运动堵塞三类,通过建立 F→S 以及 S→J 的状态转移方程,求解交通事件的辐射范围。

### (二)基于马尔可夫过程的交通流相变模型

上节内容反映了拥堵队列中,后随车车速自适应调整与加速换道超车之间相互博弈,是导致不同交通状态相互演化的根本原因。因此,前后车车头时距/车头间距在描述交通流相变过程时,具有显著作用。同车头间距相比,车头时距具有易调查、易统计、通过速度关系可与车头间距相互换算的特点,所以此处选择车头时距进行交通状态演化分析。本节研究内容包括以下三点:

首先,依据车头时距变化是由于驾驶人根据外界环境刺激作出的随机选择的基本假设,建立车头时距/车头间距分布的马尔可夫模型。其次,利用转移概率矩阵描述车头时距的分布,推导不同交通流状态之间的演化模型。最后,为了刻画多个相同交通状态空间随机过程的差异,利用 K-L 散度比较不同基数集合的概率分布差异,对车辆跟驰模型的马尔可夫链进行降维,用于获得保留原始状态空间转化规律的低维矩阵。

马尔可夫模型的基本假设为:在有限维状态空间 $E=\{1,2,L,n\}$ 中,车头时距从状态 $i$ 转移到状态 $j$ 的概率是 $P_{ij}\in(0,1)$,状态转移概率满足 $\sum_j P_{ij}=1, \forall i,j\in E$。利用观测样本 $h_k(t) \to h_k(t+Vt)$ 估计状态转移矩阵 $\boldsymbol{P}$,当样本量足够大时,由中心极限定理式(7.2-5)可知:

$$\boldsymbol{P}\approx(P_{ij}), P_{ij}=L_{ij}/L_i \tag{7.2-5}$$

式中:$L_{ij}$——$h_k(t)$ 属于状态 $i$ 而 $h_k(t+Vt)$ 属于状态 $j$ 的样本数;

$L_i$——$h_k(t)$ 属于状态 $i$ 的样本总体。

交通流速度和流率随时空变化关系是区分不同交通流态的主要指标。受驾驶人反应时间和车辆制动距离的影响,为了保障通行安全,当车辆行驶速度越大时车头时距也越大。将车头时距 $h_k(t)$ 按照自由流、同步流、宽运动阻塞三种交通流态对应的不同速度集合划分为三个子集,建立各交通流态的车头时距转移概率矩阵,则马尔可夫过程的平稳分布满足

$$\boldsymbol{\pi}_l=\boldsymbol{\pi}_l\boldsymbol{P}_l, l=1,2,3 \tag{7.2-6}$$

式中:$\boldsymbol{\pi}_l$——各交通流态对应的车头时距平稳分布向量,各元素在 $(0,1)$ 之间;

$\boldsymbol{P}_l$——第 $l$ 种交通流态对应的车头时距转移概率矩阵,元素个数为离散状态数目的平方;

$l=1,2,3$——宽运动阻塞流,与之对应的交通流速 $0\leq v<5\text{m/s}$;同步流,与之对应的交通流速 $5\leq v<10\text{m/s}$;自由流,与之对应的交通流速 $10\leq v<15\text{m/s}$。如果 $\boldsymbol{\pi}_l$ 存在,则 $\lim_{n\to\infty}\boldsymbol{P}_l(n)=[\boldsymbol{\pi}_l,\boldsymbol{\pi}_l,\cdots,\boldsymbol{\pi}_l]^{\text{T}}$,且 $\sum_l \boldsymbol{\pi}_l=1, l=1,2,3$。

假设在时刻 $t$,前导车后随车的位置分别为 $x_{n-1}(t)$ 和 $x_n(t)$,速度分别为 $v_{n-1}(t)$ 和 $v_n(t)$,则车头间距 $s_{n,n-1}(t) = x_{n-1}(t) - x_n(t)$,车头时距 $h_{n,n-1}(t) \approx s_{n,n-1}(t)/v_n(t)$。由 Wiedemann 车辆跟驰的生理-心理模型,如图 7.2-13 所示,将相邻车辆的运动状态分成如下四种模式:

(1)自由行驶模式。当后车与前车车头间距 $s_{n,n-1}(t)$ 大于临界阈值 $s_{\text{free}}$ 时,车辆之间相互干扰减小,车辆进入自由行驶模式,其行驶速度满足:

$$v_n(t+Vt) = \min[v_{\max}, v_n(t) + a_{\max}Vt] \quad (7.2\text{-}7)$$

式中:$a_{\max}$——最大加速度。

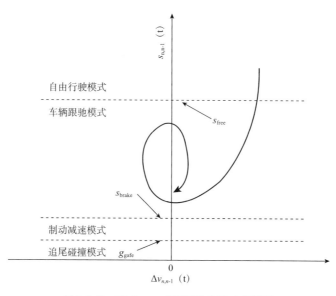

图 7.2-13　Wiedemann 车辆跟驰生理-心理模型

(2)加速起动模式。当 $t$ 时刻后车与前车的车头间距 $s_{n,n-1}(t)$ 大于加速起动所需要的车头间距阈值 $s_{\text{start}}$ 时,即 $s_{n,n-1}(t) > s_{\text{start}}$ 时,后车将以概率 $p_{\text{slow}}$ 按最大加速度起动。

$$\begin{cases} P\{v_n(t+Vt) = \min[v_{\max}, v_n(t) + a_{\max}Vt]\} = p_{\text{slow}} \\ P[v_n(t+Vt) = 0] = 1 - p_{\text{slow}} \end{cases} \quad (7.2\text{-}8)$$

(3)制动减速模式。当 $t$ 时刻后车与前车的车头间距 $s_{n,n-1}(t)$ 小于制动减速的临界车头间距阈值 $s_{\text{brake}}$ 时,即 $s_{n,n-1}(t) < s_{\text{brake}}$ 时,后车进入制动减速模式,此时

$$v_n(t+Vt) = 0 \quad (7.2\text{-}9)$$

(4)跟驰驾驶模式。当后车与前车车头间距 $s_{n,n-1}(t)$ 满足 $s_{\text{brake}} < s_{n,n-1}(t) < s_{\text{free}}$ 时,车辆进入跟驰驾驶模式,可分为以下三种情况进行讨论:

①假设时刻 $t$ 车头时距 $h_{n,n-1}(t)$ 处于状态 $i$,即 $h_{n,n-1}(t) \in (H_i^-, H_i^+]$($H_i^-$ 和 $H_i^+$ 分别为状态 $i$ 的车头时距下限和上限),$t+Vt$ 时刻期望车头时距为:

$$P[\tilde{h}_{n,n-1}(t+\Delta t) = h_{\text{random}}] = P_{ij}, \forall i,j \in E \quad (7.2\text{-}10)$$

式中:$h_{\text{random}}$——均匀分布的随机数,即 $h_{\text{random}} \sim U(H_i^-, H_i^+)$,期望速度为:

$$\tilde{v}_n(t+\Delta t) \approx s_{n,n-1}(t) \Big/ \tilde{h}_{n,n-1}(t+\Delta t) \qquad (7.2\text{-}11)$$

②求解 $t+\Delta t$ 时刻的安全速度下界 $v_{n,\text{safe}}(t+Vt)$，避免与前车发生追尾，此时有：

$$s_{n,n-1}(t) + \left[v_{n-1}(t) - \frac{v_n(t)+v_{n,\text{safe}}(t+Vt)}{2}\right]Vt \geqslant s_{\text{brake}} \qquad (7.2\text{-}12)$$

安全速度为：

$$v_{n,\text{safe}}(t+Vt) = \max\left\{0, \frac{2[s_{n,n-1}(t)-s_{\text{brake}}]}{V} + v_{n-1}(t) + Vv_{n,n-1}(t)\right\} \qquad (7.2\text{-}13)$$

式中：$Vv_{n,n-1}$——后车与前车的相对速度差，$Vv_{n,n-1} = V_{n-1}(t) - V_n(t)$。

### 京台高速公路泰安至枣庄(鲁苏界)段改扩建项目主体工程参加单位及人员一览表

| 序号 | 单位名称 | 参建人员 |
|---|---|---|
| 1 | 总监办——山东高速工程项目管理有限公司 | 季辉、房修桂、盛琨、王凯 |
| 2 | 第1驻地办——济南北方交通工程咨询监理有限公司 | 刘旭亮 |
| 3 | 第1合同段——中交路桥建设有限公司 | 何艳龙 |
| 4 | 第2驻地办——山东省交通工程监理咨询有限公司 | 赵峰 |
| 5 | 第2合同段——中国建筑股份有限公司 | 李军华、徐凡 |
| 6 | 第3驻地办——山东东泰工程咨询有限公司 | 张超 |
| 7 | 第3合同段——中铁四局集团有限公司 | 杜江山、徐涛 |
| 8 | 第4驻地办——山东格瑞特交通科技有限公司 | 林幼铭 |
| 9 | 第4合同段——山东省路桥集团有限公司 | 张建彪、马加存 |
| 10 | 第5驻地办——山东高速工程项目管理有限公司 | 刘刚 |
| 11 | 第5合同段——山东高速工程建设集团有限公司 | 项俊宁、魏东 |
| 12 | 第6驻地办——山东华潍工程监理咨询中心 | 付亭泉 |
| 13 | 第6合同段——中交第二公路工程局有限公司 | 张艾、祝河清 |
| 14 | 第7驻地办——北京路桥通国际工程咨询有限公司 | 那淑梅 |
| 15 | 第7合同段——中交第二航务工程局有限公司 | 邹新祥、常红金 |

## 参考文献

[1] 吴忠广,陈宗伟,潘硕,等.高速公路改扩建工程安全应急标准体系构建[J].中国标准化,2023(3):101-106.

[2] 陈杰,吴裕照.基于BIM的高速公路改扩建工程交通导改研究[J].城市建筑,2023,20(2):150-152.

[3] 葛宏雁.高速公路改扩建工程路基路面拼接施工技术管理探析[J].工程机械与维修,2023(1):119-121.

[4] 夏建平,王超,徐润,等.基于BIM技术的高速公路改扩建项目管理研究[J].中外公路,2022,42(6):265-267.

[5] 黄宇哲.高速公路改扩建工程景观绿化设计效果呈现[J].建筑经济,2022,43(12):112.

[6] 陆雨函,王振,王志华,等.青海海东地区高速公路改扩建工程施工期安全保畅分流研究[J].工程建设与设计,2022(22):32-34.

[7] 李海龙.高速公路改扩建工程设计技术研究[J].西部交通科技,2022(11):100-102.

[8] 唐嵩,徐国蕾,王景.高速公路改扩建工程主题景观设计[J].城市建筑空间,2022,29(11):167-168,171.

[9] 谢杰.高速公路改扩建工程路面施工关键技术研究[J].交通世界,2022(33):45-48.

[10] 张超群.泉厦立体改扩建 引领高速公路高质量发展[N].中国交通报,2022-11-25(004).

[11] 党振安.高速公路改扩建项目基层沉降与加固技术研究分析[J].甘肃科技,2022,38(21):13-15,19.

[12] 陈勇.既有高速公路路基边坡预应力锚索框架拆除技术分析——以漳州至龙岩高速公路改扩建项目A4合同段工程为例[J].工程技术研究,2022,7(21):46-48.

[13] 于建磊.高速公路改扩建过程中的落石防护研究[J].河南科技,2022,41(21):85-88.

[14] 赵晅.高速公路改扩建路面拼接施工质量影响研究[J].四川建材,2022,48(11):138-139,142.

[15] 宋军,贾卫东,朱绪国,等.高速公路改扩建交通安全管控技术研究[J].交通世界,2022(31):18-20.

[16] 高明生,吴忠广,田万利,等.高速公路改扩建工程交通安全风险评估指标体系构建[C]//中国公路学会养护与管理分会第十二届学术年会论文集,2022:699-709.

[17] 蒋宏飞."智融合、云管控"平台在桂柳高速公路改扩建工程安全管理中的应用[J].西部交通科技,2022(8):56-57,193.

[18] 戴振宇.饱和交通量下高速公路改扩建数字化运营管控技术及应用[J].交通运输研究,2022,8(4):145-152.

[19] 刘淮源,李婷,武亚鹏.高速公路改扩建工程PPP实施模式研究[J].北方交通,2022(8):86-88.

[20] 张科超,王珏,朱秀玲,等.BIM技术在高速公路改扩建工程建设期的应用研究[J].公路,2022,67(4):287-291.

[21] 陈辰.高速公路改扩建交通设施循环利用研究[J].工程建设与设计,2022(7):82-84.

[22] 谢文忠.JA高速公路改扩建项目风险管理研究[D].石家庄:河北经贸大学,2022.

[23] 李志涛,王建元.高速公路改扩建中整体式双向十车道技术标准论证[J].公路与汽运,2022(2):89-93.

[24] 许硕.高速公路改扩建保通方案研究[J].交通世界,2022(8):64-65.

[25] 常辉.高速公路改扩建工程路面设计[J].交通世界,2022(7):62-63.

[26] 杨东海,伍圣华.高速公路改扩建既有钢护栏现场再利用施工工艺[J].西部交通科技,2022(2):33-34,38.

[27] 吕敏.桂林至柳州高速公路改扩建项目限速方案分析[J].西部交通科技,2022(2):59-62.

[28] 刘永,匡耀,陈金许.高速公路改扩建工程既有旧路面综合利用决策研究[J].交通科技,2022(1):23-27,33.

[29] 徐翔.高速公路改扩建临时交通安全设施技术分析[J].居舍,2022(2):70-72,96.

[30] 吴永生,康衡.江苏省高速公路改扩建项目工程量清单编制要点[J].现代交通技术,2021,18(6):17-21.

[31] 丰云.高速公路改扩建工程机电施工关键技术[J].交通世界,2021(33):143-144.

[32] 翟朝晖,周明军,闫晓东.高速公路改扩建工程精细化管理探讨[J].砖瓦,2021(10):119-120.

[33] 李儒天.改扩建高速公路工程施工管理[J].建筑机械,2021(10):32-34.

[34] 王惠惠.高速公路改扩建工程施工成本控制分析[J].工程技术研究,2021,6(16):169-170.

[35] 孙智,荆迪菲,李志勇,等.高速公路改扩建借对向车道行驶中央分隔带开口长度[J].公路工程,2022,47(6):113-120,196.

[36] 宋明奇.高速公路改扩建工程高边坡机械破碎成型施工技术[J].交通世界,2021(21):105-106,108.

[37] 龚春芳,缪立立,董琼,等.分析"营改增"对通行费税负影响及建议——以HX高速公路改扩建项目为例[J].低碳世界,2021,11(6):279-280,283.

[38] 黄亮,丁华,徐伟明,等.高速公路改扩建工程监理工作管理重点[J].建筑技术开发,2021,48(9):79-80.

[39] 邓成龙.改扩建高速公路工程造价控制及管理要点[J].四川建材,2021,47(4):220-221.

[40] 黄亮,丁华,徐伟明,等.高速公路改扩建工程路基拼宽施工监理控制要点[J].工程建设与设计,2021(6):175-177.

[41] 吕得保.季冻区高速公路改扩建路基施工技术的研究[R].吉林省,吉林省交通基本建设质量监督站,2021.

[42] 闵晓阳,陈斌,杨浩,等.高速公路改扩建新旧路基差异沉降规律及控制技术探究[J].建

筑技术开发,2021,48(3):159-160.

[43] 徐晶.济青高速公路改扩建工程项目管理措施研究[J].居舍,2021(3):124-125.

[44] 王彦锋.高速公路改扩建工程交通安全管理策略[J].四川建材,2021,47(1):213+215.

[45] 庞世华.高速公路改扩建不封闭交通模式下路桥养护安全管理的探讨——以济青高速公路为例[J].交通工程,2020,20(5):57-62.

[46] 徐加荣,郭威.车载三维激光雷达技术在高速公路改扩建中的应用[J].地矿测绘,2020,36(3):26-29.

[47] 谢颖俊,严军.高速公路改扩建中交通控制策略浅析[J].中国交通信息化,2020(9):50-51.

[48] 段冰,胡斌,江建坤,等.高速公路改扩建工程设计要点分析[J].地基处理,2020,31(4):317-321.

[49] 邱民.高速公路改扩建机电工程施工管理的难点及对应策略[J].西部交通科技,2020(8):51-53.

[50] 朱文敏.高速公路改扩建工程关键技术研究[J].交通建设与管理,2020(4):134-137.

[51] 王高杰.高速公路改扩建工程特有施工成本管理措施[J].价值工程,2020,39(16):24-25.

[52] 黄群龙.高速公路改扩建施工区通行能力研究[D].北京:北京工业大学,2020.

[53] 修辉.面向不中断交通的改扩建高速公路限速研究[D].济南:山东建筑大学,2020.

[54] 王新宇.高速公路改扩建工程中的气泡混合轻质土施工质量控制研究[J].广东建材,2020,36(4):38-40.

[55] 李娟,张宇,吴忠广,等.高速公路改扩建施工安全事故诱因及对策分析[J].交通世界,2020(8):54-56.

[56] 孙长彬.路基拼接技术在高速公路改扩建工程中的应用研究[J].智能城市,2019,5(22):151-152.

[57] 林同立,梁健健,姚胜彪,等.广西高速公路改扩建交通组织社会化管理研究对策[J].西部交通科技,2019(9):205-208.

[58] 张新,冉晋,贾庸,等.高速公路改扩建施工期应急救援体系构建[C]//全国第二届品质工程论坛暨惠清高速公路绿色科技示范工程现场观摩会论文集(续),2019:46-50.

[59] 孙宪魁.乌奎高速公路改扩建工程交通安全管理措施研究[J].公路交通科技(应用技术版),2019,15(4):331-333.

[60] 朱胜标.高速公路改扩建期间交通流组织优化设计研究[J].福建交通科技,2019(1):10-12.

[61] 王坤.经济发达地区高速公路城市化改造模式研究[D].南京:东南大学,2018.

[62] 朱博雅.高速公路改扩建工程作业区交通安全保通技术研究[D].广州:华南理工大学,2018.

[63] 宋鹏宇.高速公路改扩建交通组织优化[D].西安:长安大学,2017.

[64] 徐清柱.安全三级防控管理在高速公路改扩建工程中的应用[J].北方交通,2017(5):159-161,164.

[65] 张辉.沈平高速公路改扩建工程设计变更管理与分析[J].北方交通,2017(4):140-144.

[66] 刘晓菲.高速公路改扩建交通组织关键技术研究及工程实现[D].西安:长安大学,2017.

[67] 谈兴琦.高速公路改扩建工程交通组织研究[D].长沙:长沙理工大学,2017.

[68] 王军艳,李珏.高速公路改扩建成本预测的灰色-马尔可夫链模型[J].公路与汽运,2016(4):272-275.

[69] 刘娟.基于AHP-熵权法的高速公路改扩建设计方案比选研究[D].长沙:长沙理工大学,2016.

[70] 刘颖.高速公路改扩建工程施工定额编制方法研究[D].长沙:长沙理工大学,2016.

[71] 王乐.高速公路改扩建项目项目公司风险识别与控制[D].西安:长安大学,2014.

[72] 郑齐.新建高速公路预留预控关键技术研究[D].西安:长安大学,2014.

[73] 刘(韦华)堃.高速公路改扩建决策研究[D].南宁:广西大学,2013.

[74] 莲花.高速公路改扩建交通组织研究[D].西安:长安大学,2013.

[75] 张腾.高速公路改扩建沥青路面施工质量管理[J].企业技术开发,2013,32(12):145-146.

[76] 张涛.高速公路改扩建标准及综合影响评价指标体系研究[D].西安:长安大学,2013.

[77] 皮亚龙.高速公路改扩建期交通安全管理系统研究[D].武汉:武汉工程大学,2013.

[78] 倪龙和.高速公路改扩建紧急救援点布局研究[D].武汉:武汉理工大学,2013.

[79] 冯成祥.津滨高速公路改扩建工程精细化管理研究[C]//第六届全国公路改扩建技术交流会资料汇编,2012:12-18.

[80] 占辉.大流量交通状态下的高速公路改扩建交通组织研究[D].广州:华南理工大学,2012.

[81] 杨晓燕.高速公路改扩建技术研究与应用[D].西安:长安大学,2012.

[82] 秦鹏勋,孙国.广西柳州至南宁高速公路改扩建工程安全管理思路及要点探析[J].科技与企业,2012(16):52-53.

[83] 许晓燕.高速公路改扩建项目成本管理方法[J].黑龙江科技信息,2012(16):134.

[84] 吴建波.基于PDA的高速公路改扩建智能管理技术研究[J].交通标准化,2012(9):87-88.

[85] 师小涛.高速公路改扩建工程交通流组织研究[D].西安:长安大学,2012.

[86] 朱晓艳,陈克丽.高速公路改扩建项目经济评价方法及应用探讨[J].公路,2012(3):148-154.

[87] 李湘知.佛开高速公路改扩建机电工程施工管理分析[J].公路,2012(2):150-152.

[88] 罗旭东.FS高速公路改扩建工程成本研究[D].广州:华南理工大学,2011.

[89] 尉泽辉.潼关至临潼高速公路改扩建路线方案研究[D].西安:长安大学,2011.

[90] 马晶晶.高速公路扩建工程技术探讨[J].电脑知识与技术,2011,7(15):3714-3715.

[91] 徐美丽.高速公路改扩建施工区交通流组织研究[D].西安:长安大学,2011.

[92] 雷剑.高速公路改扩建工程精细化管理关键问题研究[D].西安:长安大学,2011.

[93] 白琦峰.安新高速公路改扩建工程老路改造方案设计与路面施工管理[C]//第五届全国高速公路改扩建技术交流会资料汇编,2011:73-78.

[94] 孙志欣.高速公路改扩建收费系统改造[J].中国交通信息化,2010(10):74-75,79.
[95] 刘渤,杨胜利.高速公路改扩建项目发展模式研究[C]//中国高速公路管理学术论文集(2010卷),2010:32-35.
[96] 王建强,习江鹏,郗恩崇.高速公路改扩建项目的投资效益分析[J].公路交通科技,2010,27(5):142-146,152.
[97] 王建强.高速公路改扩建战略与政策研究[D].西安:长安大学,2010.
[98] 梁海霞.高速公路改扩建工程项目管理策略研究[J].中共青岛市委党校青岛行政学院学报,2009(7):61-63.
[99] 王高林.高速公路改扩建期服务质量分析与评价[D].西安:长安大学,2009.
[100] 梁海霞.西铜高速公路改扩建工程项目管理研究[D].青岛:中国海洋大学,2009.
[101] 王剑.区域高速公路改扩建模式及交通分流技术研究[D].西安:长安大学,2008.
[102] 王剑,赵跃峰,李华.高速公路改扩建交通保畅管理体系研究[J].交通企业管理,2008(9):39-40.
[103] 刘铁鑫.高速公路改扩建时机决策研究[D].武汉:武汉理工大学,2007.
[104] 赵云杰.沈大高速公路改扩建工程大营段工程项目管理[J].辽宁交通科技,2004(11):1-3.